고려 황제 공차
보성 뇌원차

고려 황제 공차
보성 뇌원차

조석현, 조기정, 이주현, 박금옥 지음

학연문화사

2장 되원차의 산실, 다소(茶所)

3장 뇌원차(腦原茶) 이야기

4장 보성 뇌원차 되살리기

5장 보성 뇌원차 만들어 보기

6장 보성 뇌원차 키워가기

뇌원차 원산지

뇌원차 원산지-보성군 웅치면 가을평 다소와 가을전 차향(사진:김현호)

사진 앞쪽 마을은 약산(藥山) 마을로 약찌미 뻔덕지로 부른다. 고려 이전 삼국 시대의 차 마을[茶鄕] 가을전(加乙田) 차향으로 이미 차를 만들어 신라 조정에 공납하고 있었다.

이 차향을 이어 고려 때 이 마을 앞은 고려 뇌원차(腦原茶)의 원산지인 가을평(加乙坪, 蘆原, 갈대밭) 다소(茶所)의 차밭이었다. 마을 앞 용반천 건너 왼쪽 산밑과 가운데 도로 왼쪽, 비사리밭들[加乙田坪, 蘆原] 동고지등을 거쳐 대은마을 앞 비서리밭등 까지다. 고려 조정에서 직영하여 가을평 다소인 대은마을 앞 비서리밭등에서 뇌원차(腦原茶)를 만들어 공납하였다.

다소가 폐해진 뒤에는 뻔덕지로 버려졌다. 최근에는 농경지 개간 사업으로 비옥한 농토로 변했다. 보성군의 또 하나의 특산물인 웅치 올벼쌀의 산지로 바뀌어 가을평 다소의 옛 모습은 모두 사라졌다.

그러나 '천년을 사는' 갈대만은 지금도 용반천에 가득히 자라 뇌원(腦原)차의 이름이 지명 노원(蘆原) [갈대밭(加乙田) 평원(平原)]에서 유래되었다는 것을 온몸으로 말해 주고 있다.

발간사

  목포대학교에서는 2003년부터 '동서양의 차문화'라는 교양과목을 개설하여 학생들로부터 큰 호응을 얻었다. 여기에 힘입어 2004년에는 국립대학교 최초로 일반대학원에 국제차문화과학협동과정 석사반을 개설했고, 2011년에는 박사반을 개설하여 차 관련 전문가들을 육성해오고 있다. 석사반과 박사반 모두 차문화와 차산업을 연구하고 교육하는 전문 인재를 육성하기 위해 문학과 이학의 양대 분야로 운영되고 있다. 2020년 전반기까지 30여 명의 박사와 60여 명의 석사를 배출했으며, 현재 석사와 박사과정에 재학생 40여 명이 차에 대한 열정으로 학문 연구에 몰두하고 있다.

  2004년 국제차문화과학협동과정 석사반의 개설과 더불어 개소한 국제차문화연구소는 2012년에 목포대학교 부설 국제차문화·산업연구소로 정식 개소했다. 국제차문화·산업연구소는 한국은 물론 세계 차문화의 원형발굴과 이를 활용한 관련 산업과의 융·복합을 기반으로 차의 6차산업화를 최종목표로 하는 세계 유수의 연구기관이다. 본 연구소에는 다양한 전공의 교수급 연구원 30여 명과 박사급 연구교수 및 전문연구원 50여 명 등 국내 최고 수준의 연구진이 포진하고 있다.

연구소에서는 그간 20여 건의 차문화·산업에 관한 연구용역을 수행했다. 최초로 수행한 장흥 '청태전'에 대한 연구용역으로 인해 청태전이 2008년 세계의 명차 반열에 오르게 되었고, 2018년에는 국가중요농업유산 제12호로 지정되었다. 하동 차의 6차산업화 전략 수립 등 10건의 용역 수행은 하동 전통차 농업의 세계중요농업유산 등재를 끌어내는 데 일조했다. 또한, 강진 차의 산업기반구축을 위해 '다산명차'라는 브랜드를 개발했으며, 영광 불갑사 '약전차'의 산업화 용역도 성공적으로 마무리했다.

2019년 후반기에는 보성차의 역사와 문화적 가치를 재조명하기 위한 연구용역을 수행하여 '녹차수도 보성'의 차가 오랜 역사 속에서 우리나라 차문화와 산업의 뿌리 역할을 해오고 있음을 밝혔다. 이를 근거로 2020년 전반기에는 코로나19를 무릅쓰고 고려 공차였던 보성의 '뇌원차'를 복원하고 제다기술을 표준화하는 연구용역을 성공적으로 수행했다. 이상의 연구성과들이 보성전통차농업시스템의 세계중요농업유산 등재에 큰 역할을 할 수 있기를 간절히 바란다.

국제차문화·산업연구소의 연구총서 발간은 연구소 구성원의 연구 의욕을 고취하고 구성원의 연구성과를 지역사회에 환원하자는 취지에서 기획된 사업이다. 2014년 제1호가 발간된 이래 매년 빠짐없이 1권씩 발행하고 있다. 연구총서 제3호로 발간된 장효은 연구원의『한국 전통 발효차의 생산방식과 소비형태』는 '2017년 세종 도서 우수학술도서'로 선정되었다. 제5호로 발간된 조석현 연구원의 『보성 차밭밑엔 특별한 차문화가 있다』도 '2019년 세종 도서 우수학술도서'로 신청되었고, 제6호로 발간된 정병만 선생의『차 인문학 이야기』도 신청을 준비하고 있다.

연구총서 제7호『고려 황제 공차 보성 뇌원차』는 '보성차의 역사와 문화적 가치 재조명을 위한 연구용역'과 '보성 뇌원차의 복원 및 제다기술 표준화 연구용역'의 성과를 기반으로 하고 있다. 보성 뇌원차의 가치와 중요성을 절감한 연구원들이 한국 차문화와 차산업 연구에 보탬을 주고자 두 연구용역의 성과를 책으로 출판하기로 하였다. 저자들의 간절한 소망처럼 고려 시대 한반도를 대표했던 보성 뇌원차가 다시 세계의 명차로 거듭나기 바란다.

『고려 황제 공차 보성 뇌원차』는 1장 보성차의 역사, 2장 뇌원차의 산실, 다소, 3장 뇌원차 이야기, 4장 보성 뇌원차 되살리기, 5장 보성 뇌원차 만들어 보기, 6장 보성 뇌원차 키워가기 등으로 구성되었다. 바쁜 회사생활에도 불구하고 뇌원차에 대한 그간의 연구성과를 통합해서 원고작성에 헌신하신 주저자 다자 조석현 선생님께 충심으로 감사드린다. 또한, 공동저자로 참여해 온갖 힘든 일에 헌신한 제자 운서 이주현 박사와 시화 박금옥 박사에게 감사드린다. 아울러 연구용역에 동참해 연구수행에 많은 도움을 준 제자 박소현 연구원, 나은비 연구원, 양충남 연구원, 안수자 연구원에게도 감사드린다.

끝으로 출판계의 어려운 여건을 무릅쓰고 연구총서 제7호『고려 황제 공차 보성 뇌원차』의 발간을 흔쾌히 허락해주신 학연문화사의 권혁재 대표님께 거듭 마음 깊이 감사드린다. 한국출판협동조합 이사장으로도 왕성하게 활동하시는 권혁재 대표님은 차문화와 차산업의 발전을 위해 고맙게도 2014년부터 매년 한 권의 연구총서를 발간하고 있다. 학연문화사와 한국출판협동조합의 무궁한 발전을 기원한다.

2020년 8월 20일

목포대학교 국제 차문화·산업연구소장

소암(笑庵) 조기정(趙紀貞) 삼가 적음

『보성 차밭밑엔 특별한 차문화가 있다』상재(上梓) 이후 미진하던 다소(茶所) 연구에 매진했다. 뜻밖에 차산업 메카인 보성군이 뇌원차(腦原茶)의 원산지(原産地)로 밝혀졌다. 보성 웅치 비사리밭들[蘆原]의 가을평(加乙坪) 다소였다. 그 전신(前身)이면서 삼국 시대 차향(茶鄕, 차 마을)으로 처음 밝혀진 가을전(加乙田) 차향의 약산(藥山) 마을(약찌미 뻔덕지)까지도 찾아냈다. 또 국가중요농업유산인 보성전통차농업시스템인 계단식 차밭으로 유명한 봇재 차밭 양동(陽洞, 봇골) 마을은 고려 초기 포곡(蒲谷, 봇골) 다소였다.

천 년 전 역사와 대화는 천명(天命)인 듯 운명(運命)인 듯. 다소와 뇌원차 원산지를 밝히라는 뜻을 전하라는 듯. 하나하나가 전율(戰慄)이었다. 고려 황제가 몸소 맷돌을 돌려 공덕재(功德齋)에 차를 올려 마시고 부의품, 하사품으로 쓰고 거란과 금나라로 보냈던 뇌원차. 이 자랑스러운 고려의 대표적인 명차를 소개하고 되살려 나가는 일은 뜻깊다.

이 책에서는 보성차 역사, 다소와 뇌원차 연구, 뇌원차 전통적 복원, 산업화할 수 있는 뇌원차 만들기 제시까지 전 과정을 낱낱이 담았다. 삼국 이전인 마한 시대부터 면면히 이어져 온 보성군의 차 역사는 어느 지역보다 유구(悠久)하다. 특히 우리나라 차의 황금기였던 고려 시대에는 가장 대표적인 황제차(皇帝茶)인 뇌원차를 만드는 다소가 있었다. 잘못 알려진 여러 다소를 바로 잡으면서 뇌원차 원산지가 보성임을 밝혀 뇌원차 지명설(地名說)을 입증했다. 사료(史料)가 없어 알 수 없었던 뇌원차의 모양, 크기, 가치, 제법 등 여러 모습을 합리적인 시각으로 그려내었다. 잊혀버린 뇌원차를 지금 우리 옆에서 숨 쉴 수 있는 차문화로 자리매김하려고 애썼다. 보성 뇌원차가 현금(現今)의 차문화로 정착되기를 바란다.

마시는 차 한 잔에 고려 시대 보성 다소민(茶所民)들의 피땀과 고통(苦痛)이 서려 있음을 잊지 않았으면 좋겠다. 찬란했던 차문화를 오늘에 이어 발전시켜 나가는 일은 지금 여기 우리 후손들의 몫이다. 여기에 조금이라도 기여가 되기를 바랄 뿐이다.

이 연구 작업은 보성군의 후원과 함께한 목포대 국제차문화·산업연구소 연구원들의 노고가 컸다. 프로젝트 책임자로서 연구팀을 이끌어오면서 연구와 출판을 할 수 있게 한 조기정 교수님 이하 공저자인 이주현, 박금옥 연구원들에게 심심한 사의(謝意)를 표한다. 제다(製茶) 자문을 하여 주신 신기호 다락원 한국 차 협동조합 대표이사, 적극적으로 연구를 할 수 있도록 도와주신 박소현, 양충남, 안수자, 나은비 연구원들께도 감사의 마음을 전한다. 뇌원차 원산지 전경 사진을 흔쾌히 찍어주신 김현호 사진작가와 학연문화사 권혁재 대표 등 이 책이 나오기까지 도움을 주신 여러분들에게 감사를 드린다.

2020년 8월 20일

주 저자(主著者) 다자(茶自) 조석현 올림

1장
보성차의 역사

조석현

1. 들어가는 말

보성은 현재 「녹차 수도」로 우리나라에서 차를 가장 많이 재배하고 있는 곳이다. 그런데 불행하게도 보성차의 역사와 문화에 대해서는 잘 알려지지 않았다. 막연하게 일제 강점기 재배차를 이어온 곳으로만 알고 있다. 보성이 오늘날 차의 재배가 가장 활발한 것은 결코 우연이 아니다. 삼국에서 고려를 거쳐 조선까지 보성차의 역사는 면면히 이어졌다. 현재뿐 아니라 과거에도 차를 많이 재배했던 곳이다.

지금도 보성군은 전국에서 가장 많은 자생차가 분포한다. 이는 보성이 역사적으로 차를 가장 많이 차를 재배하고 차문화가 이어졌음을 나타낸다. 고려의 다소가 없어진 뒤 우리의 선조들이 자신들의 삶터 주변에 많이 심고 가꾸었을 것이다. 지금은 저절로 자란 것처럼 자생화(自生化)하였다. 통칭하여 자생차라고 부른다. 보성의 많은 자생차는 바로 차의 역사이고 차의 문화다. 이 자생차 단지를 중심으로 각 문중의 문집을 참고하는 등 인문학적인 여러 각도에서 연구하면 더욱더 많은 차의 역사와 문화가 나오리라 믿는다.

본서에서는 역사 사실(史實)이 매우 빈약한 상태에서나마 보성차의 오랜 역사를 더듬고자 한다. 보성은 일찍이 마한부터 토산차가 있었다 하며, 고려의 다소가 가장 활발했다. 특히 고려에서 가장 유

명한 '뇌원차'의 원산지가 보성이다. 조선에서 일제 강점기까지도 보
성차의 역사와 문화는 이어졌다.

2. 마한, 비리국 보성(복홀)차(369년 이전)

　김주희 등의 「보성차의 역사 및 자생차 실태 연구」에 의하면 보성군의 자생차는 101곳에 이른다. 김주희 박사는 "국내 야생차 분포지 총 305개소 중 235개소가 전남 지역에 분포되어 있고 한국 차의 자생 및 발생 중심지는 보성읍 보성강 상류 지역"이라고 밝히고 있다. 차의 원산지는 대체로 중국 서남부 지역 운남으로 본다. 그러나 한반도 자생설을 주장하는 사람들도 있다.

　화개 출신 하상연(1934-2000)은 이렇게 주장한다. 차는 온대 지방에 넓게 퍼져있다. 아열대 식물이 아니다. 냉해에 견디는 소엽관목(小葉灌木)이 원종(原種)이고, 아열대의 대엽교목(大葉喬木)이 옮겨 심은 것이다. 돌배-배, 고염-감 등 왜소한 원종이 재배하여 커졌다.

　한편 정영선은 이렇게 말한다. 중국 운남 지역의 차나무 원산지설을 인정하면서 새나 배, 바다의 조류 등으로 씨가 옮겨져 계속 번식했다. 중국과 가까운 백제와 가야 지방은 역사 이전부터 차나무가 자생하여 약용으로 쓰이다가 음료로 마시게 되었다.

　이정숙은 차나무 자생론에서 언어학적 측면에서 중국 원산지 설을 부인한다. 차(茶)는 육우 『다경(茶經)』 이후에 쓰였다. 차문화는 분명 한족에서 기원한 문화는 아니다. 그의 『삼국유사』 근거론은 기존 상식을 뒤엎는다. 『가락국기』에 수로왕의 제사에 차가 쓰였다면 이미 1세기에 우리 차를 쓴 것이 아니냐? 왜 우리 자생차는 생각하지 않는가? 왜 전래했다고만 보느냐는 것이다.

김교각(696-794)이 24세 때(719) 중국의 구화산에 황립도(黃粒稻, 볍씨)와 토종 삽살개와 함께 차 씨를 가져갔다. 우리나라 자생차가 차의 원산지가 아니라는 근거도 없다. 중국에서 전해진 부분이라면 원 중국에 차나무가 많은데 굳이 왜 우리 차 씨를 가지고 갔을까? 우리나라 한반도 토종(土種) 차 씨였을 가능성이 매우 크다.

차 전래설 중 가장 빠른 시기는 AD48년이다. 가야의 수로왕(首露王, ?-199)에게 시집온 인도 아유타국의 허황옥(許黃玉)이 차 씨를 가져왔을 거라는 설이다. 직접 차를 가져왔다는 기록은 없고 전래 여부는 불명확하다. 17대손 갱세급간이 2대 거등왕의 뜻을 받들어 제사에 차를 올렸다는 기록으로 추론할 뿐이다.

허황옥은 보주(普州) 태후(太后)로 불린다. '보주'는 '사천 안악현'이다. 최근에 허황옥을 연구한 김병모는 허황옥은 쓰촨성 안악현에서 왔다고 주장한다. 안악현 서운향 허 씨 집성촌 뒷산 우물 신정(神井) 암벽에는 "동한(25-220) 초에 허황옥이라는 소녀가 있었다. 아름답고 지혜와 용기가 뛰어났다.(東漢 初 許女黃玉 姿容秀麗 智勇過人)"는 기록이 있다. 상징인 쌍어(雙魚) 문양은 BC2,700년경 아시리아에서 발생, 간다라, 페르시아에 이르고, 아유타국(인도 남동 아요디아), 운남, 사천(보주), 무한, 가락국, 구마모토로 전해졌다고 한다. 운남, 사천 등은 일찍이 차를 마셨던 지역이다. 따라서 차의 전래

가능성이 전혀 없는 것은 아니다. 다만 전래한 직접 기록이 없어 가락국에서 나는 자생차를 올렸을 가능성도 배제할 수는 없다.

보성에는 '토산품'으로 차를 이용했다는 『보성군사』의 기록이 있다. AD369년(근초고왕 24년) 3월 마한(馬韓)의 비리국(卑離國)이 백제(百濟)의 복홀군(伏忽郡)으로 통합될 때 토산품으로 차를 이용했다는 설이다. 백제의 고이왕(234-285)은 마한의 맹주(盟主) 목지국(目支國)을 정벌하였고, 근초고왕(346-375)은 가야를 평정하고 마한의 나머지 여러 나라[諸國]을 병합한다. 보성강 유역의 비리국, 벌교 낙안의 불사분사국, 고흥 득량의 초리국 등 대부분의 작은 소국(小國)이다. 비리국도 나라 '국(國)'자를 쓰고 있어도 부족국가의 큰 도읍지 정도다. 마한의 '비리'국은 백제에 자연스럽게 병합되어 백제의 복홀군으로 편입되었다.

'비리'는 마한의 소국 이름에 많이 붙여지고 있는 말이다. 마한의 '비리'의 어원은 '불[火]'에서 파생되었다고 생각한다. 백제의 부리(夫里), 복홀(伏忽), 파부리(波夫里), 신라의 벌(伐)·불(弗)·불[火]과 같이 평야·읍락(邑落)·나라 등의 뜻을 지니는 말이다. '비리'는 백제에서 '복(伏)'으로 불렀다. 여기에 성(城)의 뜻을 지닌 홀(忽)이 붙어 <복홀>이 된다. '홀(忽)'은 '골[곡(谷)]'의 소리를 한자로 쓴 것이다. 홀(忽)의 옛 소리가 <곧, 골>이니 더욱 정확하다. 골짜기에 도읍을 만든 다음 외적을 막기 위해 성(城)을 쌓게 되니 홀에는 반드시 성이 있다. 경덕왕 시절에 뜻으로 지명을 바꾸면서 <~홀>

은 〈~성(城)〉으로 다 바꾸었다. 현 보성군 미력면이다. 복홀군 성지(城址)는 석호산 아래 화방리 장골이다. '복홀'은 신라 경덕왕 757년 한화정책(漢化政策)에 따라 뜻으로 해석해 한자를 바꾸니 〈보성(寶城)〉이다. 백제의 복홀군은 고려 말까지 보성의 도읍지였다. 한편 현 복내(福內)의 옛 지명 복성현의 '복성(福城)' 역시 '보성(寶城)'과 같은 뜻이다. 불(弗) 〉 (파:波) 부리(夫里) 〉 복(伏)은 유사한 음이면서 좋은 뜻을 가진 복(福), 보(寶)로 썼다.

마한의 비리국을 복홀군으로 편입한 백제가 복홀차를 이용했다고 한다. 백제는 불교가 전래하기 전 고이왕(234-286) 무렵에도 이미 차 생활을 하고 있었다. 백제 귀족층 묘에서는 차 도구 추정 유물들이 다량 출토되었다. 몽촌토성과 풍납토성에서 말차용(抹茶用) 절구인 차확(茶確) 11개, 풍납토성에서 음식이나 차를 끓이는 청동 초두(鐎斗), 청자완(靑磁碗) 3점이 나왔다.

풍납토성 경당지구 발굴 책임자 권오영(權五榮) 교수는 "3세기 무렵 이미 백제의 지배층은 차를 사랑하고 좋아하고 있었다."라고 말한다. 서진(西晉, 265-316)의 도자기 계수호(鷄首壺, 닭 머리 주둥이 주전자형 도자기)와 사발형 청자 '완(碗)' 다기(茶器)가 발견되었다.

차가 서진에서 전래하였거나 우리나라 토산차를 마셨다고 할 수 있다. 서진 시대(265-316)이므로 적어도 316년 이전에 백제는 차 생활을 하고 있었다. 가야, 마한의 토산차를 이용했거나 서진으로부터 차가 들어와 있었다는 증거다. 차의 전래는 통상 불교의 전래나 사찰의 건립보다 앞선다. 백제의 불교 공인(384)이나 동진(317-420) 마라난타의 불회사 창건(366)보다 서진 시대 고이왕(234-286)은 80년에서 100년이 빠르다.

백제는 고이왕 때(234-286) 목지국(目支國)을 병합한다. 그러나 아직도 차 산지인 전라도의 마한의 소국(小國)들은 편입하지 못했다. 차를 좋아하는 백제의 귀족층들과 조정에서 필요한 차는 전라도 지방인 마한에서 구했을 것이다.

그러다가 근초고왕 24년 369년에 드디어 보성의 비리국을 병합한다. 복홀군으로 편입하니 비로소 비리국에서 나는 〈토산차(土産茶)〉를 공납 받았다고 할 수 있다. 우리나라 최초로 백제 조정에 바친 공납차인 〈복홀차(伏忽茶)〉이다. 〈토산품인 토산차〉는 전래한 차가 아니다. '토착화된 자생차가 있다.'는 반증이다. 전래한 차를 토산품이라고 붙이지 않기 때문이다. 369년 복홀군 편입 당시 인정받은 토산품이라면 보성 복홀차의 차 시배(茶始培) 시기는 369년보다 훨씬 그 이전이었을 것이다. 최소 몇 백 년의 세월이 흘러야 토산품이라고 부를 수 있지 않을까?

이곳엔 백제의 흔적을 가진 절터가 두 곳이나 있다. 백제 복홀군의 치소였던 장골 부근 돌음[석호(石虎)] 마을엔 백제 '돌음 절터'인 석호사(石虎寺) 터가 있다. 석호마을 석호회관에서 북북동향 720m 지점인 화방리 188-1번지 부근이 백제 절터인 원당(元堂) 터(원당사 터[元堂寺址])다. 원당 옆엔 원댕이샘이 있고 산정재[山井峙]가 있다. 물이 좋고 터가 좋아 백제부터 사람들이 모여 살았다. 물이 좋은 곳에 당연히 차가 빠질 수 없다. 복홀차의 흔적일까? 미력면 화방리에서는 다음과 같이 4곳의 자생차 단지가 조사되었다.

번호	쪽수	주소	구분	면적(㎡)	비고
1	164	보성군 미력면 화방리 산153-2	둔터, 석호산 중턱 절터 위	6,000	남서향, 표고 220m
2	166	보성군 미력면 화방리 산39-1	복홀 장골 철탑 밑	9,000	동남향, 표고 160m
3	169	보성군 미력면 화방리 448	석호마을 左 이경재 대밭	300	남서향, 표고 149m
4	171	보성군 미력면 화방리 산73	석호저수지 右 폐사지	600	서 향, 표고 159m

이 중 1, 4번은 사원용(寺院用)이었을 것이다. 1번은 현 녹차 휴게소 정북방 400m에 있었던 절골에 있는 옛 절터 위로 석호산 7부 능선까지 있다. 남쪽 600m 아래에 둔터[둔기(屯基)] 마을이 있다. 둔터 마을은 폐사된 석호산 중턱에 있는 절(1번)의 다촌(茶村)일 가능성이 있다. 4번 폐사지는 백제의 절 원당사와 가깝다. 복홀차 유적지(자생 차밭), 백제 옛 절 원당사터 등을 표시하면 아래 그림과 같다.

남으로 보성강을 건너 2km 떨어진 겸백면 용산리에는 다동(茶洞)이 있다. 광산김씨 김모(金瑁)가 1455년 은거한 이웃 화천(花泉) 마을에서 1539년 이주하여 생긴 마을이다. 마을 뒤 차나무가 많이 자생하여 '차밭등' '찻골'로 부르다가 1914년 다동(茶洞, 찻골)으로 바꿨다. 지금도 차가 많이 자생하고 있다.

① 복홀자생차 ② 둔터자생차　　① 복홀 ② 원당사터

원당사가 가까운 4번은 폐사지로 밭을 갈다가 청동기 불상이 출토되었다. 폐사지가 백제 옛 절 돌음 절터인지 여부는 불분명하다. 3번은 민가의 대밭에 심어진 민가용(民家用)이다. 대밭으로 둘러싸여 차광도 80% 이상이다.

주목하는 것은 2번 복홀 장골 차밭이다. 크기도 9,000㎡로 제일 크다. 장골[장동(長洞)]은 복홀군 중심 마을이다. '복홀(골)'에서 골짜기가 길다는 뜻으로 '장골'로 변천되었을 것이다.

김주희 등의 조사에 의하면 복홀군 토산차가 해당 마을 지역 뒤 철탑 밑에서 8부 능선 계곡 동남향으로 좌우로 펼쳐져 있다. 경사도 50도 정도로 가파르고 대나무 잡목으로 차광도(遮光度)는 60% 정도 다. 2004년 자생지 복원사업으로 장애가 되는 나무를 제거했다. 약간 검은색 참흙으로 복원사업 시비로 유기물 함량이 조금 높다. 인

산과 마그네슘, 칼륨, 칼슘 등 미량요소가 적은 처녀지다. 장골 마을 북풍을 막아주는 뒷산과 동남쪽 석호산이 가로막은 요지(凹地)로 기류 이동이 막혀 서리 피해가 심하다. 따라서 차밭이 산 하단보다 중턱으로 위치하여 서리나 동해 피해가 적었을 것으로 본다.

복홀차의 원산지 가능성이 제일 큰 장골 자생 차밭과 석호산 부근의 차밭은 더 조사 연구되고 보존되어야 할 것이다. 박용구 등이 2009년 38개 야생 차나무 군집의 유전자 분석을 시도한 바 있다. 그러나 아쉽게도 보성 둔터차(1번)는 포함했으나 이곳 복홀 장골차(2번)는 빠졌다. 복홀성지(伏忽城址) 조사 연구, 장골 차밭 조사를 통해 복홀 토산차와 연관성 등 연구조사가 절실하다.

3. 백제의 보성차

1) 징광사(澄光寺)와 자생차

징광사는 아래 그림같이 벌교읍 징광리 산173번지 서편 원진광에
있었다. 현재 징광다원이 자리하고 있다.

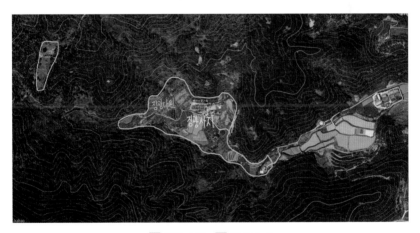

■ 징광다원 ■ 징광사지

백제 근초고왕(346-375) 때 부사군(夫沙郡)의 도읍지 고읍(古邑)
으로부터 4km 지점이다. 고읍 근처 현재의 분촌(分村)은 부숫골[금
촌(金村)]이다. 이곳은 마한의 불사분사국(不斯濆邪國)의 치소(治
所)다. 백제 근초고왕 때는 부사군(夫沙郡)으로 편입된다. 일찍이
불사분사국이나 부사군 고읍의 도읍지로 바로 옆에 대규모의 가람

(伽藍) 징광사가 들어설 여건이 형성되었다.

김주희 등은 백제에 불교문화, 차문화가 전해지고 400년대 전후에 징광사가 창건되었으리라 추측하고 있다. 동진의 마라난타는 마한에 이미 와서 366년 불회사를 창건한다. 백제가 불교를 공인한 384년 불갑사를 창건하는 등 잇단 불사를 일으킨다. 이때 징광사도 창건하였을 것이라는 견해다. 마한사를 연구하고 있는 박해현 교수는 불회사 주지 철인 스님에게 마라난타 창건 사찰을 물었더니, 불회사, 불갑사 이외에 담양 용흥사, 군산 불주사, 서울 대성사 등이라고 알려줬다고 기술하고 있으며(무등일보, 2017. 12. 15) 보성 징광사는 언급되지 않는다. 김주희 이외에 선암사 지허 스님이 마라난타 징광사 창건설을 말한다

「우리나라 야생 차나무 유전자원 보존(박용구 등)」의 유전자 분석에 따르면 마라난타 창건의 나주 불회사, 영광 불갑사와 보성 둔터 차는 같은 4그룹에 속한다. 그리고 나주 불회사에서 퍼졌을 것으로 추측되는 나주 금성산 차와 보성 징광사 차는 같은 5그룹 중 가장 가깝다. 나주 운흥사와 나주 월현대산도 같은 5그룹이다. 유전자 분석 결과로 보면 보성 징광사 차는 마라난타가 심은 나주의 차로부터 퍼졌을 가능성이 있다.

징광사의 창건 연대나 징광사 차의 시작은 불확실하다. 그러나 징광사는 차와 인연이 많다. 신라 법흥왕(520년대)이 대가람을 중창하였고, 쌍봉사를 중창한 철감선사 도윤(798-898)이 수행한 도량이

다. 철감선사는 825년 남전의 법을 받아 848년 귀국했다. 선사는 차를 늘 즐기고 '끽다거(喫茶去)' 공안으로 유명한 조주선사(趙州禪師, 778-897)와 동문수학했다. 중국의 선풍(禪風)과 선문(禪門)의 차문화가 수입, 보급되었을 것이다. 고려 명종 때 다인 김극기(金克己, 1150-1204)는 징광사에 들러 차시를 읊는다. 촉천(蜀荈)으로 촉나라(221-263)의 차라 했으니, 시적 표현을 고려한다 해도 징광사의 오랜 차 역사를 대변한 듯하다. 백곡처능(白谷處能, 1617-1680)의 '새로 차나무를 심는다.'라는 시도 있다.

징광사 뒤 금화산 기슭엔 가마금이라는 분지가 있고 그곳에 옛 차나무가 있다. 보성군의 조사로는 30ha. 산도는 5.3으로 좋고, 야생인데도 부식이 잘 되어 생육이 좋다. 1979년에 징광문화 대표 한상훈 선생이 그 야생차 사이사이 재래종을 심어 징광다원을 일궈 징광잎차를 생산했다. 현재는 부인 차정금과 아들 한무논이 잇고 있다. 269m의 금화산 징광사 주변 차밭은 기온 차가 크고 굵은 모래와 암반층으로 바위틈에 뿌리가 깊게 내려 차의 맛과 향이 깊다.

2) 봉갑사(鳳甲寺)와 자생차

문덕면 봉갑리 1053번지 천봉산 자락에 잊힌 절, 봉갑사[鳳甲寺, 옛 천봉사(天鳳寺)]가 있다. 고구려 불교를 처음 전한 아도화상(阿道和尚)(357- , 1대)은 동진(317-419)에서 374년 고구려로 건너와

375년 이불란사(伊佛蘭寺)를 창건하고 381년 강화도 전등사를 창건한다. 아도(阿道)는 '머리카락 없는 승려'인 '아두(阿頭)'로 '고구려 승려'를 부르는 일반 명칭이다(필자가 편의상 1대, 2대, 3대로 호칭). 다만, 신라에 263년 처음 불교를 전하고 실패한 아도(我道)는 실제 이름이다. 아도본비(我道本碑)에 의하면 위나라 사신 아굴마(我堀摩)와 고구려 여인 고도녕(高道寧)의 아들이다. 416년엔 고흥 능가사, 418년에는 신라 최초의 절 구미 도리사, 김천 직지사, 420년에는 계룡산 갑사, 440년은 나주 죽림사, 446년에는 구미 대둔사를 창건했다 한다. 따라서 보성 봉갑사는 가장 가까운 고흥 능가사 창건연대인 416년경으로 잡아 본다.

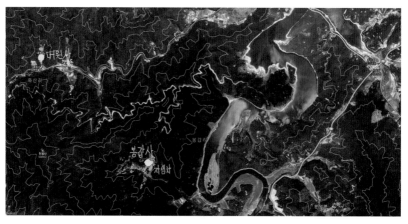

◩ ① 대원사 ② 봉갑사 ◩ ① 고차수 ② 자생차

446년은 374년으로부터 72년이나 흐르니 89세로 당시 평균 수명으로 볼 때 동일인으로 보기 어렵다. 사실 35년(416-381)의 공백 기간도 동일인이 아니기 때문일 것이다. 봉갑사를 창건하고 416년에서 446년까지 활약한 아도화상은 제2대로 보는 것이 타당하다. 모레의 집에 묵은 묵호자(검은 얼굴의 스님) 아도화상(3대)은 503년 보성 대원사를 창건하고, 527년 순천 선암사, 544년 해남 대흥사를 창건했다.

봉갑사는 백제 불교가 공인 되는 384년 동진의 마라난타가 세운 영광 불갑사(佛甲寺), 도선국사(827-898)가 창건한 영암 도갑사(道岬寺)와 함께 예로부터 호남 삼갑(湖南三甲)으로 불렸다. 2대의 아도화상은 봉황의 꿈을 꾸고 이곳 천봉산(天鳳山)에서 봉황의 알을 발견한다. 기뻐 춤을 추고 절을 세우니 봉갑사(鳳甲寺)다. 호남 삼갑은 백제 불교의 근원이었다.

송광사 제13대 국사인 각진국사(1270-1335)가 중창, 나옹선사(1302-1376), 무학대사(1327-1405), 서산대사(1520-1604), 묵암대사(1717-1790) 등 고승들이 주석한 호남 중추의 대가람이었다. 번성기에는 주위 백사(白沙), 단양(丹陽)에 3천 명이 기거했고 암자만 10여 곳에 달했다. 봉갑사 쌀 씻는 뜨물을 주위 민가에서 받아먹고 살 정도였다고 한다. 미력 석호산 아래 큰 안꿩이[安迪]에 사는 난곡(蘭谷) 정길(鄭佶, 1566-1619)의 난곡유고(蘭谷遺稿)에는 이 '봉갑사에 머무르다(留鳳甲寺)' 라는 시가 나온다.

1899년 이후 기록이 없는 봉갑사는 고향 출신 도륜(1927-2019. 6. 28) 스님의 발원으로 혈육 아들인 각안(覺眼) 스님과 합심, 봉갑사를 재건하고 있다. 봉갑사 재건으로 백두대간의 삼각 축에서 빠지는 기운을 모아서 나라가 통일될 것이라 한다. 봉황이 봉갑사를 향해 날아오를 듯이 하는 천봉산 정상까지 이어지는 대가람은 나라를 크게 일으키려 함이란다. 미얀마 비암사에 있던 부처님 진신사리 150과를 12각 적멸보궁 전에 모시는 2008년 6월 1일 무지개가 걸리는 이적이 나타났다.

보성군의 조사에 따르면 봉갑사 주위에 600㎡의 자생 차밭이 있다. 높은 뒷산은 남향이고 50도의 경사도에 표고는 167m이다. 대나무가 있어 60% 정도 빛을 가린다. 유기물 함량이 높은 검은 사양토(砂壤土)이다. 인산 함량이 태부족하고 미량 원소도 부족하나 양분 보존 능력은 우수하다. 차나무는 2.5m까지 자랐다. 동해와 병해 내성은 강하다. 대원사와 함께, 같은 천봉산 자락에 있는 봉갑사는 대규모 사찰이었다. 사찰의 융성과 함께 천봉산 봉갑사의 차문화가 꽃피웠을 것이다. 이 차문화가 봉갑사의 재건과 함께 다시 살아나길 바란다.

3) 대원사(大原寺)와 자생차

대원사는 문덕면 죽산리 831번지, 강각 마을 위에 있다. 강각골 [江角洞]은 애초 하천이 천재지변으로 강각 분지가 되었다. 백제 무령왕(501-523) 때 20여 호의 농가가 정착하여 현재에 이르렀다. 대원사와 창건연대에 마을이 생겼으니 대원사의 사하촌(寺下村)이나 다촌(茶村)의 역할이 있었을 것이다. 무령왕 3년(503년) 묵호자(墨胡子) 아도화상(我道和尚, 3대)이 중봉산(中鳳山) 죽원사(竹原寺)를 창건했다. 자진국사(慈眞國師) 천영(天英, 1215-1286)이 1260년 크게 중창, 이름도 천봉산(天鳳山) 대원사(大原寺, 『신증동국여지승람』과 『대동지지』에서는 大元寺로 표기)로 바꿨다.

1757년 불타 1759년에 현정선사가 중창, 건물 16동을 복원, 암자가 12개나 되었다. 1948년 여순 사건 때 10여 동 건물 중 극락전(極樂殿, 전라남도 유형문화재 제87호)을 제외, 모두 불탔다. 내부 아미타불 삼존불(三尊佛)은 왼쪽 협시불(脇侍佛)이 불타서 이존불(二尊佛)로 모셔져 있다. 극락전 오른쪽 부도(浮屠)에는 자진국사 천영의 부도(전라남도 유형문화재 제35호)가 있다. 1990년대 이후 현장이 지장보살 도량으로 재건했다. 티베트박물관이 세워져 있고, 칠지(七池) 가람의 연꽃은 세계일화(世界一花)의 꿈을 꾸고 있다. 봄이면 대원사 계곡은 벚꽃이 장관이다.

대원사 극락전 뒤에는 오래된 고차수(古茶樹) 군락(群落)이 있고 자생 차밭이 있다. 차밭으로 가는 언덕 아래엔 샘이 있다. 차밭은 0.5ha 규모로 50도로 경사진 남향, 차광이 잘 이루어지지 않는 상태다. 표고는 보성에서 두 번째로 높은 256m. 토양은 참흙으로 유기물 함량 축적이 높으나 인산과 마그네슘 등이 부족하다.

『신증동국여지승람』에는 아래와 같이 봉갑사, 대원사, 개흥사 등 보성의 불우가 표시되어 있다.

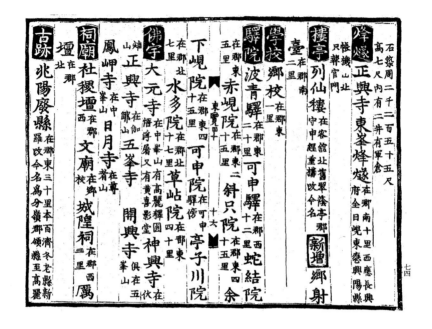

4) 일림사(日林寺)와 자생차

일림사(日林寺)는 백제 위덕왕(威德王) 13년인 566년에 통의국사 (通義國師)가 창건하였다. 위덕왕(554-598)은 이 일림사 외에도 많은 절을 세웠다. 재위 14년인 567년에는 부여 능산리 고분이 있는 절을, 10년 후 577년에는 부여 규암면 신리에 왕흥사(王興寺)를 지었다. 일림사지(日林寺址)는 회천면 회령리 산151, 산152, 759 부근으로 보인다. 일림사지와 자생 차밭(보성군 회천면 회령리 산151)

을 보면 다음과 같다.

■ 일림사지　■ ① 자생 차밭 ② 대한다원

　의병인 도학자 난곡(蘭谷) 정길(鄭佶, 1566-1619)의 시에는 일림사가 두 번 나온다. 난곡유고에 나오는 시 '일림사에서 잣나무를 읊다[日林寺詠柏]' '일림사에 머무르다[留日林寺]'이다. 임진왜란 그즈음에 일림사가 있었다는 증거다. 일림사는 1865년 대웅전 말벌을 제거하다 전소되었다. 1941년 이청은(李淸殷) 스님이 다시 절을 짓고 1946년 대웅전을 신축했다. 여순 사태 때 빨치산 아지트를 없애려고 경찰이 불을 질렀다. 이념 갈등과 전쟁으로 천년 고찰 일림사의 모든 역사가 사라져 버렸다. 화마에서 건진 759번지 법당의 일림사 목조여래좌상은 500m 남쪽에 새로 건립된 일림사(회천면 봉강리 190)로 봉안되었다.

　보성 향토사에 의하면 절의 축대, 건물의 주 초석, 석조, 부도 지대석, 석등 지대석 등이 남아 있었다. 그러나 임도(林道)를 내면서 파묻힌 유물들은 도굴되었다. 1,400년이 넘는 역사의 현장이 사라져 버렸다. 백씨 문중 산인 일림사지는 역사 기록도 없이 절터로만 표기되어 있다. 보성에는 일림사(日林寺) 이외에도 달의 이름을 가진 절이 있다. 노동면 옥마리 141번지에 고려 때의 월림사(月林寺)다. 또 양음, 천지(天地)의 상징인 일월(日月)의 이름을 가진 절도 있다. 율어면 유신리 553번지에 있는 통일신라의 일월사(日月寺)다. 보성에는 양음, 천지(天地)의 상징인 일월(日月)의 이름을 가진 절이 있다. 오상[五常, 인의예지신(仁義禮智信)]의 오덕(五德)을 갖춘 사람[산(山, △)은 천지인(天地人, ○□△) 가운데 인(人, △)을 상징을 상징하는 오봉산(五峯山)이 있다. 모두 오랜 고찰이나 중간에 폐사되어 역사가 단절되었다. 안타깝게도 사찰과 함께 했을 차 역사도 모두 끊겼다.

일림사 창건 시기인 566년에 차(茶)도 이용되었다고 본다. 지금도 일림산 등산로 입구 일림사지, 회령리 산151(3.6ha)에는 자생차가 잘 자라고 있다. 보성군 조사로는 자생 차밭 면적은 0.3ha. 표고 198m 동남향, 경사도 35도, 참나무 잡목이 무성한 가운데 2m 간격이다. 동해, 병해에 강하고 2.6m 수고의 굵은 차나무는 1,300년이 넘는 일림사 창건의 역사를 말하고 있다.

오랜 자생차 지역엔 예외 없이 재배 차밭도 활성화되어 있다. 일림사지 바로 옆에는 20ha의 대한다업 보성다원 제2 농장이 넓게 펼

처져 있다. 또 남쪽 750m 지점엔 보성 선운제다가 있다. 현재 다원들이 자생 차밭의 역사를 잇고 있다. 현 일림사(회천면 봉강리 190-1)는 일림사지 동남 500m 지점에 새로 지었으나 불상 이외에 일림사의 명맥을 잇기엔 역부족이다.

4. 후백제, 통일신라의 보성차

1) 개흥사(開興寺)와 원효 차

득량만 해평 저수지를 넘어 절골이 있다. 득량면 해평리 산84번
지. 개흥사가 있던 곳이다. 원효(元曉)대사(617-686)와 의상(義湘)
대사(625-702)가 함께 창건했다 전한다. 개흥사의 기록이 가장 많이
남아 있는 청광자 박사형(朴士亨, 1635-1706)의 청광집 '개흥사법
당개립권선문(開興寺法堂改立勸善文)'에 나타난 창건 내용이다. 박
사형은 박춘장(朴春長, 1595-1664)과 안방준(安邦俊, 1573-1654)의
문인으로 도학자이며, 가사 문학으로 1666년 담배 유행 초창기 이
를 예찬한 남초가(南草歌)를 지은 것으로 유명하다. 원효산 이름, 원
효산의 원효대사 칼바위 산 수행 전설 등을 볼 때 원효대사 창건으
로 본다. 개흥사의 이름도 창건 당시는 '원효산(元曉山) 원효사(元曉
寺)'로 상정해 본다.

칼바위 산의 원래 이름이 원효산이다. 원효산 개흥사의 이름과 위
치는 『신증동국여지승람(1530)』, 『동국여지지(東國輿地誌, 1656)』,
『보성군읍지(1899)』에 '개흥사는 오봉산에 있다.'라고 나온다.

원효산 주변 차 유적지(칼바위, 개흥사지, 덤벙이 도요지, 대례,
왜진포) 위치는 아래 그림과 같다.

■ 대례, 왜진포 　■ ① 개흥사지 ② 월효산 칼바위 　■ ① 덤벙이 도요지 ② 조양

　원효산 자락에 있는 개흥사에서는 1688년 중창된 '개흥사(開興寺)'가 새겨진 기와 조각이 출토되었다. 1678년 이전에 세 차례 중건, 1680년대 불사가 활발했다는 『청광집(淸狂集)』 기록과 일치한다. 오봉(五峯) 정사제(鄭思悌, 1556-1594)의 시에 나오는 개흥사가 난곡(蘭谷) 정길(鄭佶, 1566-1619)의 시에서는 폐허 된 것으로 나온다.('개흥사 벽 위에 운을 부쳐[次開興寺壁上韻]', '황량하게 폐허 된 옛 절 계곡물이 슬프고[古寺荒凉澗水悲]') 1620년대에 지은 은봉(隱峯) 안방준(安邦俊)의 '개흥사에 놀며(遊開興寺)'라는 시가 있으니, 임진란 즈음에 폐사되고 1620년 이전에 재건된 것 같다.

　2013년(1차), 2015년(2차), 2017년(3차) 발굴 조사결과 국가적 규모의 대가람(伽藍)임이 드러났다. 계곡 양단의 높이 4.8m, 길이 26m의 대형 석축(石築), 속도랑[速暗渠]이 시설된 석축이 다단(多

段)으로 조성된 산지 가람이다. 석탑 옥개석, 소조 불상, 청동 소탑 등 유물이 발견되었다. 이곳 출신 의병장인 오봉(五峰) 정사제의 문집 시 '개흥사에서 놀며[遊開興寺]'에서는 중선루(仲宣樓), 남루(南樓), 산성(山城), 돌길 등이 나온다. '개흥사에서 뱃놀이 감'과 '개흥사에서 진서(振瑞)의 시운을 따라 지음' 등 개흥사를 읊은 2편의 시가 더 있다.

계곡을 사이에 두고 서원(西院)과 동원(東院)이 있고, 중정(中庭, 중앙 마당)이 있다. 서원에 금당(金堂)으로 추정되는 건물 중심지가 있다. 서원 1, 2구역의 대형 석축은 압도적이다. 동원은 승방(僧房)과 요사(寮舍)가 위치한 것으로 보인다.

특히 동원 4구역에서는 와편(瓦片), 청자, 백자 편 등 그릇이 집중적으로 출토되었다. 찻사발 등은 개흥사의 차문화를 보여주고 있다. 돌계단 등의 용 조각이나 궁궐과 흡사한 층간 대지 등 구조는 왕실에서 출연했을 가능성을 말해 준다. 11~12세기의 어골문(魚骨文), 격자문(格子文) 기와 13~14세기 청자, 명문(銘文) 막새(1452) 등이 발견되었다. 원효대사 초창(初創) 전설 이외에도 발굴 결과 고려 초기에 개흥사가 있었던 것은 확인된다.

개흥사에서 수륙재(水陸齋)도 지내고(1662) 1647년에서 1662년 사이에 『묘법연화경(1651)』등 7종의 불서를 발간했다. 승 계수(戒修)는 동원석교(1685), 마천석교(1674) 등 지역 교량을 세우기도 했다. 현재 해평리 조양마을 입구에 세워진 석장승도 이 개흥사 입구에서 옮겨졌다. 사찰 수호신이 바다의 안전을 지키는 장승으로 바뀌었다. 산속 사찰이지만 강골, 조양마을 쪽 바다로 연결되었으나 지금은 간척지 제방으로 육지화되었다. 개흥사는 1899년 이후 1908년 이전에 폐사된 것으로 추정한다. 1899년 이후『보성군읍지』에는 개흥사는 오봉산에 있다[開興寺在五峯山]고 되어있다. 1908년 이전에 관음보살좌상을 송광사 동암으로 옮긴다. 이것은 폐사와 관련 있을 것이다.

개흥사 주변에 아직 자생 차밭을 발견하지 못했다. 자생 차밭은 조사 연구가 필요하다. 개흥사에서 2.5km 떨어진 조양(朝陽)마을 서쪽 골짜기에 국수사가 있었다. 국수사 근처 기남 마을 입구엔 기남사(起南寺)가 있었다. 조양마을은 현지에선 통상 해창(海倉)이라 부른다. 득량만 지중해 관문 역할을 한 그곳은 바닷가 창고 '해창'이 있었다. 해창 터(해평리 327)가 있다.

개흥사가 암자 10개를 거느릴 정도로 대규모의 사찰임을 고려할 때 차 생활과 차문화가 있었을 것이다. 개흥사 발굴 조사결과도 청자, 분청사기, 백자의 다구(茶甌), 다완(茶碗) 등이 다량 출토되었다. 개흥사의 차 생활과 차문화를 입증하고 있다. 또 1km 정도 떨어진 '칼바위 산'은 원효대사(617-686)와 관련이 있다.

이곳엔 오봉산이 둘이다. 현지에선 작은 오봉산은 그냥 '오봉산', 큰 오봉산은 반드시 '칼바위 산'이라 부른다. 그런데 일제 강점기 때까지도 '원효산'으로 불렀고 아직도 원효산이라고 부르는 사람이 있다. 조선 말기 호남 유림의 큰 유학자 월파(月波) 정시림(鄭時林, 1839-1912)도 시에서 원효산(元曉山)이라고 부른다[與許允實元曉山]. 속칭 칼바위 산보다 역사성이 있는 원효산으로 계속 불렀으면 한다. 원효산 칼바위는 30여m로 단일 '칼바위'로는 국내 으뜸이다. 손가락을 모아 45도 각도로 세우는, '한쪽 날의 칼'인 한자 칼 '도(刀)'의 모습이다.

원효산엔 50여명이 들어갈 수 있는 넓은 장제굴과 마당굴(일명 베틀굴)이 있다. 개암사 원효방(元曉房, 부안군 상서면 감교리 714번지) 원효굴과 베틀굴을 닮았다. 이규보(李奎報, 1168-1241)가 원효방을 찾아 '사포 성인이 원효에게 차를 올려 마시는' 원효의 자취를 찾는다.

이규보처럼 보성의 유학자 월파(月波) 정시림(鄭時林, 1839-1912)도 원효산에 올라 원효 스님의 차 자취를 찾는다.

허윤실과 원효산에 올라.

(중략)
원효 스님 자취 간절히 찾으니
돌샘 벽돌은 이천 년 지났네.

與許允實元曉山

...

篤尋元曉蹟 石甃二千年

이규보가 그랬듯 월파도 간절히 원효의 자취를 찾아, 마침내 돌샘
벽돌을 찾았다. 원효가 차를 마실 수 있는 '돌샘'을 찾은 것이다. 이
천 년이 되었으니 원효 이전이다. 원효도 그 샘에서 차를 마셨을 것
이다.

장제굴에서 칼바위 아래 새겨진 부조를 볼 수 있다. 원효대사 모
습, 태조 이성계의 모습이라는 설이 있으나, 전남대박물관 조사로는
고려전기 마애부조불로 본다. "원효 스님이 칼바위를 보고 감탄하
고 머물렀다. 용추폭포에서 목욕재계하고 여기 석실에서 칼바위를
보고 수도했다." 뚜렷하게 내려오는 구전이다. 원효의 발자취가 확
실하고 월파가 찾은 돌샘 벽돌로 원효 스님이 여기서 차를 마셨다는
것을 추측할 수 있다.

그 시기는 백제 멸망 직후인 661년으로 추정한다. 백제는 서기
660년에 멸망한다. 원효는 그 무렵 남도의 여러 곳에 불사를 일으키
며 순회하고 있었다. 659년 여수 향일암(向日庵)을 창건하고 위로
올라가 660년 곡성 도림사(道林寺)를 창건한다. 다시 아래로 내려와
661년에는 나주 다보사(多寶寺)를 창건하고, 문무왕(661-681) 때 고
흥 금탑사(金塔寺)를 세운다. 보성 원효산은 나주와 고흥 사이에 있
다. 따라서 동선(動線)을 볼 때 661년 나주 다보사를 창건하고, 661

년 이후에 보성 원효산(元曉山) 칼바위에 올라 수도하고, 바닷가 고흥반도로 나아가 금탑사를 창건(661-681)했을 것이다.

2) 득량 '대례'- 백제 유민 도일

'득량(得糧)'은 '이순신 장군이 군량미를 조달해' 생긴 지명으로만 생각한다. 정유재란 때 군량미를 얻은 역사적 사실도 있다. 지금도 간척지가 조성되어 양식을 얻기 좋다. 하지만 원래 '동로(冬老)'에서 왔다.

통상 백제 유민이 도일했던 대례성(豆禮城)을 조성(鳥城)의 조양 포구로 보지만 필자는 득량 조양마을로 본다. 일본의 한 학자 주정 개장(酒井改藏)도 대례성을 득량으로 보고 있다. 지명의 변천사를 보면 다음과 같다.

동촌리(東村里, 마한 이전) → 동로현(冬老縣 : 369, 삼국사기) → 대례(豆禮) 성(城)[663, 일본서기] → 동조포(冬鳥浦 : ~991, 고려사) → 안파포(安波浦 : 992~, 고려사) → 예진포(曳津浦 : 1597, 난중일기), 왜진포(倭津浦 : 오봉 정사제, 1556-1594) → 해창포(海倉浦 : 1925, 보성군지) → 득량 조양(朝陽)마을.

동로(冬老)의 'ㄷㄹ'은 대례, 득량으로 이어졌다. 한국학중앙연구원에서 제공하는 한국민족문화대백과 조양(兆陽) 편에서 '동로'는 '바닷가의 고을'이라는 뜻을 가진다고 설명하고 있다. 동로현 지역인

동촌리(東村里)에 큰 고을의 지배세력을 상징하는 대규모의 지석묘가 발견되었다. '마을' 촌(村)으로 불리고 있어 '고을'이라는 해석과 유사성을 가진 이름이다. 원래 땅 이름 소리를 잇지 않는 안파(安波)나, 해창(海倉)은 세곡선의 안전한 운항과 세곡 창고 등으로 달리 부른 이름이다. 예진은 대례에서 나온 나루 이름이고, 왜진은 일본 관계되는 나루의 뜻으로 쓰였다.

인근 조성은 초리국(楚離國, 마한) → 조조례현(助助禮縣, 백제) → 조양현(兆陽縣, 경덕왕 757), 조양포(兆陽浦) → 조내면(兆內面) → 조성(鳥城)으로 '(ㅊ)ㅈ'의 자음을 꾸준히 이어옴을 알 수 있다. 'ㄷㄹ'계통인 '대례'와 다름을 알 수 있다.

한편 득량에 속하면서 조성 쪽에 있는 예당(禮堂)은 대례에서 'ㄷ'이 탈락, 갈라져 나온 지명으로 '예'를 지켜 옴을 알 수 있다. [(대)례 → 예진포, 왜진포 → 예당]

남해의 지중해(地中海)인 득량만은 마한의 초리국이 맹주였다. 유적의 규모로 볼 때 '동촌리'가 유력하며, 그곳이 근초고왕 24년(369년) 백제의 '동로현'으로 되었다고 본다. 동촌리는 이미 일본과 교역을 하고 있었고 백제도 이어받았을 것이다.

지중해의 특성상 바다로 나가려면 반드시 관문인 대례포를 지나야 한다. 평시는 교류의 관문이었고, 백제 유민들이 이곳으로 도일했다. 고려 말엔 이곳으로 왜구의 침략이 심해 태조 이성계가 오봉산성(五峯山城)에서 토벌하기도 한다.

정유재란(1597) 때는 이곳을 통해 침략해 들어온다. 백제 유민들과 백제 부흥군은 대례포 인근의 대례성(현 오봉산성의 전신으로 추정)에 모였다가 도일했다. 백제 부흥 운동에 참여했던 가족들은 침복기성(枕服岐城)으로 대피해 망명을 기다리고 있었다. 왜와 연합한 백제 부흥군은 나당연합군에게 663년 9월 7일 주류성(周留城)에서 패했다. 침복기성의 처자들은 11일 모대(牟弖)를 떠나 13일 대례성(弖禮城, 보성 득량)에 도착했다. 24일에 일본 수군, 좌평 여자신, 달솔 목소귀자, 곡나보수, 억례복류와 국민이 도착했다. 이튿날 663년 9월 25일 일본으로 건너갔다.

백제 유민 중에는 좌평, 달솔 등 지배세력과 귀족이 많았고 이들 백제 지배층은 이미 차를 애용하고 있었다. 이들을 통해 백제 남쪽지대의 차와 차문화도 함께 일본으로 건너갔을 것이다. 이에 대해 구체적인 자료는 서로 없다. 그러나 합리적으로 개연성이 크다. 661년 원효산 원효샘의 발자취를 보거나, 663년 백제 유민들이 득량 원효산 밑 대례성에서 일본으로 건너간 것을 볼 때 당시 차문화가 있었을 것이다.

800년 뒤, 1466년 이후에도 두 오봉산 사이인 도촌리 분청사기 도요지(도촌리 산 148)에서 '보성 덤벙이'가 생산되어 활발한 차 생활이 계속되었음을 입증한다. 도요지는 원효산 개흥사로부터 750m 밖에 안 떨어져 있다. 해상 교역이 활발한 득량만 관문 조양마을은 2.5km 지점으로 보성 덤벙이 찻잔의 수요가 있었을 것이다.

3) 가을전(加乙田) 차향(茶鄕)

세계문화유산『조선왕조실록』을 번역하여 인터넷에 공개한 것은 우리의 큰 자산이다. 그러나 번역에 문제가 있을 때 그 폐해도 크다. 지금까지 장흥도호부에 다소가 13개나 있다고 알려진 것도 이런 오역(誤譯)의 소산이다.

『세종실록지리지』해당 부문 그 전문을 옮겨 보면 다음과 같다. "향(鄕)이 6이니, 도내산(徒內山)·아서(阿西)·어산(語山)·유치(有恥)·안양(安壤)·가을전(加乙田) 271) 이요, 다소(茶所)가 13이니 요량(饒良)·수태(守太)·칠백유(七百乳)·정산(井山)·가을평(加乙坪)·운고(雲高)·정화(丁火)·창거(昌居)·향여(香餘)·웅점(熊岵)·가좌(加佐)·거개(居開)·안칙곡(安則谷)이다. (鄕六, 徒內山、阿西、語山、有恥、安壤、加乙田。茶所 十三, 饒良、守太、七百、乳井山、加乙坪、雲高、丁火、昌居、香餘、熊岵、加佐、居開、安則谷)" [註 271] 가을전(加乙田) : 갈밭.

한글 번역을 위한 띄어쓰기가 잘못되었다.『조선왕조실록』『세종실록지리지』원문은 당연히 붙어서 〈가을전차소십삼(加乙田茶所十三)〉이다. 기존의 "가을전(加乙田) 271) 이요, 다소(茶所)가 13이니[加乙田。茶所十三]" 해석은 오류다. 바른 해석은 "가을전 차향과 소 13이니[加乙田茶。所十三]"이다.

이 바른 해석으로 세 가지가 밝혀진다. 하나, 마지막에 열거된 향

『세종실록지리지』 가을전차 소십삼

(鄕)의 명확한 명칭이다. 둘, 명확한 이름으로 통일신라 시대 차향(茶鄕)의 존재가 세상에 처음 드러난다. 셋, 장흥도호부 관내 다소가 13개가 아니고 소가 13개라는 사실이다.

향 이름은 '가을전 향'이 아닌 "가을전 차향"이다. 당연히 이어서 '다소 13개'가 아니라 소 13개'이다. 모두 충격적인 사실이다. 다소의 오류를 잡은 것도 크지만 가을전 차향의 모습을 찾아 신라 시대의 차향을 밝힌 것도 매우 의의가 있다.

먼저 다소 13이 되려면 13개가 모두 다소이어야 한다. 1개라도 다소가 아니라면 그 해석은 틀린 것이다. 먼저 13개 다소를 부정한 사람은 문병길(1959-) 전 장흥 부산면장이다. "가을전 다향과 소 13이다. 정화소(丁火所)는 봉수대이고, 가좌소와 거개소는 분청사기를 만드는 도기소이다"고 주장했다.

필자는 13개 소의 소재지를 마을 단위까지 추적했다. 13개 중 10개는 소의 성격까지 밝혔다. 밝혀진 13개 소는 다음과 같다. 와소 2(요량소, 창거소), 봉화소 1(정화소), 도자기소 4(자기소 1(칠백유소), 도기소 1(운고소), 사기소 1(거개소), 옹기소 1(가좌소)], 금소 1(웅점소), 다소 2(향여소, 가을평소). 현 장흥 관내 다소(茶所)는 13개가 아니라 단 1개로 향여소(香餘所)뿐이다. 가을평 다소(加乙坪茶所)는 현 보성군 웅치면에 있기 때문이다.

다음으로 차향(茶鄕)의 존재가 처음 드러난다. 지금까지 소(所)는 고려 초기에 생겼으나 향(鄕)과 부곡(部曲)은 신라부터 있었다고만 알려졌다. 구체적으로 향의 성격을 알 수 없었다.

그런데 고려의 다소와 같이 신라에 이미 차를 재배하고 만들어 조정에 공납한 '차향(茶鄕, 차마을)'이 있었다는 사실이 처음 밝혀졌다. 그 차향이 어디일까?

가을전 차향은『신증동국여지승람』(1530)에 보성 남 20리에 다른 이름인 '적촌향(狄村鄕)'으로 나온다. 원문 적(狄)을 보아도 확실히 적(狄)자다. 그러나 적촌(狄村, 오랑캐 마을)이라 부를 리가 없어 狄자는 필사한 秋자(벼 禾를 붓글씨로 쓰면 犭자와 아주 비슷하다.)를 잘못 인쇄한 것으로 본다.

『대동지지』(大東地志, 1866)에는 보성 남 20리에 '추촌향(秋村鄕)이 있다고 하니 같은 곳의 다른 이름이다. 추촌향(秋村鄕) 원문은 보면 필사한 狄자가 狄자와 획이 매우 유사하여 狄으로 보아야 할 지경이다. 그러나 한국고전번역원에서는 추(秋)자로 보았다.

추촌향은 갈대인 '갈, 가을'을 가을 추(秋)로 이두식으로 쓴 것으로 지명의 뜻과 부합한다. 오랑캐 적(狄)은 지명으로 부적합하다. 따라서

필자도 狄자와 많은 유사성
을 인정하나 한국고전번역
원의 풀이처럼 가을 秋로 보
았다.

추촌향이 바로 가을전 차
향이다. 가을전(加乙田)은
'갈밭'의 '갈(가을)'을 소리 나
는 대로 한자로 쓴 것이고,
'가을'추(秋)는 가을의 소리
에 해당한 한자의 뜻으로 새
긴 것이다. 신라 경덕왕 757
년에 한화정책(漢化政策)
에 따라 음사(音寫)를 한자
의 뜻으로 바꾼 까닭이다.

『대동지지』(추촌향, 포곡소)

실제 방향과 거리로도 보성읍에서 남서로 9km 떨어져 20리 권역
(7~9km)에 있다. 현 지명은 '약산(藥山)마을'(보성군 웅치면 중산
리)이다. 현지에서는 '약찌미 뻔덕지'로 부르고 있다. 이 마을의 이
름은 역사적으로 많은 변천이 있었다.

가을전 차향은 현재 마을 크 기로 기준 삼으면 7.5만㎡(2.3만 평)
에 이른다. 현재의 지명 약(藥)도 약성이 강한 보성 뇌원차의 '차약
(茶藥)'임을 드러낸다. 그리고 '약찌미'는 '약을 찌는 것'이다. 곧 가을

전 차향에서 뇌원차를 쪄서 중제 떡차(蒸製餅茶)를 만들었다고 볼 수 있다.

① 가을전 차향(676 이후) 〉 노원(蘆原) 차향(757) (통일 신라) 추촌향(적촌향) ② 비사리밭들, 갈밭들, 가을평소(加乙坪所) (고려전기) ③ 평장(平莊) (고려 후기) ④ 평촌(坪村) 〉 약인(藥仁) & 약의(藥義) 〉 약산(藥山)(1565), 약찌미 뻔덕지 (조선)

어느 시대일까? 시대를 추정하기는 매우 어렵다. 다만 신라 향(鄕)으로 볼 수 있다. 신라의 유민들이 정착해 차를 만들어 경주 조정에 공납했을 것이라는 증거가 있다. 왜 신라의 유민들을 여기에 정착시켜 가을전 차향의 향민으로 삼아 차를 만들게 하였을까? 합리적 추론으로는 첫째, 백제 백성들의 저항으로 차향의 부역을 감당키 어려움 해소. 둘째, 신라 조정의 직접 관리 편의를 위해. 셋째, 우리가 추측할 수 없는 사유로, 신라인들이 필요했을 것 등을 살펴볼 수 있다. 이들 유민들과 함께 초기에는 차 산지에서 차 재배와 제다 경험이 있는 백제 토착민의 기술과 협조를 받았을 것이다.

신라 지역(경상도) 사투리는 그 지역에 아직도 남아 있다. 약산 마을 앞은 용반천과 비사리밭들은 유달리 갈대가 많은 갈대밭이다. 마을 이름도 '갈대밭 차 마을(가을전 차향)'이다. 지금도 현지에선 '비사리밭들'이라고 부른다. '싸리'(경상도 발음은 '사리')는 갈대의 경북 사투리다. 신라(경상도) 이주민들이 수많은 '갈대'를 보고 '사리'라고 부름이 그 시초라 여겨진다.

또 하나는 황량한 언덕, 버덩을 '뻔덕지'라고 부른다. 뻔덕은 번덕의 된소리이고, 번덕은 버덩의 경상도(경남) 사투리다. 버덩은 '높고 평평하여 나무는 없이 풀만 우거진 거친 들'의 뜻. 번덕의 번은 '번번하고 너른 것, 평평(平平)한 것, 평평한 들(坪)', 덕은 언덕[原]이다. 이 뻔덕지는 자갈밭이 많으니 다른 밭작물은 힘들어도 좋은 차가 나는 차의 적지(適地)다.

이런 배경으로 신라 조정에서 정책적으로 차가 많이 나는 백제의 땅 보성 웅치에 신라의 유민들을 정착시켜 차를 재배하여 공납했다고 추론한다. 차의 수요가 많은 신라 궁중은 질 좋은 차가 많이 필요했을 것이다. 신라는 백제를 멸망(660)시키고 백제 부흥군까지 멸하고(663) 13년간 당나라를 물리치고 삼국통일을 한 뒤(676) 안정을 찾는다. 이때 비로소 본격적으로 이 가을전 차향을 운영하였을 것으로 추정한다. 그래서 가을전 차향의 연대를 676년으로 삼는다.

5. 고려의 보성차

1) 가을평 다소(뇌원차 원산지)

『신증동국여지승람』(1530)에서 가을평소(加乙坪所)는 장흥도호부의 동쪽 31리에 있다고 한다. 아래와 같이 원문 이미지를 보면 상하가 조금 떨어 加, 乙로 쓰고 있어『세종실록지리지』처럼 乺로 보이지는 않는다. (加乙坪所 在府東三十一里)

고산자 김정호의 『대동지지』(1866)에서는 갈평다소(乫坪茶所)로 동쪽 30리로 나온다.

10리 단위가 아닌 1리 단위까지 정밀하게 기록한 앞선 기록 『신증동국여지승람』을 기준 삼는다. 13개 소가 10리 단위, 또는 5리 단위인데 유일하게 1리 (0.4km)까지 기록하고 있다. 놀랍게 정확하다. 31리(12.4km)의 지점은 웅치면 용반리 '비서리밭등'(기준점을 용반리 172-3으로 잡는다.)이다.

『대동지지』 갈평소(乫坪所)

일림산에서 내려오는 등(嶝)으로 대은마을을 품고 '비사리밭들'로 향하는 등으로 현지에선 '비서리밭등'으로 부르고 있다. 30리 (12km) 정확한 지점인 '동고지(東顧枝)등(嶝)'이 아니라는 것을 나타내고자 함이라 본다. 동고마을은 용반2리에 속하여 임내 동쪽 마을이다. 원래 장흥부 동쪽 군량 창고성지(城址)라고 동고지(東庫址)라 했다. 마을 형태가 동쪽으로 뻗은 가지와 같다 해서 동고지(東顧枝)라 부른다. 비서리밭등은 가을평 다소의 제다소(製茶所)로 중앙 관리가 파견되어 관리 감독한 중심부였을 것이다.

가을전 차향의 가을전(加乙田)은 '갈(대)밭'이고, 가을평(加乙坪)은 '갈(대)들'이다. 이 용반천 주위가 지금도 갈대가 아주 많다. 다 같이 갈대가 나는 곳이다. 갈대밭과 갈대들을 합해 부르는 이름이 지금까지 우리말로 전해져 온 '비사리밭들[加乙田 坪]'이다. 동고지등에서 약산마을까지는 주로 황토가 있는 험한 박토 비렁밭(바위밭)이고, 동고지등에서 비서리밭등까지는 자갈이 많은 '뻔덕지들'이다. 농업기술센터 소장을 역임한, 현 웅치면 중산1리에 거주하는 김선구(1947-) 씨의 증언에 따르면 1995년 용반지구 경지 정리 전엔 비사리밭들 안의 5개의 작은 내에도 갈대가 많이 있었다고 말한다.

신라 조정에 바칠 차를 만드는 곳은 가을전 차향인 약찌미 뻔덕지 약산 마을이었다. 고려 때 가을평 다소의 중심지 제다소(製茶所)는 약찌미 뻔덕지로부터 동쪽 777m 떨어진 비서리밭등이다.

신라의 가을전 차향과 차를 만드는 향민(鄕民)이 있고 갈밭차가

『신증동국여지승람』가을평 소 (장흥도호부 6향, 13소 중)

나는 비사리밭들이 있었기에 고려 초기에 바로 차를 생산할 수 있었다. 다소민(茶所民)은 여전히 약찌미 뻔덕지의 차향민(茶鄉民)이 담당하거나 기술적인 지원을 했을 것이다. 그리고 가을평 다소를 관리하는 관리들은 일림산 자락의 현 대은(大隱)마을이나 숲안 덕림(德林), 덕산(德山)마을에 거주했을 것이다. 세 마을 모두 공통적인 뜻은 '큼'(클 大, 큰 德)이다.

뇌원차(腦原茶)는 고려를 대표하는 궁중 차이다. 987년 3월에 성종이 내사령(內史令) 최지몽(崔知夢, 907-987)이 죽자 부의품으로 내리면서 처음 차 이름이 나타난다. 태조 14년 931년 선규에게 내린 하사품, 광종(949-975) 때 공덕재에서 손수 맷돌을 갈던 차도 뇌원차로 추정된다. 따라서 빠르면 931년부터, 적어도 987년부터 1038년 거란에 공물로 보내고 1130년 금나라에 보낸 차에 이어 충선왕의 1313년 뇌원차를 뇌선차로 바꿀 때까지 약 326년 정도로 본다. 성종 때 지방관이 파견되었으므로 다소도 직접 파견, 관리하여 뇌원차를 공납하였을 것이다.

뇌원차는 특이하게 각(角)의 단위로 센다. 각(角)은 각설탕의 예와 같이 사각(四角)의 모양을 나타내는 것으로 네모꼴 떡차[餠茶]로 보았다. 문일평, 허흥식 등도 필자와 같이 떡차로 보고 있다. 1846년 고려의 절 가야사 5층 석탑 출토의 4각의 차를 이상적(李尙迪, 1803-1865)은 송(宋) 1120년, 정가간(鄭可簡)이 만든 용단승설(龍團勝雪)이라고 주장했다.

우선 송 단차는 이름이 용단승설이 아니고 용원승설(龍園勝雪)이다. 용단승설은 가야사 차보다 부피는 5.5배, 무게는 4.8배로 크다. 송의 용원승설에는 승설(勝雪)이라는 글씨가 없고 가야사 차는 승설(勝雪)이라는 글씨가 있다.

1120년 이후에, 4각의 뇌원차에 중국의 승설을 본 따 만든 뇌원차 종류라고 생각한다. 가야사 차 무게는 필자가 생각하는 뇌원차 1돈(3.75g)과 비슷한 1.2돈(4.52g) 정도다.

중국의 화폐단위 1각(角)은 0.1원(元). 은화나 동전 1각의 무게는 1돈[전(錢)]으로 3.75g. 이 화폐단위를 그대로 화폐보다 더 귀중한 뇌원차의 단위로 쓴 것 같다. 조선 청태전의 무게와도 비슷하다. 뇌원차 1각은 강진읍 목리에서 조사된 조선의 차와 선(1940)의 청태전 하나 무게 3.75g과 같다.

이 자그마한 뇌원차의 가치는 대단했다. 1049년 뇌원차와 대차를 품계별로 하사한 부분으로 비례계산 해보면 뇌원차는 무려 대차(大茶)의 1,600배의 가치다. 제다는 송의 북원 공차 제법과 비슷하게 복잡했다. 우리나라 고유의 차약(茶藥)의 성분을 극대화했을 것으로 본다.

뇌원차의 원산지를 모르고 있다. 단지 전남지방이고 '뇌원'은 산지 이름으로 추정하나 옛 지명은 찾을 수 없다고 한다. 고흥의 두원면(荳原面)이라는 주장이 있다. 허흥식은『고려의 차와 남전 불교』에서 콩 두(荳)에 머리[혈(頁)]를 붙여 두(頭)로 보고 뇌(腦)를 붙인다. 콩이 차와 상통하고 두원(콩밭)이 차밭이라 주장한다. 그러나 두원(荳原)은 백제 때 두힐(荳肹)이다. '두힐'(荳肹)의 한자는 음을 취할 뿐이므로 한자의 뜻을 취하면 안 된다. 생강은 15세기 새앙으로 불렸고 그 이전 고어는 잘 모른다. 다만, 경덕왕 때 두원을 생강밭인 강원(薑原)으로 번역하는 것을 보면 '두'는 백제 때 생강의 고어로 보인다. '힐'은 영어의 hill과 같이 언덕, 평원의 뜻이었을 것이다. 신라 경덕왕 때 훈역(訓譯)하여 강원(薑原：생강밭)으로 번역된다. 경덕왕 이전엔 두(荳) 한자를 뜻[콩]으로 쓴 것이 아니라 음사(音寫)로 '생강'으로 썼다. 콩이 아니라 생강이었던 것. 콩밭이 차밭이라는 주장도 사리에 맞지 않는다. 더구나 궁중 직영의 직영 차밭 다소가 없고, 사찰용이라 하니 분명 궁중용 뇌원차가 아니다.

나주시 다도면도 뇌원차 산지가 아니다. 다도면으로 병합된 차소면(茶所面)은 다소가 아니라 불회사에 차를 공급하던 방촌(芳村)의 제차소(製茶所)에서 비롯하여 6개 리, 12개 마을로 확장된 이름일 뿐이다.

뇌원(腦原)은 원래 노원(蘆原)에서 변한 상품명으로 본다. 갈대들인 비사리 뻗덕지는 가을평 다소의 자리다. 가을평(加乙坪)은 갈대를 소리로 나타낸 한자다. 그러나 경덕왕은 757년 한화정책으로 뜻으로 바꾸니 '노원(蘆原)'이다. 서울의 '노원'구('蘆原'區)도 갈대가 많은 들, 양주군 노원면에서 유래되었다. 원(原)은 원래 물의 원천이며, 언덕에서 물이 나오는 모습이다. 비서리밭등과 동고지등에서 5갈래 흘러나오는 지천과 어우러진 언덕의 모습인 비사리밭들의 모습을 가장 잘 나타낸 한자어다. 갈밭에서 나는 차, 갈밭차는 한자로는 노원차(蘆原茶)다. 노(蘆)와 유사 소리이며, 뇌를 맑히는 약용의 이미지를 잘 살릴 수 있는 뇌(腦)로 바뀌어 뇌원차(腦原茶)가 되었다. 독특한 약용 이미지를 잘 살렸다.

그 전통으로 『세종실록지리지』에는 보성의 차는 〈약재〉로 차가 등장한다. 지금 현재 약산(藥山)마을도 차약을 강조하는 이름으로 남았다. 현지인들이 약산을 '약찌미 뻗덕지'라 부른다. 약찌미는 약을 찌니 곧 차약을 찐다. 증제차(蒸製茶)다. 뇌원차의 이름은 사라

졌지만, 그 유명한 뇌원차의 약성은 우리말 이름으로 천여 년을 전
승되었다.

가을평 다소의 궁중 직영 차 농장[궁원전(宮院田)]은 현재 비사리
밭들의 강역으로 보면 57만㎡(17만 평)에 이르는 너른 땅이다. 북동
류(北東流), 북서류(北西流)하는 두 용반천(龍盤川) 사이로 갈대가
아주 무성했다. 지금도 용반천엔 갈대가 많다. 이 특징으로 갈대밭,
갈대들의 명칭 비사리밭들, 비사리 뻗덕지 등의 이름으로 불리며 내
려왔다. 특히 자갈과 돌이 많아 물 빠짐이 좋은 최상의 차, 갈대밭
차인 노원차(蘆原茶), 뇌원차(腦原茶)가 생산된다. 고려를 대표하는
궁중 차, 뇌원차의 원산지다.

1313년 이후 뇌원차가 사라진 뒤 오랫동안 버려진 땅 황무지 뻗덕
지였다. 왕실 소유의 땅이었으므로 다소(茶所)가 폐해진 뒤에도 평
장(平莊)으로 '궁중의 장원'인 내장(內莊)이었다. 조선조에 비로소
평촌(平村)이 되어 일반 백성의 땅, 마을이 된다. 가장 좋은 고려의
차가 생산되었던 '용반(龍盤)'의 들, 가을평 다소의 자리는 1995년
경지 정리로 반듯반듯한 논으로 옛 모습을 찾아볼 수 없다. '용반(龍
盤)'의 용(龍)은 사실상 물[수(水)]이고 반(盤)은 반반한 언덕, 뻗덕
지의 뜻이다. 지금은 유명한 뇌원차 대신 가장 좋은 품질의, 웅치면
특산물, 웅치 올벼 쌀 산지로 변했다.

2) 포곡 다소(봇재)

고려 때 뇌원차의 원산지 가을평 다소에서 한치재를 넘어 시오리 길(6km)에 포곡 다소가 있다. 포곡(蒲谷, 浦谷) 역시 한자의 뜻을 새긴 '부들골[蒲谷]'이나 '갯골[浦谷]'이 아니다.『신증동국여지승람』 (1530)과『대동지지』에서는 포곡소(蒲谷所), 이정신은「고려 시대 특수행정구역 所 연구」에서 포곡소(浦谷所)라 하며, 다소(茶所)로 보고 있다. 다만 우리말의 소리를 한자를 빌려 쓴 것으로 '봇골'이다. 『세종실록지리지』(1454)에도 포곡소가 있다고 하고,『신증동국여지 승람』(1530)과 김정호의『대동지지』(1866)에는 보성군의 남쪽 20리 (7km~9km 권역)에 포곡소가 있다고 한다.

봇재는 정남 6.5km로 권역 밖이지만 현재 봇재 골짜기엔 국가중 요농업유산인 계단식 봇재 차밭이 있다. 봇재 아래 봇재골(7)부터 영천저수지 끝 지점(9)까지 포곡 다소 권역이다.

초록잎이 펼치는 세상(7.2), 반야다원(7.3) 양동(7.4), 승설녹차 (7.4), 영천다원(7.4), 다도락다원(8.4) 등 차밭과 보성 덤벙이를 재 현하는 도요지 보성요(8.4)가 있다. 그 권역은 130만㎡(40만 평)에 이른다. 이 중 34만㎡(10만 평)는 1984년 영천제(聆川堤)가 만들어 져 물에 잠기었다.

봇재의 '봇'도 '포(蒲)'와 같은 소리다. 포곡(蒲谷) > 폿골 > 봇골 로 변했다. 봇골의 재는 폿재 > 봇재가 된다. 봇재를 보치(袱峙)로 보고 '보따리' 운운함은 소리를 나타내는 한자를 뜻으로 오독(誤讀)한 결과다. 봇재는 복홀에서 비롯된 현 보성(寶城)과 같은 뜻도 된다. 봇은 복(福, 伏) 또는 '보(寶)'로, 재는 재 '성(城)'으로 읽히니 그렇다. 포곡 다소의 다소민이 살던 마을은 현재 봇재의 양동(陽洞 : 봇골, 보성군 회천면 영천리 44)마을일 가능성이 매우 크다.

그 이름에서 정확하게 드러나니 양동이 다름 아닌 포곡, 봇골이다. 포곡(蒲谷) 〉 폿골 〉 봇골 〉 양동(樑洞) 〉 양동(陽洞). '포', '봇'의 발음을 직접 표현하는 '포(蒲)', '포(浦)', '보(褓)' 등은 한자의 뜻과 무관하다. '보' 양(樑)은 그 뜻으로 발음을 삼았다. 급기야 이제 관계가 없는 한자의 음을 이어, 양지바른 좋은 마을을 뜻하는 볕 양(陽)으로 발전하면 원래의 지명의 소리와 단절된다. 봇 〉 보의 음을 이두식 표현으로 '(대들)보' 양(樑)을 쓴 것이다.

지금 포곡 다소는 사라졌지만, 포곡(=봇골) 이름은 봇(재)골과 봇재와 양동(=봇골)으로 남았다. 포곡 다소의 제다소(製茶所)는 '봇골' 지명을 가진 '양동'에 있었을 것이다. 고려 초기부터 포곡 다소의 마을이었다. 다소가 폐해져 마을이 없어진 뒤, 1,500년경 영천에 정착한 신안 주(朱)씨 일부가 농경지를 따라 이곳으로 분가하여 정착했다고 한다.

다도락의 조현곤 사장은 「보성 영천 마을 유래」에서 대한다원 부근, 양동의 '숨은 밭골' 주변, 그리고 고려 시대에 창건한 흑운사(黑雲寺) 부근에 자생차가 있다고 전한다. 대한다원 부근 몽중산 아래

몽중산 다원의 고차수가 발견된다. 현재 다원들이 많이 있는 활성산, 몽중산 부근은 이미 자생차가 있었던 지역이다.

양동의 '숨은 밭골'은 현 봇재골, 봇골에 숨어 있는 밭 골짜기다. 현재도 차를 재배하고 있다. '숨은 밭골'은 은전곡(隱田谷), 밭이 생략된 '숨은 골'은 '은곡(隱谷)'이다. 봇재골에 이 명칭을 딴 은곡(隱谷) 다원이 있고 판매장은 바로 위 봇재에 있다. 그리고 양동 숨은 밭골의 자생차는 고려 시대 포곡 다소의 흔적이다. 다소가 없어질 때 철저하게 차가 파헤쳐지고 없어졌다. 계곡 위쪽 현 은곡 다원 아래 골짜기, 봇재골에만 겨우 남았다. 그마저도 1960년대 후반부터 대규모 다원을 개발하면서 자생차는 다 없어졌을 것이다.

흑운사(黑雲寺) 위치는 허궁골로 추정된다. 네이버 지도(map.naver. com)에 표시된 허궁골은 허궁골 위 골짜기 쪽이고 다음 지도의 허궁골은 득음정 민박 바로 위 허궁골의 너른 복판이다. 흑운사라는 절터로는 다음 지도의 허궁골의 위치가 적합해 보인다. 허궁골은 다음 지도에는 영천리 374-1에, 네이버 지도는 영천리 산144-1에 표시되어 있다.

영천 개울을 흑운(黑雲) 다리로 연결하여 절로 드나들었을 것이다. 개울가에 있어 득량 개흥사(開興寺)와 같이 배수를 위한 암거(暗渠) 등이 있는 규모가 작은 산지(山地) 가람(伽藍)이었을 것이다. 흑운 다리, 허공 다리, 허공달(虛空達), 허궁달(虛宮達) 등 여러 이름으로 불린다. 일제 강점기 때 소수력 발전소가 세워져 허공달의 작

① 흑운사 ② 차밭

은 보를 번개집등으로 불렀다. 허공, 허궁, 홍달, 흑운, 씨미골, 섬바탕, 섬골 등 수많은 이름은 여성 음부를 닮은 특이한 이 지형의 완곡한 표현 같다.

바로 아래 현 득음정 민박이 있다(영천리 374). 영천(聆川)이 흘러내리고 있으며, 영천리(聆川里)의 이름이 되었다. 영천은 영의 한자가 여러 번 바뀌어 내려왔다[潁川 〉 聆川 〉 永川(1914) 〉 聆川(해방 후)]. '들을' 영(聆)자를 다시 찾았다. 이곳은 보성소리의 산실로 영천에서 득음을 위해 폭포 수련을 했던 곳이라 소리를 '들을' 영(聆)자의 의미가 깊다.

득음정 위 100m쯤 지점에 동곡(桐谷) 박형주(朴衡拄)가 1825년 영천정(潁川亭)을 지었다(영천리 산135 부근). 최근엔 득음폭포(得音瀑布) 앞에 득음정(得音亭, 영천리 산141)이 지어져 보성소리를 전하고 있다. 득음정은 용소폭포가 있어 송계 정응민 선생의 문하생들이 소리 공부를 하던 곳이다.

다음 지도(map.kakao.com)에 허궁골로 표시된 영천리 374-1에는 차밭이 일구어져 있다. 그리고 오른쪽 영천리 364-2 산록 1ha 정도에는 차밭을 일구었던 흔적이 있다. 지금도 주위에 차밭이 일궈진 이곳은 고려 시대 흑운사라는 절과 함께 차밭이 있었을 것이다.

지금 보성차산업 기지인 이곳은 결코 우연이 아니다. 일제 강점기에 처음 조성된 곳이 아니다. 고려 조정에 차를 공납하던 포곡 다소가 있던 자리다. 천여 년 전 고려 초기에 뇌원차의 원산지인 가을평 다소와도 가깝다. 뇌원차는 아주 어린 잎을 따서 뇌원차를 만들었다. 찻잎이 부족할 경우 이곳 포곡 다소에서 찻잎을 따 와서 만들 수도 있었겠다.

뇌원차의 원산지인 가을전 차향과 가을평 다소, 그리고 인근에서 뇌원차의 생산에 보완적 기능을 담당했을 포곡 다소는 뇌원차의 유적지로 같이 개발되었으면 한다. 우리나라 차 역사 문화 관광에 이바지하고, 뇌원차의 전통을 현대에 맞게 재해석하여 산업화하여 자랑스러운 우리 문화 자원으로 승화시켜 나갔으면 좋겠다.

포곡 다소였던 이곳은 1,000여 년이 넘은 차밭의 역사가 있다. 차밭이 있는 차 재배 적지이기에 봇재골 너머 대한다원은 일제 강점기에도 근대식 차밭으로 일구기 시작했다. 이 때문인지 보성 봇재의 다원들까지 더 나아가 보성의 다원은 일제 강점기의 차밭이 기원이라고 잘못 알려지기도 했다.

이 경성화학의 차밭도 일본인이 경영한 것이 아니다. 실 소유자와 실제 경영은 보성의 제일 부자 김영학(金永學)이라는 한국 사람이라는 것이 밝혀졌다. 보향다원(寶香茶園) 최영기 대표에 의하면, 1938년 보성 활성산에서 차밭을 일군 ㈜경성화학의 실소유주는 김영학 씨라고 한다. 최 대표 할아버지의 손위 처남이었던 김영학 씨는 보성의 제일가는 부자였다. 와세다 대학을 졸업하였다. 3.1운동과 조선어학회 사건에 옥고를 치르고, 전남 도지사와 국회의원을 역임하고 대통령 후보까지 나온 서민호 씨와 절친이었다. 일제하에서 조선인의 이름으로 사업하기 어려워서 일본인 사장을 내세우고 사업 경영을 하였다.

한편 봇재골에는 해방 이후 1969년부터 다시 차밭을 일구고 특농가들이 지원을 받으면서 계단식 차밭을 힘들게 일구었다. 지금도 영농 한계를 극복한 계단식의 아름다운 녹색 차밭의 물결은 포곡 다소의 전통을 이어가고 있다. 뒤늦게 역사성을 인정받아 2018년 11월 30일에는 국가중요농업유산으로 인정받았다. 세계적인 중요농업유산이 될 수 있을 만한 역사와 가치가 있는 곳이다.

보성의 차, 차향, 다소의 주요 출전을 정리해 보면 다음과 같다.

구분	보성차	가을전 차향	가을평 다소	포곡 다소
『세종실록지리지』(1454)	약재, 차	가을전 차향	가을평소	포곡소
『신증동국여지승람』(1530)	토산, 차	적촌향	가을평소	포곡소
『대동지지』(1866)	토산, 차	추촌향	갈평소	포곡소

6. 조선의 보성차

1)『세종실록지리지』, 차[약재] 외

보성의 차는 1454년에 편찬한『세종실록지리지』에 차는 보성군에서 나는 약재(藥材) 중의 하나로 표현되어 있다. 약용으로 많이 쓰인 뇌원차의 전통이 조선 초기까지 이어졌다고 본다.

보성군을 포함한 장흥도호부 전체에는 차를 토공(土貢)으로 나타내어 차를 공납하고 있음을 알 수 있다. 그러나 보성지역은 차의 공납은 없다. 1530년에 발간된『신증동국여지승람』에는 보성의 차는 [토산(土産)]이다.

신라, 고려조에서 차향과 다소로 공납이 활발했으나 조선 시대에 와서 조정의 공납은 끊겼다. 뇌원차와 다소가 없어지면서 심한 반발 등의 원인이 있었을까?

오로지 약재(藥材,『세종실록지리지』) 또는 토산(土産,『신증동국여지승람』)으로 나온다. 보성차가 토산으로 기록된 지리지는 반계(磻溪) 유형원(柳馨遠, 1622-1773)이 1656년 편찬한 전국 지리지『동국여지』(東國輿地志, 1656)가 있다. 중국 22종 국내 43종의 서적을 참고하여 답사하여 꼼꼼히 기록하여 가장 우수하다고 인정받은 사찬 지리서인 고산자(古山子) 김정호(金正浩, 1804-1866)가

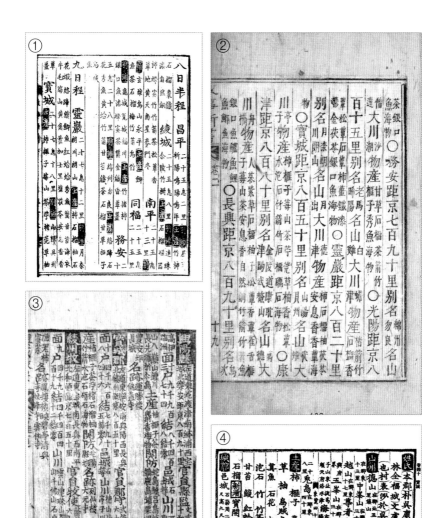

①『고사촬요』보성[토산] 차 ②『고사신서』보성[물산] 차
③『여개촬요』토산, 차 ④『신증동국여지승람』보성, 도인 차

1864년 이후 편찬한『대동지지』(大東地志, 1866)에도 보성차는 토산으로 나온다. 보성차는 1887년의 오횡묵(吳宖默)의 사찬 지리서인『여재촬요』(輿載撮要, 1894) 읍총 토산조, 1895년의『호남읍지』(湖南邑志, 1895) 등에서도 토산품으로 기록되어 있다.

작은 백과사전으로 1554년 어숙권(魚叔權)이 편찬하기 시작한『고사촬요』(攷事撮要)는 1612년 박희현(朴希賢, 1566- ?)이 팔도정도(八道程道) 편에 일용문(日用門)에 차를 만들고 끓이는 간단한 방법을 소개한 전조 차탕법(煎造茶湯法)이 눈길을 끈다. 우리나라 고사신서를 참고한 청나라 설배용(薛培榕)이 1891년 지은『조선팔도기요』(朝鮮八道紀要)에도 보성차가 물산으로 기록되어 있다.

보성차가 인용된 기타 원전을 정리하면 다음과 같다.

연대	원전	저자	성격	보성차
1656	『동국여지지』	유형원	전국 지리지	토산
1675	『고사촬요』	어숙권 편, 이식 교	작은 백과사전	토산
1771	『고사신서』	서명응	고사촬요 개정, 증보	물산
1887	『여재촬요』	오횡묵	사찬 지리서	토산
1891	『조선팔도기요』	청, 설배용	국내 고사신서 참조	물산
1895	『호남읍지』		읍지	토산

2) 보성 덤벙이 찻사발

1466년(세조 12년) 민간에서 백자 제작, 사용이 금지된다. 백자를 만드는 백토(白土)가 귀해, 궁중용으로 원활하게 조달하기 위해서다. 그런데 찻사발 등 백자의 수요는 있었다. 백자를 원하는데 백자를 만들 수 없었다. 그래서 보성의 도공들은 생계유지를 위해 '백자 아닌 백자'를 만들었다. 보성 덤벙이가 탄생한 것.

출토된 보성덤벙이

2014년 2월 3일 득량면 도촌리(道村里) 산148번지 (1,900㎡) 분청사기 도요지에서 유물 3,000여 점이 쏟아졌다. 도요지가 있어 한자말로 도촌리(陶村里)였을 것이다. 천시되는 도촌(陶村)의 이름을 버리고 우아한 이름 도촌(道村)으로 바꿨다. 원래 이름은 우리말 사그점골[사기점곡(砂器店谷)]이다.

90% 이상이 덤벙이었다. 윗사그점골과 아랫사그점골(1417년 이후 관요), 정흥리 개산 도요지 등 5개 가마터에서 유물이 발견되었다. 2017년 10월 28일 필자도 아랫사그점골 밭(도촌리 66-1) 여기저기에서 깨진 사금파리를 발견하였다.

임진왜란 전 밀양박씨 묘에서 놀라운 찻사발이 출토된다. 이를 일본인들이 가져가 도요토미 히데요시에게 진상했다. 국보급으로 치는 대명물(大名物) 초벌 덤벙이 미요시 고비끼[三好粉引]이다. 이름은 '호조 고비끼[寶城粉引]'. 우리가 몰라보고 천시했던 막사발이다. 보성이라는 이름이 붙어있어도 보성에서 생산한 찻사발, '보성 덤벙이'를 몰랐다. 보성요(寶城窯, 영천리 153-1)의 삼전(三田) 송기진은 이 덤벙이를 연구하여 밝히고 '덤벙이' 이름을 짓고 재현하고 있다.

보성 덤벙이는 철분이 많이 함유되었고 검은색을 띠는 도촌리 맥반석 흙으로 만든 기물을 한번 굽는다. 백토에 담박 덤벙을 하고 다시 굽는다. 유약을 발라 세 번째 구워 완성한다. 보성 덤벙이 제작법은 중국을 비롯해 어디에도 없는 독특한 고유의 우리 기법이다. 작업이 너무 힘들어 30년밖에 유지되지 않는 것 같다.

덤벙이는 오랜 세월 따라 변해 가는 미완성, 불완전의 미다. 세월 따라 변해 가는 우리 삶의 여정과 같다. 생각지도 못한 변화가 독특한 미감을 불러일으킨다. 다인들이 열광하는 '찻물 꽃'이 피어난다. 살아 숨 쉬는 기공(氣孔)이 있어 그런 것 같다. 차의 맛도 순하게 한다. 철분이 많은 맥반석이 차의 타닌을 중화시킨다. 백반석의 원적외선은 깊게 침투, 차 성분이 잘 우러나 차의 맛을 깊게 한다. 은근하고 투박하고 자연스럽다. 찻그릇은 차를 더욱 멋지고 아름답게 빛낸다. 찻그릇은 차를 담아 빛나고, 차는 찻그릇으로 완성된다.

2018년 3월 15일. 보성 득량면 도촌리 도예 문화유적지(도촌리 66-1 외 3필지 6,474㎡)가 전남기념물 제250호로 지정되었다. 20년 만이다. 보성 덤벙이는 보성의 고려 다소 문화에 이어 1,500년에 이르기까지 보성의 차문화가 꽃피웠음을 나타내는 증거다.

3) 차밭밑차의 발견과 이순신 장군

차밭밑 전경(사진, 김현호)

'차밭밑'이라는 이름을 가진 차 마을이 있다. 그 차 마을 위엔 득량면 송곡리 산85번지 차밭등(嶝) 일대 2ha 정도의 자생 차밭이 있다. 산85번지 차밭등 1ha는 밀식 지대이며, 산86번지 중턱까지 퍼지고 있고, 258번지엔 국가중요농업유산인 5백 년 고차수가 있다. 고차수 지역에서 필자는 찻잎이 16cm에 이르는 큰 잎의 장군차(將軍茶)를 다수 발견하였다.

크기도 장군이지만 이순신 장군차라고 불리는 것은 1597년 이순신 장군이 이곳 차밭밑에 왔기 때문이다.

차밭밑 특대엽종 장군차(將軍茶) 찻잎(사진, 조석현)

백의종군하던 이순신 장군은 명량해전을 준비하면서 1597.8.11.-14일까지 박곡(朴谷, 차밭밑) 양산항(梁山杭, 1544-1634)의 집에 유숙했다. 양산항은 난중일기에 의해 양산원(梁山沅)으로 잘못 알려졌다. 이순신 장군의 흘려 쓴 글씨를 잘못 해석한 결과다. 족보에는 분명히 원(沅)이 아니라 항(杭)이다. 임시 삼도수군통제영이 되어 7통의 장계를 쓰고, 12척의 배가 벽파진에 있는 것을 알았다. 유명한 장계 '아직 12척의 배가 있습니다. [상유십이(尚有十二)]'의 바탕이 이곳에서 마련됐다.

양산항의 할아버지 학포 양팽손(1488-1545)은 정암(靜庵) 조광조(趙光祖, 1482-1519)와 함께 지치주의(至治主義) 이상을 실현코자 했다. 사약을 받은 조광조(1482-1519)의 시신을 거두었다. 당시 역적의 시신은 가족도 무서워 장례를 치르지 못했다. 죽음을 두려워하지 않는 충정과 우정의 기개가 청사에 남았다. 증리 서원 터(조 대감 마을)에 정암을 위한 죽수사(竹樹祠)를 지었다.

1521년 쌍봉마을 어귀에 학포당(學圃堂)을 지었다. 종일토록 책을 대하고 거경(居敬) 하였다. 언행은 법도에 맞게, 작은 일도 반드시 의(義)에 맞도록 했다. 글을 쓰고 그림을 그리고 차를 마셨다. 호남 문인화 선구자다. 차 생활을 그린 연지도(蓮芝圖)와 차시(茶詩)를 남겼다. 필자는『보성 차밭밑엔 특별한 차문화가 있다』에서 이 연지도의 시를 새롭게 해석하여 차시임을 밝혔다. 1523년 남해에 유배 중인 김구를 만나러 가던 중, 명당 박실[朴谷]과 차밭등[茶田燈]을 발견한다. 자녀를 분가시켜 살게 할 명당으로 점찍어 놓았다. 현재도 차밭밑이 속한 박실은 보성의 3대 명당으로 불린다. (一道開, 二堂村, 삼박실[三朴谷])

마침내, 1542년 5자 양응덕(梁應德, 1522-?)을 가신굴[可信洞] 오 씨 집안에 혼인시킨다. 당시 풍속대로 양응덕은 처가에 와서 살게 되어 보성(寶城) 입향조(入鄕祖)가 된다. 이어 양산항의 결혼으로 1574년경(결혼 20세로 추정할 경우) 차밭등 아래 차밭밑으로 분가 이주하였을 것이다. 적어도 임진왜란(1592) 이전에 썼을 것으로 보이는 득량 마천 출신의 의병장 오봉(五峯) 정사제(鄭思悌, 1556-1594)의 '산에 사는 박실 양응덕에게' 라는 시에서 양응덕은 이미 박실, 차밭밑에 살고 있음이 나온다. 학포의 5자 양응덕이 처음 정착한 가신굴이나 이주한 차밭밑에는 자생 차밭이 있고 굵은 고차수가 있다. 약 5백 년의 역사를 가지고 있다.

이순신 장군은 진린 도독에게 차 예물을 올리고, 장홍유 장군은 이순신 장군의 다례의식을 찬탄했다. 이후 명 장수들은 조선에 와 이순신 장군의 차 대접을 받는 것을 큰 기쁨으로 여겼다. 접빈 다례 뿐 아니라 전쟁 중에도 조상 차례 등 이순신 장군은 실용적인 차 생활을 하였다. 이런 이순신 장군이 차 마을에 왔을 때 차가 빠질 수 없었을 것이다. 양산항의 집은 송곡리 312-1로 추정된다. 들어가는 길 좌측엔 못등샘(또는 웃샘이라 부른다.)이 있고 샘물이 우측 309 번지 못등으로 흘러내린다. 강화도 돌로 차밭밑못[다전지(茶田池)]

이순신 장군이 다녀간 차밭밑 양산항의 집(못등 좌측 안집) (사진, 김현호)

을 확장 축조하였다.

집 뒤 차밭등에서 딴 찻잎으로 만든 차로 웃샘에서 찻물을 길러 이순신 장군에게 차를 접대했으리라. 만성 위장병에 시달린 장군은 이틀 전에 조성면 고내마을 김안도의 집에서 쉬었다. 그리고 양산항의 집에서 임시 수군 통제영을 세웠다. 차밭밑차를 마시고 회복한 뒤 7통의 장계를 쓰고 명량해전을 준비했다.

차밭밑차 관련 유적들(고차수, 다잠정사터, 자생 차밭)
■ 다잠정사터 ■ ①고차수 ② 자생 차밭 ③ 차밭등 ■ ① 양산항의 집 ② 오매정

4) 정씨고택(丁氏古宅)과 자생차

이순신 장군의 종사관(從事官)으로 병참을 보급하던 반곡(盤谷) 정경달(丁景達, 1542-1602) 장군은 이순신 장군을 구명하고, 『난중

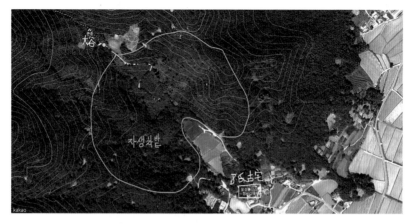

정씨고택과 자생 차밭
■ 정씨고택 ■ 자생 차밭

일기』를 썼다.

　다산 정약용도 반곡을 높이 평가, 반곡집을 출간케 하였다. 반곡은 자헌대부 정몽응(丁夢鷹)의 2자다. 보성 회천에 정착한 3자 정경언(丁景彦 : 회령리), 4자 정경영(丁景英 : 봉강리), 5자 정경준(丁景俊 : 전일리), 6자 정경명(丁景命 : 전일리)도 임진왜란 때 창의하였다. 회천은 모두 회령(會寧)이었으며, 반곡의 부인 진주 정씨(鄭氏) 세거지도 회령이다. 4형제들이 외가 동네인 회령에서 살았다.

　정씨고택(丁氏古宅)에서 1km 남쪽에 있는 전일리 팽나무(천연기념물 제480호)는 정경준이 1566년에 심었다. 임진란이 발발하자 정경명과 그 형제들이 이곳에서 이순신 장군을 맞이했다 한다. 1603년 정경준이 장동에서 이주한 마을 이름도 손님을 맞는 내접(內接)이다. 외래접(外來接), 내내접(內內接)으로 부르다 1914년 내래(內

來), 외래(外來)라 했다.

고택(회천면 봉강리 677에 있는 전라남도 문화재자료 261호) 안채는 팔계(八溪) 정경영(丁景英)의 손자, 정손일(丁巽一)이 초가로 지었다. 1620년대로 보인다.

정손일은 항일의병인 마위용(馬爲龍)의 딸과 결혼한다. 마하수(馬河秀, ?- 1597)와 아들 마위용은 이순신 장군과 함께 싸웠다. 정손일의 12대손 정길상(丁吉相)의 증언(2019.11.11.)에 따르면 물려받은 재산보다 처가에서 온 재산이 훨씬 많았다 한다. 정길상(丁吉相, 1946-)의 12대조 할머니뿐 아니라 7대조 할머니도 마(馬)씨 집안에서 왔다. 정손일의 현손 구정(龜亭) 정도삼(丁道三)이 안쪽 사랑채를 초가로 지었다. 지금도 정씨고택은 거북정[구정(龜亭)]이라 부른다. 정도삼(丁道三)은 아들이 없어 반곡의 직계 후손 정도인(丁道仁)의 3자 정윤필(丁允弼)을 양자로 들였기에 정길상은 사실상 직계와 같이 반곡의 피가 섞였다고 한다. 또 정각수는 동생 정현(丁炫)의 큰아들을 양자로 들여 대를 잇는다. 정손일의 9대손 정각수(丁珏壽, 1864-1936)는 1890년대에 초가를 헐고 기와로 올렸다. 서재 삼의당(三宜堂)을 별채로 지었다.

정씨고택 거북정(龜亭)은 현재 전라남도 문화재자료 261호로 지정되어 있다. 정길상의 부친 봉강(鳳崗) 정해룡(丁海龍, 1913-1967)은 3천 석의 부를 조선의 독립을 위한 항일운동과 교육 사업에 다 바쳤다.

1937년부터 최초의 무상 교육기관, 무상의료를 시행한 양정원(養正院)을 설립했다. 20여 명 노비의 노비 문서를 불태우고 토지를 무상 분배하는, 사회주의 평등이념 홍익사상을 실천했다. 그의 일족들은 무자비한 전두환 군사정권 아래서 1980년 보성 간첩단 사건으로 32명이 체포되고 거의 멸문지화를 당했다.

필자가 조사해 보니 정경영의 반곡집(盤谷集)에 3개의 차시가 실려 있다. '위가 차가워 일찍 차를 다리고[胃冷烹茶早]', '약 다리는 여종은 찻잔을 바치고[藥婢呈茶椀]' 등으로 주로 약으로 차를 마셨음을 알 수 있다. 아우인 팔계(八溪) 정경영이 사는 고택 뒤의 뒷산 봉림(鳳林), 큰골[대곡(大谷)], 봉림사(鳳林寺)나 일림사(日林寺) 등에서 노닐 때 근처의 자생차를 달여 마셨을 것이다.

정경영의 14대손 정길상(丁吉相)은 증조부(정각수, 1864-1936)가 차 생활이 어려운 일제 강점기임에도 외부 손님이 오면 뒷산에서 딴 차를 갈무리하였다가 주었다고 한다. 항일운동을 하던 아버지 정해룡(1913-1967)은 해방 후엔 여운형계로 사회운동을 했다. 좌우 중도의 인사들이 고택을 방문했고 뒷산 자생차를 대접했다. 고택 사당에서는 추석과 설에 술 대신 자생차를 올려 차례(茶禮)를 지냈다. 정길상도 2000년대부터 차를 만들어 지인에게 차를 공급하고 차를 마시고 있다. 골짜기에서 찔레꽃, 아카시아를 헤치고 자생 찻잎을 따다보면 피투성이가 되곤 했다.

2005년엔 일림산 철쭉제를 마치고 내려오던 하승완 군수가 야생

차를 발견하고 연락이 왔다. 군에서 봉강리 산43번지 1.6ha 중 1ha를 지장목을 모두 제거했다. 다음 해 야생차가 죽었다. 3년 후에 겨우 찻잎이 올라왔다. 고택 위의 자생차는 (봉강천)계곡 음지에서 여러 나무와 풀들과 함께 자라, 보호를 받고 적응해 살아간다. 정길상은 제대로 된 자생차는 사람이 손을 대지 않고 사람이 들어가지 않아야 한다고 강조한다. 매년 곡우 이후 차를 따서 만드는데 찐득찐득 차액이 많고 향이 아주 강하다. 세계문화유산에 이 자생차를 내놓아야 한다고 목소리를 높였다.

자생 차밭은 고택에서 200~500여m 지점, 약 3~400m 폭으로 길이가 최대 7~800m에 이르는, 봉강천 계곡 주위 16ha (정길상 소유의 봉강리 산39, 산41, 산43, 산46, 산47) 권역이다. 봉이 깃든다는 봉서동(鳳棲洞)은 고인돌과 선돌이 있어 일찍이 사람들이 살았다. 정씨 이전엔 보성 선씨가 먼저 살았다.

보성군 자료에 의하면 정씨고택 소유 산림이 아닌 봉서산 중턱(고택에서 700m~1km 지점)에도 자생 차밭이 있다. 등산로 입구로 계곡을 따라 고택에서 700m 지점인 큰골[대곡(大谷)]에 이르면 계곡 오른쪽[봉강리 산64번지(4ha) 부근]에 간간이 참나무가 있는 솔숲 속에 자생차가 있다.

반곡 정경달은 1579년 7월에 정경영의 집에 있었고, 1599년 3월 26일 자생차가 많이 나는 이곳 대곡(大谷) 부근 봉림(鳳林)에서 놀았다. 정길상에 의하면 고택 위 계곡에 불당사가 있다 하는데 이곳과 관련이 있을 수 있다. 반곡집에는 봉림사(鳳林寺)라 한다.

다음 지도(map.kakao.com)에서는 현 일림사(봉강리 190) 좌측 50m 지점(봉강리 산2-1)을 절골이라 하는데 이 절들과 관련이 있을 수 있다. 표고 163m. 80도 차광의 동남방이다. 수고는 3.5m로 크고, 근경이 4cm로 굵다. 역사가 오래된 차나무다. 자생 차밭 이외에도 고택 남동쪽 500m에 있는 백록다원에서 차를 재배하고 있다.

5) 차밭밑차를 만든 다암(茶庵)

임진왜란 이후 차문화는 거의 끊긴다. 임진왜란, 정유재란, 병자호란 등 거듭된 병난과 사색당파의 혼란 속에 차문화가 꽃피울 수 없었다. 보성도 마찬가지였다. 차밭밑도 예외가 아니다.

부사공(府使公) 양산항(梁山杭, 1554-1634)의 증손인 종손 양우성(梁禹成, 1627-1681)은 굶주린 사람들을 구제했다. 1671년 대기근이 들자 어머니가 별세한 황망함 속에서도 지변종가(池邊宗家)에서 쌀 100석을 내놓고 구호소를 설치, 굶주린 사람들을 살렸다. 인근에 굶어 죽는 이가 없었다.

양우성의 동생은 전라도 병마절도사 병사공(兵使公) 양우급(梁禹及, 1630-1683)이다. 1671년 모친상을 당해 귀향, 1672년 오매정(五梅亭)을 짓고 다전지(茶田池, 못등)를 증축하는 등 지변종가(池邊宗家)를 이어왔다.

양우급의 아들 양징(梁澂, 1659-1702)은 1696년 가신재(可信齋)라는 서당을 세워 후학을 양성하기도 하였다. 청광자(淸狂子) 박사형(朴士亨, 1635-1707)의 『청광집』(淸狂集) 양징의 신재기(信齋記)에 서당 이야기가 있다. 연대가 확실한, 지방민 자력으로 운영한 조선 민간 교육기관인 가신재는 1930년대까지 운영되었다. 무려 234년을 이어왔다. 가신재는 차밭밑에서 약 1km 떨어진, 덕암산 제1지맥 서재등(書齋嶝) 너머 서당재 아래다. 서재가 계속 운영되어 마을 이름도 서잿굴[書齋洞]이다. 지금은 서당도 마을도 없어졌다.

양징의 증손 양주하(梁冑廈, 1731-1809)가 호가 따순[다순(茶筍)]이다. 차밭밑 다인들이 차호(茶號)를 따서 부르는 풍습의 시효가 아닌가 한다. 차밭밑[茶田下]에는 다전(茶田)과 관련하여 차의 호를 가진 이가 19명에 이른다. 물론 전부 다인인 것은 아니나 차가 오랫동안 내려오며 차의 지명 마을로 인해 차호를 자랑스럽게 널리 썼다. 그의 차 생활은 알려지지 않았다. 그러나 차의 호나 바로 집 뒤 자생 차밭을 봤을 때 차를 마셨을 것이다.

양주하의 증손 양식(梁植)의 호는 다전(茶田)이다. 뒷산 차가 계속 있어 차는 늘 약용으로 쓰였을 것이다. 차밭밑 마을 뒷산 차밭등의 차는 약 2ha 정도이다. 찻잎 길이가 16cm에 이르는 큰 잎의 찻잎이 많이 발견되었다. 여러 크기의 찻잎이 혼재한다. 특이한 것은 다른 어떤 차밭보다도 자생 차밭 자체 내의 변이도가 매우 심하다. 이는 오랫농안 환경에 적응한 결과로 역사가 오래됨을 나타낸다. 유전자 분석으로는 나주 자생차들(금성산, 운흥사, 월현대산, 백용산)과 보성 징광사지 자생차와 같은 그룹이다.

다전(茶田)의 동생 다암(茶庵) 양순(梁枸, 1822-1886)은 '자다(煮茶)'라는 차시를 남겼다. 1850년 1월에 편찬한 다암시고(茶庵詩稿)에 있다. 다암의 5대 종손 양기열(梁基烈, 1958- , 전 순천대 교수)이 보관한 다암시고(茶庵詩稿)에서 필자가 발견하였다.

1850년에 보성 차밭밑의 차를 알게 해 준다. 다암은 직접 차를 만들고 마셨다. 아홉 번 찌고 말렸고 비싼 석탄(石炭)을 썼다. 눈 쓸어간 도잠의 잔의 표현에서 가루차로 갈아 마셨음을 알 수 있다. 시렁에 오래 둔 청태전과 같은 돈차였다. 찌고 찧어 말리면서 신선대에 오래 두고 후발효가 충분히 일어나 아주 붉은 색을 띠었다.

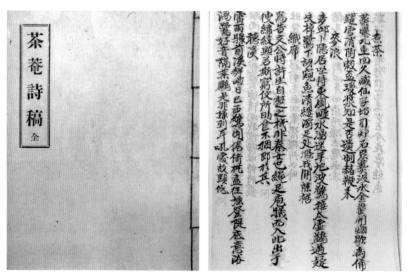

『다암시고』와 『백련집』(다암시고 이본) 중 자다(煮茶)

다암은 차의 달인이다. 대단히 엄격하게 다도를 행했다. 차를 마실 땐 차의 붉은 빛을 보았다. 찻물로 제다의 옳고 그름은 알았다. 찻물 빛이 붉지 않으면 잘못 만들어서 자신에게 찻물이 채찍을 치는 것 같다고 하였다. 진정한 다인의 자세다. 차를 만들고 마시는 오랜 풍습[유제(遺制)]이라 한다. 복홀 차부터 차향, 다소와 뇌원차의 떡차 등 보성차의 전통이 여기까지 그대로 내려온 것이다. 다암의 자다(煮茶) 시를 한번 감상해 보자.

차밭밑차 끓이기

아홉 번 찌고 말려
신선대에 오래 두고

화로 끌어 석탄 때고
물 길러 오지병 연다.

연기 그친 우왕의 솥
눈 쓸어간 도잠의 잔

찻물은 옳고 그름 아니
붉은 회초리의 옛 전통

煮茶

蒸曝九重回　　久藏仙子坮
引爐石炭蒸　　汲水金罌開
烟歇禹儞鑷　　雪消陶穀盃
瓊漿知是否　　遺制赭鞭來

6) 의병을 일으킨 다인 일봉(日峰)

일봉(日峰) 이교문(李敎文, 1814-1914)은 문덕면 용암리에서 태어났다. 조부 이기대(李箕大, 1792-1858)는 갑부로 서재 가은당(可隱堂)에 수천 권의 책을 비치했다. 일봉은 가은당에서 학문을 연마했다. 노사(蘆沙) 기정진(奇正鎭, 1798-1879)에게 배우고 1871년 26세에 성균관에 나아가 당대 석학들과 교유했다.

1896년 독립협회에 참가, 1905년 을사늑약에 노사 문인들과 창의했다. 1907년 4월 19일 화순 쌍산의소 본진에 합류, 62세 고령 군율사감장으로 의병의 존경을 받았다. 보성 의병장 안규홍(安圭洪, 1879-1910)을 도와 군수를 조달, 파청 등에서 전과를 올리게 하였다. 의병장 안규홍의 체포로 지원 사실이 탄로 났다. 가산은 다 몰수되었다. 모진 고문으로 운신조차 할 수 없는 불구의 몸으로 6년간 고생고생하다 69세 나이로 운명했다.

일봉유고에는 차시 〈철다(啜茶)〉 외 5수가 있다. 〈철다〉는 1895년에 지었다.

차를 음미함(2수)

온갖 풀 어느 것이 내 차 맛과 같을꼬?
수련하는 묘법이 이보다 더 좋을 수 없다.
오래 마시면 수명이 연장되어 선적(仙籍)에 오르고
불 피워 새로 끓여 마시면 위속을 보호한다.

가는 차 연기 피하는 학이 도리어 괴상한 일
용단 단차 천 조각이면 생애가 만족하다.
가슴 속에 있는 것들 다스리기 어렵다면
한 잔에 가라앉고 두 잔이면 좋아라.

청동 그릇에 물 끓여 산차(山茶)를 고르는데
속세엔 담담한 이 맛 아는 이 드물다.
온 세상 사람 입맛이 비록 서로 같다지만
눈 내리는 집에서 마시는 이 맛 누가 같다 하리?

향기론 잎 진품을 내가 구분할 수 있으니

손님을 접대한 자리 기쁨이 끝없다.

아해와 작설이 이름 비록 다르지만

생강을 섞어 마시면 맛이 더욱 좋아라.

啜茶二首

百艸誰如嘗我茶　　錬修妙法此無加

引年長飮登仙籍　　活火新烹護胃家

鶴避細煙還怪事　　龍圍千片足生涯

胸中多少難平事　　一椀消磨二椀佳

靑銅煎水揀山茶　　塵世鮮知淡味加

相似縱云天下口　　孰如此飮雪中家

香葉於吾眞有分　　初筵供客喜無涯

兒孩雀舌名雖異　　半雜生薑第一佳

　　차는 26세인 1871년 성균관에 나아갈 때 처음 접했을 것이다. 용
봉단차부터 자생차까지 차를 많이 마셔 보았다. 차의 달인이다. 진
품을 구별할 자신이 있다고 한다. 생강을 섞어 마시면 더욱 맛이 좋
다고 했다. 시국은 기울고 있다. 시국 타개책을 올린 1894년 답답함
을 해소하려 차를 마신다. 차와 술을 마시고, 차를 마시고 술을 들
고, 시를 지으며 차를 마신다. 무려 1만여 편의 시를 썼다는 이산 류

제양(1846-1922)을 만나서 차를 마시고 시를 짓는다. 저자에서 차를 팔아 벼슬 구하기를 즐기랴? 라는 시구절이 있다. 벼슬보다 소박한 차 살림이 소중한 일봉, 일제 강점기가 아니었으면 유유자적한 차 생활을 즐겼을 것이다.

7) 차밭밑차를 마신 다잠(茶岺)

다암 양순의 형인 다전(茶田) 양식(梁植)의 4자는 다잠(茶岺) 양덕환(梁德煥, 1846-1925)이다. 마을 뒤 차밭등(嶝)은 다산(茶山), 다잠(茶岺), 다전(茶田)으로 불렸고 그 밑에 마을은 차밭밑[다전하(茶田下)] 으로 불렸다. 다잠 양덕환은 부지런하여 부를 일구어 천석꾼이라 불렸다. 넷째이면서도 양문(梁門)의 맏이 노릇을 하였다. 『다잠유고(茶岺遺稿)』를 남겼다. 효심이 남다른 장자 전은(田隱) 양회수(梁會水, 1876-1958)는 70세인 아버지 노후를 위해 1916년 사랑채 다잠정사(茶岺精舍)를 지어 차를 마시며 교류하도록 하였다. 정사(精舍)는 통상 정신을 수양하는 곳, 학문을 가르치는 곳[서당(書堂)]이며, 양반집 사랑채 이름이다. 다잠정사도 사랑채로 서당의 역할과 손님을 맞이하고 차를 마시는 차옥(茶屋)과 제례를 지내는 곳이었다. 다잠유고에 다잠정사에 뚜렷한 기록이 있건만 후손들은 다잠정사를 모르고 사랑채로만 인식하고 있었다. 다잠정사 차 생활은 1958년까지 42년간(다잠 9년, 전은 33년) 이어졌다. 전은의 장자 양홍승은 생전에는 아버지를 따라 마셨지만 사후에는 마시지 않았다.

다잠이 직접 지은 차시는 없다. 대신 다잠의 벗들은 다잠의 차 생활을 시로 남겼다. 안규문은 '차 끓이는 소리 일 년 내내 끊이지 않으니, (다잠으로) 차를 호로 삼음이 어찌 우연이랴?'라 한다. 황재묵은 '세 때 차를 올려 마신다[三時煎供]', '차 화롯가에서 세월을 보낸다.'라고 한다.

7번째 차운인 죽탄(竹灘) 황재묵(黃在默)의 시를 보자.

한 작은 누각에 아름다운 차나무는 빽빽하고
주인과 손님 함께 어울려 즐겁게 노닌다.
반평생 맑게 닦아 벼슬 없이 지내고
세 때 차를 다려 올려 마시곤 한다.

붉게 달아오른 화롯가에서 세월을 보내고
국화 피운 책상머리에서 춘추를 가르친다.
맑은 멋스러움 어찌 나눠 가지리?
그대와 나 사이 숨어 흐르니

嘉木叢叢一小樓　　主賓結社足優遊
半世淸修宜白面　　三時煎供走蒼頭

紫丞爐邊消歲月　黃花案上講春秋

如何分得淸風味　也與君吾作隱流

멋진 시이다. 특히 종장은 백미다. "맑은 멋스러움 어찌 나눠 가지리? 그대와 나 사이 숨어 흐르니" 위의 시에서는 풍류(風流) 자체를 이야기하고 있다. 차를 마시며 화롯가에서 세월을 보내고 아이들을 가르치며 산다. 맑은 멋스러움, 오붓한 재미는 숨어 흐르는 그대와 나 사이의 은밀한 은류(隱流).

8) 민족교육자 다인 회봉(晦峰)

회봉 안규용(安圭容)은 복내면 옥평리에서 태어났다. 보성의 의병장 담산 안규홍(1879-1909)과 함께 의병을 일으켰다. 우봉(牛峯) 안방준(安邦俊, 1573-1654)의 후손이다. 1921년 보통학교가 설립되자 민족교육을 위해 죽곡정사(竹谷精舍)를 지어 1934년까지 후진을 양성했다.

한 살 아래인 설주(雪舟)와 가까웠다. 서너 살 아래인 담은 조병진과 전은 양회수 등과도 어울렸다. 당연히 차가 빠질 리 없다. '차를 다리며[전차(煎茶)]'라는 긴 차시를 남겼다. 8연으로 된 긴 차시에 회봉의 처지와 차 생활이 차근차근 잘 나타나 있다.

죽곡정사(복내면 진봉리 187)

차를 다리며	煎茶
산중에 사는 한 나그네	山中有一客
한평생 고민도 많았지	一生孤悶多
대를 그린 동해가 깊고	畵竹東海深
고사리 캔 서산이 멀다	採薇西山遐
꿈 깨니 북쪽 창문이 어둡고	夢罷北窓陰
헤진 경전은 책상에 걸쳐있네	殘經案上斜
회포가 참으로 울적도 하여	懷思正一鬱

때론 목청껏 노래 불렀지   有時發浩歌

아이 불러 돌솥을 씻게 하고   呼兒洗石鼎
송라 곁 찬 샘물을 뜨게 한다.   洌泉傍松蘿
이글이글한 화롯불에 삶으니   活火烹地爐
향긋한 연기는 처마를 감돌고   香煙繞檐牙

시냇물 소리 솔바람을 끌어와   澗響引松風
송골송골 흰 꽃을 맺누나.   鬆鬆凝白花
찻잔 면은 어찌 이다지 깨끗할꼬?   碗面一何潔
이슬 구슬 새 연잎에 떨어지네.   露珠滴新荷

적과 습기를 제거할 수 있고   積濕宜除却
묵은 체증도 녹일 수 있다네   宿食可消磨
머리와 눈 맑히는 효과 얻으면   功及淸頭目
졸음을 물리침도 어찌 어려우리?   何難逐睡魔

맑은 바람이 솔솔 이는 곳   淸風習習生
노동의 집만이 아니지   不但玉川家
동이에 술이 익지도 않았는데   樽中酒不熟
옛 친구가 멀리서 찾아오면   故人遠相過

무릎 맞대고 옛 다관을 열어	促膝開舊罐
찬찬히 잔질 함도 퍽 좋을 거야	細斟覺尤佳
경건하게 신명께 올리고자	敬謹用薦獻
잘 걸러 사당에 차려놓으니	筧托廟中羅

성인이 예법을 만들 때에	聖人制禮日
섬세하여 차 빠뜨리지 않았지	纖悉不遺他
시험 삼아 뭇 초목들 보게	試看衆草木
'황금차'와 같은 것 없다네.	莫如黃金茶

회봉의 차도 다선으로 저어 흰 꽃이 피는 가루로 만든 떡차다. 연녹색의 찻사발에 따르는 차는 이슬 구슬이 새 연잎에 떨어진 듯하다. 회봉은 단발령을 거부했다.

선비 정신을 고집, 옛 성인의 예법대로 사당에서 차를 조상과 신명께 올렸다. 음풍농월하지 않고 약차로 쓰고 울분을 삭이는 데 썼다. 옛 친구에게는 새 차를 내놓았다. 현손 안동교(安東敎)의 형에게 시집간 양인숙 씨가 차를 좋아해 지금 죽곡정사 앞뜰에 차나무를 재배하고 있다.

9) 24수의 차시를 남긴 설주(雪舟)

설주 송운회(宋運會)는 율어면 금천리에서 태어났다. 보성이 낳은 명필이며 다인이다. 설주유고 504수의 시 중에 24수의 차시가 있다. 비슷한 시기에 곡성에서 태어나 송광사에서 주석한 다송자(茶松子) 금명보정(錦溟寶鼎, 1861.1.19-1930.2.13)의 1,000여수의 시와 80여수의 차시에 비하면 적다. 그러나 보성의 다인 중에서는 가장 많은 차시를 남겼다. 그밖에 차시를 많이 남긴 다인으로는 서거정(徐居正, 1420-1488) 98수, 김시습(金時習, 1435-1493) 75수, 유방선(柳方善, 1388-1443) 24수, 고경명(高敬命, 1533-1592) 22수, 김종직(金宗直, 1431-1492) 20수 등이 있다.

보성에서 차 마시는 일은 다반사다. 설주는 '병으로 음식을 줄이는데 차 마시는 일까지 그만둔다.'라고 한다. 아마 차를 너무 많이 마셔서 탈이 날 지경이었기 때문이리라. 설주의 차 생활은 그야말로 서민적이다.

꽃밭에 호미질 끝내고 밥 먹으러 들어와
총각김치에 흰밥 먹고 또 차 한 잔 마시네.

鋤了花田齋餉至 靑蔥白飯又茶盃

붓글씨의 명인인 그는 서다일여(書茶一如)의 경지다. 차와 술을 함께 마셨다는 시가 많다. 차와 술이면 마땅히 충분하고' 하더니 '술 취한 다음에야 차의 참맛을 안다.'라고 한다. 주다론(酒茶論)은 차우위론(茶優位論)으로 기우니 '향기론 차 있으니 술 거르는 수고는 하지 말게[茶兼香酒休勞釀]' 하거나 '샘물 차가워 차 향기가 술잔보다 낫네[泉冽茶香勝酒盃]' 하고 읊는다. 마지막으로는 물 한 잔으로 족하다.

맑은 샘물 얻어 능히 목마름 그치니
술사고 또 차 달이는 수고 말게나

설주가 마시던 차는 둥글게 만든 떡차다. 가늘게 가루 내어 끓여 마셨다. 흰 눈이 찻사발에 가득 찬다고 노래하고 있다. 차밭밑 다암은 철제 오지병을, 율어의 설주는 귀가 있는 차솥을 썼다. 다암은 석탄 화로를, 설주는 전(篆)자 무늬가 있는 화로를 썼다. 다암은 당시 아주 귀한 석탄으로 차를 다렸다. 설주는 '솔방울'로 다린다. 더 서민적이다. 설주가 마시던 차도 다암과 비슷한 둥근 단차로 후발효차다. 쪽지에 귀한 글을 써 등나무 넝쿨을 끊어 가늘게 묶은 차가 이끼가 낀다. 청태전(靑苔錢)의 모습이다.

10) 다잠정사를 지은 전은(田隱)

　다잠 양덕환의 장자 전은 양회수(梁會水)는 1916년 아버지를 위해 차옥(茶屋) 다잠정사(茶岑精舍)를 지었다. 다잠정사는 필자도 어렸을 때 보았다. 유감스럽게도 용도를 잃은 정사를 92년만인 2008년에 보수하지 않고 헐었다. 다잠정사의 사진은 1976년 다잠유고에 실렸다. 필자는 같은 사진으로 좀 더 선명해 보이는 선세유적(다잠공, 1981)의 사진을 『보성 차밭밑에는 특별한 차문화가 있다』에 실었다.

　애초 4칸 겹집 초가였으나 나중에 외양간 옆에 대문간(안채 출입

다잠정사 사진(선세유적, 1981)

구)을 늘리고 5칸 겹집으로 기와를 얹었다. 좌로부터 대문간 반 칸, 안채로 향한 외양간 1칸과 누마루, 사랑방 2칸과 누마루, 1칸 반의 안채 쪽 재실과 누마루 등으로 구성되어 있다. 남동향으로 좌우의 누마루는 정원을 볼 수 있다. 우아한 '아(亞)'자 창살이다. 제일 아래 '아(亞)'자에 생긴 '전(田)'자 무늬는 가운데를 터 '입구(口)' 형으로 하여 유리를 대었다. 방안에서도 정원의 빛을 들이고 오는 손님을 볼 수 있다. 정원엔 다포(茶圃)가 있다. 빽빽한 차나무에 가을이면 청초한 차꽃이 불을 밝혔다. 구기자와 국화를 심고 기이한 꽃과 약초를 가꿨다. 매화가 봄을 먼저 알리고, 황국(黃菊)은 가을의 잔양(殘陽)을 아까워한다.

　전은공 손자며느리 김영희는 전은공 차 생활과 차 만들기를 이렇게 말했다. 전은공은 찐 차와 볶은 보리를 섞어 끓여 물 대신 마셨다. 뒷산 차밭에서 어린 찻잎을 따 훈짐이 올라오면 꺼내 그늘에 3~4시간 말렸다. 6~7번 반복하여 말려 바구니에 보관했다. 찻잎이 흔해 그때그때 조금씩 만들었다. 보리는 볶아 놓았다가 찐 차를 끓이면서 맛을 보며 투입 비율을 정했다. 차와 볶은 보리차는 고소하고 단맛이 나는, 맛과 건강에 좋은 음료다. 차밭밑 보리 녹차, 현재에도 잘 개발되면 충분히 사랑받지 않을까? 이 보리 녹차 음료는 다잠의 셋째인 송담(松潭) 양회전(梁會油, 1887-1968)이 와서 자주 마셨다. 다잠의 둘째인 양회선(梁會宣)의 넷째 양완승(梁完承)은 몸이 약해 차약을 가장 많이 마셨다.

11) 후진 양성의 고사(高士) 담은(澹隱)

담은(澹隱) 조병진(曺秉鎭, 1877-1945)은 율어면 장동리 28번지에서 출생했다. 원효산에서 원효 스님의 발자취를 찾던 월파(月波) 정시림(鄭時林, 1839-1912)에게서 성리학을 배웠으나 출사하지 않았다. 정시림은 노사(蘆沙) 기정진(奇正鎭, 1798-1879)의 학맥을 이어받은 노사학파로 조선조 호남 사림의 중요한 위치를 차지한 학자, 문장가. 벼슬을 하지 않고 학문, 강학에 열중했다. 천문, 역학, 시문에 밝았다. 월파집(月波集)이 있다.

담은은 1929년에는 장동리 산3번지 오루굴[五柳村]에서 담은정을 짓고 은거하였다. 박학다식하고 올곧아 조맹자(曺孟子)라 칭송하였다. 훈몽서를 짓고 성리학을 가르치며 후진을 양성했다. 서동재(書洞齋)라는 서당을 운영, 문하생이 75명에 이르렀다.

담은시집(澹隱詩集)과 담은정시집(澹隱亭詩集)이 전한다. 담은시집은 담은 조병진이 대략 회갑(1937) 때부터 임종(1945) 때까지 지은 시 115수를 담고 있다. 담은시집은 필자가 해석하여 출판하였다. 담은정시집은 담은 조병진이 1929년 담은정 글, 담은시, 담은정팔경 시에 대해 보성 인근의 시인과 문인 89명이 화답한 시와 글을 엮은 책이다. 1920년대 보성의 담은정시단이 전원문학, 은둔문학의 진수를 보여주고 있다. 박남현 참판, 설주 송운회, 전은 양회수, 낙천 이교천, 소파 송명회 등의 글이 있다. 보성의 자산이기도 한 담은정시집은 필자가 모두 해석했으나 상재하지 못하고 있다.

차밭밑 다잠의 둘째 양회선의 장녀 양승남(梁承男)을 며느리로 맞이하니 필자의 할머니다. 담은은 가난하였다. 차를 마시기 쉽지 않았다. 스스로 차를 마신 기록을 남기지 않았다. 그러나 담은정시집에는 석남 임옥현(石南 任玉鉉)이 담은의 차 생활을 전한다. '화로에서 차를 다리고[팽다일로(烹茶一爐)] 책을 검열하니 날이 저문 줄 모른다.' 담은(澹隱)은 호 그대로 담담히 숨었다. 그러나 석남의 '팽다일로(烹茶一爐)'는 담은의 차 생활을 드러내고 말았다. 보성지역에서 마셨던 단차를 가루 내 마셨을 것이다.

담은은 스스로 '바깥 것들이 이에 섞이지 않아 담(澹)이라 한다. 오호라. 나라' 이렇게 떳떳이 말한다. "자연의 기운을 따르고 노닌다. 욕심 없이 무위(無爲)의 장에서 천명을 즐긴다. 어찌 다시 의심하리?" 담은의 차는 담담히 숨은 은사차(隱士茶)요 무위차(無爲茶)다. 담은은 선도 수도를 하고 있었다. '오래 단전 지켜서 / 진정 떠나지 않네' 한다. 담은의 도는 성취되었다. "신령을 부르니 다행히 돌보고 / 기운이 있나니 비로소 이뤘네."라고 스스로 읊고 있다. 선친인 담은의 손자 경파(炅坡) 조규호(曺圭浩, 1933-2008)가 들려준 이야기에 따르면 실제 담은은 1945년 12월 15일 왼발을 오른발 위로 꼬고 정좌하여 무릎에 기대어 책을 든 채 좌탈(坐脫)하였다.

7. 나오는 말

1938년 일제 강점기 ㈜경성화학 이름으로 보성읍 봉산리 활성산 오선봉에 4,500평 정도 차밭이 조성되었다. 대표는 일본인. 그러나 실제 주인은 보성읍 동륜동 226번지에 사는 한국인 김영학(金永學) 씨. 광산김씨 집안으로 보성 제1의 부자였다. 신문물에 눈을 떠 와세다 대학을 졸업했다. 조선인 이름으로는 도저히 사업을 할 수 없어 일본인 사장을 앞혀 놓고 경영과 실무를 총괄했다. 따라서 보성에서 첫 근대적인 차 사업은 우리 민족 자본과 우리 조선 사람으로부터 시작되었다. 다원에 제다소는 없었고 보성읍 현 한국전력 보성지사 맞은편 산자락에 오차(お茶,녹차) 공장이 있었다. 다원에서 차를 따서 보성읍 내 오차 공장에서 생산해 경성(서울)에 내다 팔았다. 소비자는 일본인을 비롯한 소수의 상류층. 1948년 해방이 되어 일본인들이 떠나 주 소비층이 무너졌고 오차 공장은 가동을 중단했다. 6.25 동란 때 서울에 거주하던 김영학 씨는 독자인 아들과 함께 납북되어 손이 끊겼다.

해방과 전쟁의 소용돌이에 폐허가 된 차밭은 1957년 장영섭 회장이 다원과 함께 주변 임야를 인수하여 대한다원을 세웠다. 580여만 그루의 차나무가 자라는 50여만 평의 아름다운 차밭은 연간 100만 명의 관광객이 다녀가는 대한다업 관광농원으로 오늘에 이르고 있다.

포곡 다소의 옛 자리인 봇재는 계단식 봇재 다원들로 가득 차 있다. 보성의 차산업과 차문화가 오늘에 이름은 우연의 소산이 아니다. 백제부터 토산차가 유명했다. 통일신라에는 신라 조정에 차를 공납하는 〈가을전 차향〉이 있었다. 그리고 고려 초기에는 뇌원차의 원산지, 〈가을평 다소〉가 있어, 고려 조정에 차를 공납하였다. 그리고 조선에서는 보성차는 토산품으로, 약재로 이름을 떨쳤다. 보성 찻사발인 〈보성 덤벙이〉를 독자적으로 생산하기도 하였다.

득량면 송곡리 차밭밑은 그 이름답게 차문화가 꽃피웠던 곳이다. 임진왜란 이전에 학포 양팽손은 5자 양응덕을 보성 가신에 이주시키면서 차도 함께 보냈다. 1597년 이순신 장군은 차 마을인 차밭밑에서 명량해전을 준비하였다.

보성은 특이하게 1850년부터 해방이 되는 그 암울한 일제 강점기에도 차문화가 꽃피웠다. 다암 양순(문장가), 다잠 양덕환(문장가), 일봉 이교문(의병), 설주 송운회(서예가), 회봉 안규용(교육자), 담은 조병진(교육자) 등 여러 다인이 활약한다.

보성에는 가장 많은 자생 차단지가 산재해 있다. 무려 101곳이 조사되었다. 이것은 단적으로 보성의 차문화가 얼마나 활발했는지를 말해 준다. 이 차들은 오랜 시대를 걸쳐 내려온 차 역사의 산 증거다. 오랫동안 수많은 차인들이 심고 가꾸고 활용했을 것이다.

101곳을 보면 민가형이 57곳으로 가장 많다. 민가형도 밭(12곳),

묘, 사당(13곳)보다 마을(32곳)로 집 가까이가 많다. 일반 민가에서 약용으로 쓰기 위해 집 뒤나 마을 뒤에 많이 심었음을 알 수 있다. 인구가 밀집한 보성읍(22곳, 5.0ha)과 벌교읍(22곳, 5.8ha)이 제일 많다. 그리고 겸백(14곳, 2.6ha), 복내(10곳, 1.3ha), 미력(7곳, 2ha)의 순이다. 벌교 22곳 중 묘지 주변이 9곳으로 전체 묘지 13곳 중 70%에 이른다. 보성읍과 같은 22곳인데 보성읍이 민가형이 11곳이고 벌교는 19곳이다. 마을 주변도 보성읍 4곳에 비해 10곳이다. 벌교가 가장 많이 민가로 널리 퍼졌음을 보여준다. 벌교는 징광사의 영향을 받았지만 후에 민가 가까이 심고 생활차로 널리 활용하다 방치되었다고 본다. 보성의 차도 고려 때 다소의 폐해 등으로 차밭은 많이 파헤쳐지고 불살라져 없어졌을 것이다.

그러나 조선에 와서 민가에 깊숙이 파고들어 약용차, 생활차로서 자리 잡았다. 득량면 송곡리 차밭밑의 예에서 〈차밭〉 밑에는 반드시 차문화와 다인이 있었음을 알 수 있다. 차는 사람의 생활과 밀접하다. 사람이 살기 좋은 명당에 차가 빠지랴? 1. 도개(30a), 2. 당촌(2a), 3. 박실(2ha), 6. 가평(36a, 600m), 7. 예동(12a, 900m), 8. 모원(37a, 700m) 9. 잣고개(1a, 100m) 등 보성의 9대 명당 중 7곳에 차밭이 있다. 4. 강골, 5. 한실을 빼고 1, 2, 3명당은 직접 차밭이 있고 나머지는 1km 이내에 차밭이 있다.

보성의 차문화와 차 역사의 자원은 무궁하다. 101곳의 자생 차밭이 보성차 역사, 차문화의 보고다. 인문학적으로 정밀하게 조사 연구하면 더욱더 많은 보성차의 역사와 문화가 눈 앞에 펼쳐지리라.
차산업이 가장 발달한 보성은 차문화 특히 서민 차문화가 가장 발달
한 곳이다.

2장
뇌원차의 산실, 다소(茶所)

조석현

1. 들어가는 말

고려에는 군현제(郡縣制)의 공적인 행정조직 이외에 그 하위 계층을 이루는 특수행정조직이 있었다. 대표적으로 향(鄕), 부곡(部曲), 소(所)를 들 수 있다. 현(縣)이 되지 못한 작은 곳에 향이나 부곡을 두었다. 그 외에도 진(津), 역(驛) 등이 있다. 또 처(處), 장(莊)이 있어 궁전, 사원 및 내장택(內莊宅)에 분속 되어 세를 바쳤다. 내장(內莊)은 고려 왕실의 비용을 마련하기 위하여 왕실에서 소유·경영하던 농토이다. 이에 대한 위치의 구체적인 기록은 조선 초에 편찬된 『신증동국여지승람』(여주목 고적 조의 마지막 부근 등신장조)에 나온다.

고려 시대 부곡제를 연구한 박종기(朴宗基)는 고려사와 조선 초기 지리지를 참고하여 부곡(431), 향(145), 소(275), 처(34), 장(14) 등 899개소의 특수행정조직을 집계한 바 있다. 이 부곡 등은 『세종실록 지리지』 편찬 시기인 1451년엔 94개소가 있었으나, 『신증동국여지승람』 편찬 무렵인 1539년엔 19개소가 남았다가 15세기에는 완전히 사라진 것으로 보았다.

향, 부곡은 신라 때부터 발생하였다고 보지만 부곡은 고려 초기에 만들어졌다는 견해도 있다. 이러한 향, 부곡은 처음 만들어진 뒤 끊임없이 변동하고 소멸의 과정을 거쳤을 것이다. 고려 후기에 소멸이

본격화되고 조선 전기에 완전히 사라졌다. 전라도의 경우에는 1409년에 완전히 폐지되었고 본 군현에 병합되었다.

특정 물품을 생산하는 소(所)도 마찬가지였을 것이다. 다소를 포함한 소는 대략 920년부터 1410년까지 고려 시대에, 약 500년 정도 존속했을 것으로 볼 수 있다.

소(所)는 여러 종류가 있다. 금소, 은소, 동소, 철소 등 광물을 채굴하여 만드는 광소(鑛所), 실을 생산하는 사소(絲所), 종이를 만드는 지소(紙所), 명주를 생산하는 주소(紬所), 기와를 굽는 와소(瓦所), 석탄을 캐는 탄소(炭所), 소금을 생산하는 염소(鹽所), 먹을 만드는 묵소(墨所), 미역을 생산하는 곽소(藿所), 고기를 잡는 어량소(魚梁所), 자기소(瓷器所), 도기소(陶器所), 사기소(沙器所), 옹기소(甕器所), 생강을 생산하는 강소(薑所), 차를 생산하는 다소(茶所) 등이 있다. 이렇듯 소(所)는 지리적 고유의 명칭 이외에 생산하는 물건 종류의 명칭을 붙여 부르기도 한다.

소(所)에 대해 이정신(李貞信)은 「고려 시대 특수행정구역 소 연구」에서 다음과 같이 정리하고 있다. '소는 고려 시대 특수 수공업 생산구역이다. 작은 촌락부터 군, 현에 이를 정도로 큰 규모도 있다. 다양한 모습으로 물품마다 생산조건이 다양하였다. 수공업이 크게 발달하지 못했던 고려 시대에 국가에서 필요한 물품을 공납 받기 위해 소는 필수적이었다. 소는 고려 중기에 수공업 중 가장 큰 비중을 차지하고 이를 통해 수공업은 크게 발달했다. 그러나 소민(所民) 들은 억압된 지위에서 벗어나 자유로운 생산 활동을 갈망했다. 더욱이 몽골과 전쟁은 소 해체의 결정적인 계기가 되었다. 고려 후기 소가 해체되면서 각지로 흩어진 소의 장인들은 민영 수공업을 한 단계 높이는 역할을 하였다.'

소를 포함한 부곡민의 신분에는 여러 연구가 있었다. 박종기는 신라 후기에 수공업을 담당하는 천민 계층으로 보기도 했다. 이정신은 양민이었으나 특정 물품을 생산하는 역(役)을 추가로 하는 천시된 양민 하층 집단으로 보고 있다. 또 박종기는 소는 일반 촌락에 동질적이나 자연 사회적 조건에 합당한 전문 생산 집단으로 일반 촌락과 구분하여 관행적으로 소라 부른 것으로 보았다.

2. 고려의 차문화와 다소(茶所)

고려에 차를 마시는 장소로 다점(茶店)이 있다. 목종 임금(재위 997~1009)은 주점과 다점에서 반드시 화폐를 사용하게 하였다. 주조된 화폐 사용 활성화를 위해서다. 주점과 나란히 언급된 다점은 주점과 같이 많았다. 귀족이 아니라도 드나들었다. 차를 마시고 차를 판매하기도 했다. 잠을 잘 수도 있었다. 요즘 찻집이나 커피숍과 비슷하나 여관까지 겸한 것 같다.

심지어 정5품 관리 낭중(郎中)도 다점(茶店)을 경영했다. 『동문선』에 보이는 임춘의 '다점주수(茶店晝睡)'가 서하집에서는 '이랑중유의다점주수(李郎中惟誼茶店晝睡, 낭중 벼슬을 하는 이유의(李惟誼)가 경영하는 찻집에서 낮잠을 즐긴다.)'로 되어 있다.

사원의 다정(茶亭)은 차 마시는 장소이다. 현화사(玄化寺) 같은 큰 절은 여러 개의 다정이 있었다. 다원(茶院)은 원칙적으로 국가가 운영하는 전문적인 숙박 시설이다. 이와 같은 다양한 시설들은 고려시대 차 마시는 풍속이 일반화되었다는 증거다. 차의 민간 수요가 상당함을 알 수 있다. 고려의 많은 차시(茶詩)는 일반화된 음다(飮茶) 풍속을 엿보게 한다.

궁중, 조정에서도 차를 많이 소비하였다. 차는 별공(別貢)으로 중앙에 직접 공납하여 충당하였다. 남쪽 지방에 있는 다소(茶所)에서 이 차를 생산했다.

차나무 식재는 관리기술이 발달한 지금도 3~4년이 지나야 한다. 아무런 수확 없이 관리비용이 투입되기에 가난한 농민이 재배하기 어렵다. 따라서 차는 관청이나 사원의 지시 아래 집단 재배되었다. 이것이 다소의 경영형태로 정착되었을 것이다.

다소의 차 농민들은 그들이 먹을 곡물 재배와 차 농사라는 이중 노역에 시달렸다. 이를 이규보(李奎報, 1168-1241)는 이렇게 나타냈다. "관리가 어린이 늙은이까지 징발하여 험준한 산중에서 간신히 손으로 따서 머나먼 서울 등짐 져 날랐네."

다소라고 분명히 기록되어 있거나 추정할 수 있는 다소는 차사(茶史)에서 매우 중요하다. 당시 확실한 차 재배와 생산 공납 등을 담보하기 때문이다. 해당 지역의 차 재배와 생산의 역사를 1,000년 이상 끌어 올리는 일이다.

이 글에서는 소(所)와 다소(茶所)의 현재 위치를 최대한 자세하게 상고하려고 한다. 직접 사료가 없는 경우에 다소의 현 위치를 정확히 밝히기는 어렵다. 차나무는 오래 생존하지 않고 직접 유적을 남기기도 어렵다. 다만 조선 초기의 『세종실록지리지』나 『신증동국여지승람』 등의 단편적인 기록을 토대로 할 뿐이다. 『신증동국여지승람』은 방향과 거리를 기록하여 기본 토대를 제공한다. 그 위에 모든 사항 기록과 지명 등으로 유추하여 위치를 밝히어 갈 수 있다.

다소의 기록이 다소가 사라져간 조선 초기에 처음 나온다. 따라서 지금 아는 다소는 일부분으로 추측된다. 『신증동국여지승람』에서 현존하는 지역이 10중의 1~2라는 기록으로 비춰보면 고려에는 훨씬 많은 다소가 있었을 것이다.

이정신은 고려에는 보성군의 포곡(蒲谷) 다소와 구례현의 남전(南田)과 방광(放光) 다소를 든다. 또 박영식은 경상도 고성현의 달점(達岾), 양산 통도사[동을산(冬乙山)] 다소가 산견(散見)되고 있다고 한다. 그러나 양산 통도사 동을산(冬乙山) 평촌(坪村) 다소촌(茶所村)은 조정에 차를 공납하는 다소(茶所)가 아닌, 절에 공납하는 다촌(茶村)이다. 남전, 방광도 다소로 보기 어렵다. 이정신도 달점소(達岾所)를 미역 따는 곽소(藿所)로 보고 있다.

실제 필자가 밝혀 보면 다소라고 인정할 수 있는 것은 총 6개에 불과하다. 보성의 가을평 다소와 포곡 다소 2곳, 고창의 용산 다소와 재역 다소 2곳, 화순 와촌 다소 1곳, 장흥의 향여 다소 1곳이다.

『세종실록지리지』의 기술을 살펴보면 여러 소에서 다소를 특정하기도 하고 특정하지 않기도 한다. 고창과 화순은 직접 다소라고 기록하고 있다. 장흥, 보성은 다소로 추정된 곳이다.

소 가운데 다소를 비롯해 여러 소가 있을 수 있다. 여기서 다소를 가려내어 특정하는 일도 필요하다. 소가 적고 다소는 더욱 희귀하다. 장흥도호부에 다소가 13개나 있다고 알려진 것은 이상한 일이다.

3. 장흥 다소(茶所)는 13개가 아닌 1개

어느 연구나 자료 모두 장흥도호부에 13개 다소가 있었다고 한다. 다소가 있는 다른 지역이 1~2개인데 과연 당시 장흥지역은 다소가 13개나 있었을까? 당연히 의문이 든다.

이에 대해 당해 장흥지역의 향토학자인 문병길은 부정하고 있다. 『세종실록지리지』 장흥도호부의 20개 부곡, 향, 소 기록에서 13개 다소가 아니라 13개 소로 본다. 6개 향 가운데 가을전다(加乙田茶)향의 다(茶)를 소(所)에 붙여 다소(茶所)로 읽으면 다소가 13개가 있었던 것으로 보인다.'는 것이다.

13개 다소가 있다는 주장에 대한 의문을 제기하는 이 주장을 주의 깊게 살피려 한다. 『세종실록지리지』 원문은 당연히 띄어쓰기가 없이 '가을전다소십삼(加乙田茶所十三)'이다. 종래 대부분 사람이 천편일률적으로 '가을전향과 다소 13(加乙田 茶所 十三)'으로 해석했다. 이 경우 뒤에 열거되는 소가 전부 다소가 된다.

문병길의 주장은 '가을전다향과 소 13(加乙田茶 所 十三)'이다. 그리고 13개 소 중에서 정화소(丁火所)는 봉수대이며, 가좌소(加佐所)와 거개소(居開所)는 분청사기를 만드는 도기소라고 추정하고 있다.

이렇듯 13개 소 중에서 다소가 아닌 소가 발견되거나 입증되면 13

개가 다소라는 해석은 잘못된 것으로 판명 난다. 13개의 소의 위치
와 성격을 자세히 살펴보자.

1) 요량소(饒良所)

요량소(장흥군 관산읍 농안리 631 기준)

『신증동국여지승람』 기록에 의하면 요량소는 장흥도호부의 남
35 리(14km)에 있다. 부에서 13~15km 이내의 남서~남~남동 방
위 안에 있다는 이야기다. 관산읍 농안 마을에 용소(龍沼)(농안리
산46) 라는 지역이 있다. 농안리 농안 마을(농안리 631 기준, 정남
14.1km) 지역을 요량소 지역으로 보자.

'요량소(饒良所)'에서 '용소동(龍沼洞)'을 거쳐 '용시동' 등으로 불
렸다. 요량소(饒良所) > 용소동(龍沼洞), 용시동 > 농안(農安), 농

소(農所)로 이름이 바뀌었다. 요량소의 이름에서 앞 음절은 요량(饒良) 〉 용(龍) 〉 농(農)으로 이어졌다.

여기서 한자의 뜻에 매이면 안 된다. '요(窯)'의 소리가 이어졌다고 본다. 뒤 음절은 한자만 다르고 정확히 '소'의 소리를 지켰다. 사실상 소(所)가 고려 말에 사라졌으나 그 지명에 붙었던 '소'라는 말은 꿋꿋하게 지금까지 이어져 왔다. 한자도 나중엔 소(所)를 회복한다. [소(所) 〉 소(沼) 〉 소(所)]

요량소는 어떤 소일까? 농안리에서 1km 내에 천관산(723m) 천관사(天冠寺 : 농안리 740)가 있다. 『동국여지승람』에는 통일신라(676-935) 때 통영 화상(通靈和尙)이 건립했다고 기록되어 있다. 보물 795호의 천관사 삼층석탑은 고려 초기 양식이다. 고려 당시 화엄사라는 이름으로 89 암자가 있고 1,000여 명의 승려가 있었다. 차의 수요도 많았다. 요량소는 사하촌(寺下村)인 다촌(茶村)으로 천관사에 차를 공급했을 가능성이 있다. 천관산 기슭에 지금도 야생차가 자라고 있어 이를 뒷받침한다. 천관사에 차를 대는 다촌이라면 조정에 차를 공납하는 다소(茶所)가 아니다.

'요량'이 '요장(窯場)'에서 출발한 이름이라면 89 암자까지 있는 천관사의 기와를 굽는 와소(瓦所)일 가능성이 크다. 일단 와소(瓦所)로 보자. 또 현 농안 마을엔 가마소(농안리 314-4)가 있어 요량(饒良)이 가마 요(窯)임을 드러내고 있다.

2) 정화소(丁火所)

동 5리(2km)에 정화소(丁火所)가 있다. 현재 정화소는 그 명확한 지점이 밝혀져 있다. 바로 장흥 고영완 가옥(장흥읍 평화리 89)이다. 동남방 40도 방향 2.4km로 방향과 거리 또한 정합(整合)이다. 평화리(平化里) 내평(內平) 마을은 억불산(518m) 입구로 상선약수(上善若水) 마을이다. 고려 때 억불산에 봉수대가 설치되면서 이를 관리하고 지키던 병정들이 거주하면서 마을이 생기고 정화소(丁火所)라 불렀다. 따라서 정화소는 봉수관리소(烽燧管理所)다.

■ 정화소(장흥군 장흥읍 평화리 89) : 고영완 가옥

정화소(丁火所) 〉 평화리(平化里), 내평(內平) 〉 상선약수(上善若水)로 이름이 바뀌었다. 정화소 자리엔 정화사(淨化寺)라는 절이

들어섰고 그 터에 1852년 고영완 가옥을 지었다. 지금도 고영완의 가옥엔 정화사(淨化舍) 현판이 현존한다. 송백정(松柏亭)은 고영완 가옥 연못 정원이다. 수령 100년의 배롱나무 50여 그루 군락이 있다. 여름에 붉은 배롱나무꽃이 피면 연못은 불이 난 듯 장관(壯觀)이다. 활활 타오르는 정화(丁火)의 현신(現身)이라 할까?

정화소 자리 150m 거리엔 '찻뚱'이라고 부르는 다산등[茶山嶝 : 평화리 산20, 일명 다전등(茶田嶝)]이 있다. 찻뚱 아래엔 장흥 위씨 5현조를 모시는 회주사(懷州祠 : 평화리 71-3)가 있다. 위유형(魏由亨)이 동백나무를 심어 치소(治所)를 가리고 찻뚱에 은거했다. 산정제(山亭霽)를 짓고 산정천(山亭泉) 물로 찻뚱의 야생차를 끓여 마시며 남효온(1454-1492) 등과 어울렸다. 이 찻뚱의 야생차가 정화소가 있었던 고려 때도 있었는지는 불분명하다. 정화소 봉수대 관리들이 찻뚱의 야생차를 이용해 차를 마셨을까? 알 수 없다.

다산등 아래엔 현재 평화 저수지를 바라보는, 풍광 좋은 평화다원(평화리 74-1)이 자리 잡고 있다. 2003년부터 장흥의 청태전(青苔錢)을 처음으로 복원한 김수희 원장이 차의 전통을 잇고 있다.

3) 수태소(守太所)

수태소(守太所)는 부에서 동 10리 지역(3~5km)이다. 수태소의 현위치를 『전남의 마을 유래 자료집』(김정호, 1988년)과 장흥군농업

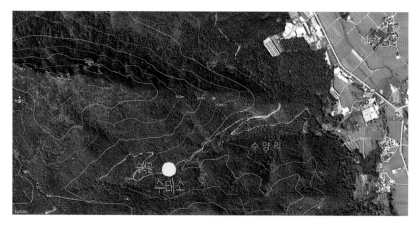

■ 수태소(장흥군 안양면 수양리 산62-1) : 수덕골

기술센터에서는 안양면 수양리를 꼽고 있다. 수양리(水養里)의 '수대(水大)' 마을은 '물큼'이다. 수태소의 '수태(守太)' 역시 수태(水太), '물큼'이다. 수태소(守太所)로 수양 마을 뒤 수덕골[水德谷](수양리 산62-1)을 기준 삼는다. '큰' 덕(德) 역시 '크다'이므로, 수덕(水德) 또한 '물큼'이다.

수덕골로 거리 방향을 잡으면 남향 40도의 동향으로 5.1km이다. 추정 범위(3~5km) 지대에서 조금 벗어났으나 100m 정도의 오차는 정합(整合)하다고 생각된다. 수양리는 105기(현존 97기)나 되는 고인돌이 무더기로 발견되는 정말 오래된 마을이다. 수태소의 위치와 거리가 맞고 수태소의 이름을 간직한 곳이다. 산중에 있어 숯을 굽는 탄소(炭所)나 광소(鑛所)일 가능성이 있으나 불분명하다. 차를 재배하는 다소로는 부적합한 곳이다. 수양리 앞들 여암(餘巖)마을엔 지석묘가 있어 삼한 때부터 형성된 마을임을 입증한다. 여암마을에 있는 여암다원(여암길 17-58)은 박은자 차명인이 장흥 청태전을 만들어 옛 전통을 이어 나가고 있다.

4) 정산소(井山所)

▣ 정산소(장흥군 안양면 기산리 432 기준) ▣ 장흥다예원

정산소(井山所)는 수태소와 같이 부에서 동 10리 지역이다. 유력한 지역으로는 안양면 기산리 기산마을(기산리 432)을 비정(比定)한다. 남쪽으로 5도 기울어진 동향 4.9km 지역으로 추정 지역 내에 있다.

기산(岐山)은 주나라 문왕이 도읍으로 삼았던 기산(岐山)과 흡사하여 붙여진 이름이다. 마을 앞뒤 등에 지석묘가 있어 신석기 시대부터 사람이 살았음을 알 수 있다. 마을에 '우물[정(井)]'이 잘 발달되어 있다.

그래서 애초의 이름은 정산(井山)으로 추정하고 정산소(井山所)가 있었던 자리로 본다. 현 기산(岐山)은 정산(井山)에서 앞 글자가 바뀌었다. 이렇게 기존 땅이름에 충실하지 않고 중국의 고사 등을 따를 경우는 전혀 다른 뜻의 지명으로 바뀐다. 후대에서 이를 연결하여 그 원형을 찾기 힘들어진다. 그래도 뒤의 산(山) 글자는 그대로 두었다. 정산소(井山所) 〉 기산(岐山)으로 변천되었다 추정한다. 다만 정산소가 어떤 소(所)인가는 현 자료로 밝히기 어렵다.

현재 기산마을 동구(기산리 295)에는 장내순의 장흥다원(장흥다예원)이 있다. 장흥 청태전 영농조합법인을 만들어 장흥읍 행원리 뒷산 약 5만 평의 야생 차나무를 이용, 청태전(青苔錢)을 만들고 있다.

기산마을의 봉명재(鳳鳴齋) 서당에선 14명의 대과 급제자가 나왔다. 장흥에선 1 기산〈정산소〉, 2 행원, 3 방촌〈도내산향〉, 4 평화〈정화소〉, 5 어산〈어산향〉이라 부른다. 행원을 빼고는 옛 향(鄕), 소(所)지역이기도 하다. 이 기산마을 출신으로 가사 문학의 효시자 기봉(岐峯) 백광홍(1522-1556)과 삼당시인(三唐詩人) 옥봉(玉峯) 백광훈(1537-1582)이 있다.

5) 웅점소(熊岾所)

웅점소(장흥군 장흥읍 금산리 78 기준) : 대치

보성군 웅치면에 있는 다소로 잘못 알려진 소다. 웅점소는 동 15
리(6km)에 있으니 5~7km 권역이다. 웅치면 보성 경계로 가장 가까
운 사자산(667.5m)이 7.5km이다. 사람이 살 수 없는 험준한 산이
다. 이어진 제암산(806.2m)은 8km이다. 두 산의 경계인 '곰재' 너머
사람이 살 수 있는, 웅치면 대산리가 9km 지점이다. 그러므로 웅점
소는 결코 보성군 웅치면에 있을 수 없다.

웅점(熊岾), 웅치(熊峙) 모두 우리말로는 '곰재(실재 본뜻은 「큰
재」)'이다. 거리를 따지지 않고 단순히 이 이름으로 '웅점소 = 보성군
웅치면'의 우를 범하고 있는 것 같다.

웅점소(熊岾所)는 장흥읍 금산리(錦山里) 금성(錦城) 마을에 있었

을 것이다. 구체적인 지점으로 대치(大峙 : 한치, 금산리 78번지)를 잡았다. 대치는 북향 40도의 동쪽으로 5.7km 떨어져 있다.

금산리(錦山里)는 마을 주변에 금(金)이 매장되어 있다고 해서 부르는 금성(錦城)에서 이름이 유래되었다고 한다. 1914년 신기(新基), 대치(大峙), 운치(雲峙)를 병합하여 금산리로 하였다. 이 지명에 모든 비밀이 다 있다. 금산으로 바뀌기 전에 금성(錦城)을 잘 살펴보자.

거듭 말하지만, 한자의 훈(訓)에 사로잡혀서는 안 된다. 여기서 금(錦)은 비단이 아니라 그냥 금(金)이다. '금'은 금(金 : gold)이기도 하지만 '큼[大, 熊(곰)]'으로도 쓴다. 성(城)은 '재' 성으로 읽히니 또 '재[峙, 岾]'의 뜻으로도 쓰인다. 결국 금성(錦城)은 웅점(熊岾)과 같이 '곰재', '큰재'가 된다.

웅(熊)은 '검, 곰'으로 '시커멓고 큰 놈'. 본뜻은 〈크다〉라는 뜻이다. 사실 그래서 웅치나 웅점을 우리말로 '곰재'라 하지만 곰(bear)과 무슨 관련이 있겠는가? 재가 높아 '큰재'를 표현함이다. 그대로 표현된 것이 금산리 대치(大峙 : 큰재, 한치) 마을이다.

웅점 > 금성 > 금산, 한치로 변형되어 전혀 다른 지역으로 보이지만 다 같은 지역이다. 웅점소의 실체다. 웅(熊 : 검, 곰) = 큼 = 금(金)이니 웅점은 금이 나오는 금소를 그 말 속에 교묘하게 감추고 있다. 실제 금이 매장되어 있었다 하니 웅점소는 금소(金所)임이 명확하다. 따라서 이 하나만 보아도 장흥도호부 13개 소는 전부 다소가 아니라 그냥 여러 가지 소가 섞인 것이다.

6) 칠백유소(七百乳所)

『신증동국여지승람』에 의하면 칠백유소(七百乳所)는 부로부터 동 20리(8km) 떨어져 있다. 그래서 적어도 7~9km 범위에 있어야 한다. 그런데『전남의 마을 유래 자료집』에서는 칠백유소가 안양면 수락리에 있다고 한다. 수락리는 30리(12km)에서 35리(14km)까지 떨어져 있다. 따라서 칠백유소는 수락리에 있을 수 없다.

장흥군 농업기술센터에서는 안양면 운홍리로 밝히고 있다. 운홍리는 적합한 위치 범위다. 칠백유소(七百乳所)는 우선 소의 이름이 특이하다. 700개의 젖일까? 그렇게 땅이름을 지을까? 흰 유약을 두텁게 발라놓은 모습이 흰 젖과 비슷하여 젖 유(乳)자를 썼다고 상상할 수도 있다.

더 직접적으로 칠백유(七百乳)가 칠백유(漆白釉)라면 어떨까? (도자기를 만들 때) '흰 유약을 바른다[칠백유(漆白釉)].' 라는 뜻이 된다. 우리나라에서 백토(白土)는 늘 귀했다. 그래서 분청사기에 흰빛을 내기 위해 흰 유약(釉藥, 잿물)을 두텁게 발랐을 것으로 생각한다. 고려 때 이미 흰 빛의 백자 수요가 있었다. 분청사기로 백자는 아니더라도 흰빛을 일부 냈을 것으로 추측한다. 백자의 출발이다. 이 이름의 해석으로 칠백유소는 자기소(磁器所)이다.

■ 칠백유소(장흥군 안양면 운흥리 140-11) : 요곡

그 구체적인 지역은 어디일까? 아래 안양면 운흥리 요곡마을(운흥리 140-1)을 지목한다.

동(남향 40도) 8.3km로 위치, 거리는 합격. 요곡마을 유래를 보아도 고려의 마을로 추정되어 합격이다. 삼한 때 사람이 살았을 것으로 추정하지만 확실한 근거는 없다. 마을 뒷산 태동(밭) 부근에서 고려 때 기와가 발굴되었다. 고려 때에도 사람이 살았다는 증거다.

요곡을 〈요곡(窯谷)〉으로 이해할 때 〈도자기를 굽는 골짜기〉가 된다. '흰 유약을 바르는 소'라는 칠백유소(七百乳所, '漆白釉所')의 이름으로 딱 적합하다. 소가 없어진 뒤에도 그 도자기를 만들던 골짜기는 도요지로 남아 요곡(窯谷)으로 불렀을 것으로 이해된다.

7) 가을평소(加乙坪所)

보성군 웅치면 땅이다. 거리는 동 31리(12.4km)로 장흥의 가장 가까운 동쪽(보성 방향) 경계 7.5km에서 훨씬 벗어나 있다. 보성의 다소에서 상술하기로 한다.

8) 향여소(香餘所)

■ 향여소(장흥군 부산면 금자리 215) : 관한　■ 녹차체험장

장흥군의 설명에 따르면 '관한' 마을은 황새가 우렁을 먹는 형국이라 한다. 관정(觀亭), 관한(觀閑)으로 바뀌었다. 황새 '관(觀)'으로 황새라는 '관(鸛)'의 소리와 뜻을 이었다. 500m 아래 인근 '금(金)'장(莊) 마을도 황새를 뜻하는 '금(禽)'의 소리가 그대로 이어졌다. [금

장(禽藏), 금굴(金窟), 금장(金藏)]

모두 같은 풍수 지역으로 풍수설에 의해 '향여'의 옛 지명이 완전히 바뀌었다. 옛 이름과 연관이 끊어진다. 지명은 단절되었으나 관한마을 야생차는 옛 다소를 증거 하는 듯하다. 장흥에서 내려온 청태전이 처음 발견된 마을이다. 향여 다소의 전통이 1,000여 년을 이어온 뜻깊은 차 마을이다. 이를 증거라도 하듯 100m 고지의 관한마을 뒷산에는 너른 야생 차밭이 있다. 2005년부터 야생 녹차 단지 4.5ha를 개발 연간 600kg의 차를 생산한다. 지금도 향기가 넘치는, 향여(香餘)의 이름대로 차의 향기가 넘쳐나고 있다.

9) 운고소(雲高所)

■ 운고소(장흥군 장동면 만년리 26) : 도둑골

북 20리 권역(7~9km)에 있다. 『세종실록지리지』의 운고(雲高)를 『신증동국여지승람』에서는 운고(雲膏)로 부른다. '고'의 한자 뜻은 '높다'에서 '기름지다'로 그냥 바뀌었다. 뜻보다는 바뀌지 않는 '고' 소리가 중요하다는 이야기다.

운고소(雲高所)의 현 위치로 『전남의 마을 유래 자료집』에서는 부산면 고개마을을, 장흥군농업기술센터에서는 부산면 기동리를 든다. 두 지역 모두 거리가 맞지 않는다. 고개마을의 고개마을 경로당(부산면 부춘리 250-6)을 기준 잡으면 동 20도 방향 북 4km(10리)로 권역 밖이다. 부산면 기동리[텃골, 기동(基洞) > 덕동(德洞)]를 기준 삼아도 동 15도 방향 북 4.8km(10리 권역)로 마찬가지다.

운(雲)은 '구름'[구룸 > 굼 > 구멍]으로 가마터의 구멍이 된다. 장동면 만년리 '도둑골'(만년리 산26)에 주목한다. 동 40도 방향의 북쪽으로 9km 지점으로 방향과 거리 모두 맞다. 운고소 자리로 본다. 인근 만년마을 입구 청룡들에서는 고인돌 13기가 발견되어 선사시대부터 사람이 살았다. 전국의 수많은 '도둑' 골은 진짜 도둑놈이 살던 곳은 아니다. '도둑'은 '도'(陶)기와 '독'[옹(瓮)]인 '도독'의 변음이다. 운고소(雲高所)는 도기소(陶器所)로 본다. 도둑골 위의 독조골(만년리 16)도 도기소와 관련된 이름으로 보인다. 독조(독造)로 '독을 짓는 골짜기'로 새길 수 있어서다.

10) 창거소(昌居所)

■ 창거소(장흥군 부산면 용반리 250-2) : 지와몰

기존은 창거소(昌居所) 위치를 부산면 기동리로 보았다. 그러나 기동리는 북 4.8km에 위치하니 창거소가 있다는 북 7~9km 권역 밖이다. 부산면 용반리(龍盤里) '지와몰'에 주목한다. 용반(龍盤) 마을(용반리 250-2)을 기점으로 삼는다.

동 5도 기울기 북쪽 7.4km. 방향과 거리가 맞다. 현재 마을 이름 '용반(龍盤)'은 '용(풍수에서 용은 산이다.)이 서린다.'라는 뜻. 후에 풍수지리에 따른 지명이고, 그 이전의 이름은 '지와몰'이다. '지와'는 '기와'의 사투리다. '몰'은 '마을'이다.

장흥읍지(1747, 정묘지) 고적조(古蹟條)에서는 용계방(龍溪坊) 와리(瓦里 : 지와몰)로 나온다. 기와집이 많고 〈기와 굽는 곳이 많아서 > '지와몰'이라 부른다고 구전된다. 이 '지와몰(기와 마을)'은 부유하여 기와집이 많았다. 매우 '창성(昌盛)하게 잘 사는' '창거(昌居)' 마을, 창거소(昌居所)이다.

구전되는 바와 같이 <기와를 직접 구워 만들었으니> 와소(瓦所)이다. 고려 성종(992-997) 때 조(趙)씨가 입촌했다. 이때가 창거소 시절이었겠다.

창거소 > 와리(瓦里), 지와몰 > 용반리(1789년, 호구 총수)의 지명 변천을 거쳤다. 옛 지명을 그대로 잇지 않고 유사한 다른 상황으로 바꾸고, 후엔 풍수지리로 이름을 바꾸다 보니 사료 등이 없으면 추적이 불가한 지명 변천의 사례다.

11) 거개소(居開所)

■ 거개소(장흥군 장동면 용곡리 255) : 사구세, 사구실

거개소(居開所)의 '거개(居開)'라는 마을 이름은 변함없이 천년을 이어왔다. 소의 이름을 그대로 이어온 유일한 사례다. 장동면(長東面) 용곡리(龍谷里) 거개(居開) 마을(용곡리 256)이다.

동 45도의 북향으로 7.8km로 권역 내이다. '거개(居開)'의 우리말 이름은 현재 '사구세'이다. 원래 불렀던 '사기소'의 변음이다. '사기소'를 한자로 쓴 이름이 거개소(居開所)다. '살' 거(居)의 훈과 '개(開)'의 음을 땄다.

'살개'소[居開所] > 사기소 > 사구세, 사구실로 소리가 크게 변치 않았다. 우리말 소리도 거의 원형이 보존되었다. 또 한자어 거개(居開)는 그대로 보존된 예다.

소 이름 자체가 '사기소'다. 소의 생산물을 그대로 소의 이름으로 한 사례다. 따라서 이 소는 분명하게 분청사기를 만드는 '사기소(沙器所)'이다. 확실하게 이름을 잘 지켜 온 사기소인 이 거개소의 존재 하나만 가지고도 장흥도호부 관내 13개 다소가 있었다는 주장은 오역(誤譯)의 산물임을 웅변한다.

12) 가좌소(加佐所)

가좌소(加佐所)는 부로부터 북 30리(12km) 권역(11~13km)에 있다. 『전남의 마을 유래 자료집』에서는 장평면 우산리(분청사기소), 장흥군농업기술센터에서는 유치면 조양리에 있다고 해서 서로 다른 주장이다. 먼저 우산리는 13.8km에서 17km에 달해 권역에서 벗어난다. 유치면 조양리도 북방 14.7~18.5km로 권역 밖이다. 전혀 해당 사항이 없다.

1747년 정묘지 장흥군지도 정확성에 의심이 간다. 가좌소를 장평면(長平面) 우산리(牛山里) 상대야(上大夜)로 보았지만 15km가 넘는 40리 길이기 때문이다.『신증동국여지승람』의 권역 밖인 상대야(上大夜)를 가좌소라고 하는 후대의 장흥군지 보다 애초의『신증동국여지승람』기록을 더 신뢰한다.

장평면에 동 15도 방향 북 30리(12km)에 해당하는 12.3km 지점에 옹점(甕店 : 장평면 제산리 산24-1)이 있다. 가좌소 위치로 본다.

■ ① 가좌소(장흥군 장평면 제산리 산24-1) : 옹점 ② 웃가마골 ③ 아래가마골

옹점에서 1.3km 떨어진 곳에는 아래가마골(제산리 71)이 있다. 또 언덕 너머 250m 거리에는 웃가마골(제산리 71-1)이 있다. 이 두

곳도 가좌소와 관련이 있었을 것이다.

'가좌(加佐)'라는 말도 '가마[窯]'의 표현이라고 보인다. 좌(佐)는 '돕는다.'는 뜻과 관계없다. 같은 음의 '가마(솥) 좌(銼)'를 대신해 '가마[요(窯)]'의 뜻으로 쓴 한자로 본다. 가좌소가 있는 지역명은 가좌 〉 가마 〉 옹점으로 바뀌었다. 지역 이름, 옹점을 볼 때 가좌소는 옹기소(甕器所)로 본다.

13) 안즉곡소(安則谷所)

안즉곡소(安則谷所)는 『신증동국여지승람』의 기록이 없어 기록에 의한 방향과 거리를 알 수 없다. 『전남의 마을 유래 자료집』과 장흥군농업기술센터에서는 부산면 안곡(安谷)으로 비정(比定)된다. 옳

◼ 안즉곡소(장흥군 부산면 내안리 548-1) : 안곡

다 본다. 이유는 이렇다.

안곡(安谷 : 내안리 548-1)은 동 20도 방향의 북 2.9km(5리) 지점이다. 옛 안즉곡소다.

질마재의 안곡(鞍谷, 질마재)은 1914년 안곡(安谷)으로 바뀌었다. 뒷산의 모습이 우묵하게 앉은 모양이 길마(사투리는 '질마') 같다. 길마는 소나 말 등에 얹은 안장이다. 애초 (우묵하게 내려) '앉은골'을 소리 나는 대로 쓰면 '안즌골'이다. 이 소리를 한자로 쓰니 '안즉곡(安則谷)'으로 곧 안즉곡소(安則谷所)다.

안(安)의 소리와 내려앉은 모습이 길마와 같아 뜻을 취해 '길마' 안(鞍)을 쓰고 즉(則)을 빼서 안곡(鞍谷)으로 변했다. 현재는 다시 처음 안즉곡소(安則谷所)의 안(安)을 되찾아 안곡(安谷)으로 지명이 바뀌었다. [앉은골 > 안즌골 > 안즉곡소(安則谷所) > 안곡(鞍谷), 질마재 > 안곡(安谷)] 안곡(安谷) 지명의 원형은 '질마재'보다는 '앉은골'이다. 소(所)의 성격은 규명하기 어렵다.

14) 13개 소(所)의 정리

거리 단위 구분에 따른 거리 정합성(整合性)을 약간 벗어난 곳은 수태소로 0.1km 정도다. 이 정도 오차도 현재 상황에서 본 것이고 당시 기준으로는 정합하다고 볼 수 있다. 방향은 거개소가 동 50도 정도이므로 북보다 동이 맞을 듯하나(북방 40도 동 방향) 5도의 각도 차이가 미미하다. 지도의 정확성이 지금 같지 않았을 당시의『신증동국여지승람』의 방향 측정에 작은 오차다. 무엇보다 거개소 이름이 그대로 남아 있어 거개소가 아닐 수도 없다.

장흥도호부 13개 소의 현 위치를 추정 정리하면 다음과 같다.

명칭	방향과 거리		현 위치 추정	기준 주소	비고
	지리지(km)	실제			
요량소	남35리(14)	남(정남) 14.1km	장흥군 관산읍 농안리 농안	농안리 631	
정화소	동 5리(2)	남(남40도) 2.4km	장흥군 장흥읍 평화리 내평 고영완 가옥	평화리 89	
수태소	동10리(4)	동(남40도) 5.1km	장흥군 안양면 수양리 수대	수양리 산62-1	
정산소	동10리(4)	동(남 5도) 4.9km	장흥군 안양면 기산리 기산	기산리 432	
웅점소	동15리(6)	동(북40도) 5.7km	장흥군 장흥읍 금산리 금성 대치	금산리 78	
칠백유소	동20리(8)	동(남40도) 8.3km	장흥군 안양면 운흥리 요곡	운흥리 140-11	
가을평소	동31리 (12.4)	동(북10도) 11.8km	보성군 웅치면 용반리 비사리 밭등	용반리 172-3	
향여소	북20리(8)	북(동20도) 7.8km	장흥군 부산면 금자리 관한	금자리 215	
운고소	북20리(8)	북(동40도) 9.0km	장흥군 장동면 만년리 도둑골	만년리 산26	
창거소	북20리(8)	북(동 5도) 7.4km	장흥군 부산면 용반리 지와몰	용반리 250-2	
거개소	북20리(8)	북(동50도) 7.8km	장흥군 장동면 용곡리 거개	용곡리 255	
가좌소	북30리(12)	북(동15도) 12.3km	장흥군 장평면 제산리 웅점	제산리 산24-1	
안즉곡소	-	북(동20도) 2.9km	장흥군 부산면 내안리 안곡	내안리 548-1	

13개 모두 다소라 잘못 알려진 13 소를 분석하여 위치를 비교하고 소의 성격을 규명하면 다음과 같다.

명칭	소의 위치(기존)		현 위치 추정	소의 성격
	전남의 마을 유래 자료집	장흥군농업 기술센터		
요량소	관산읍 방촌리	좌동	장흥군 관산읍 농안리 농안	와소
정화소	장흥읍 평화리	좌동	장흥군 장흥읍 평화리 내평 고영완 가옥	봉화소
수태소	안양면 수양리	좌동	장흥군 안양면 수양리 수대	불명
정산소	안양면 수양리	좌동	장흥군 안양면 기산리 기산	불명
웅점소	보성군 웅치면	좌동	장흥군 장흥읍 금산리 금성 대치	금소
칠백유소	안양면 수락리	안양면 운흥리	장흥군 안양면 운흥리 요곡	자기소
가을평소	미확인	좌동	보성군 웅치면 용반리 비사리밭등	다소 (보성군 소재)
향여소	정동면 용곡리	좌동	장흥군 부산면 금자리 관한	다소
운고소	부산면 고개마을	부산면 기동리	장흥군 장동면 만년리 도둑골	도기소
창거소	부산면 기동리	좌동	장흥군 부산면 용반리 지와몰	와소
거개소	장동면 거개마을	좌동	장흥군 장동면 용곡리 거개	사기소
가좌소	장평면 우산리	유치면 조양리	장흥군 장평면 제산리 옹점	옹기소
안즉곡소	부산면 안곡리	좌동	장흥군 부산면 내안리 안곡	불명

수태소, 정산소, 안즉곡소 등 3개 소의 정확한 성격은 확인하기 어렵다. 추정이 가능한 10개 소 중 다소는 2개로 보인다. 보성지역 1개 다소와 현 장흥지역 12개 소 중 1개 다소다. 나머지 8개는 와소 1, 봉화소 1, 도자기소 종류 4개(도기소 1, 자기소 1, 사기소 1, 옹기소 1), 와소 1개, 금소 1개이다.

장흥지역 다소(茶所)는 기존의 주장처럼 13개가 아니다. 오로지 향여소(香餘所) 1개로 추정된다. 인근 야생 차밭이 있는 요량소도 천관사의 와소(瓦所)로 보인다. 천관사의 다촌일 가능성은 있으나 조정에 직접 공납하는 다소일 가능성은 거의 없다.

조선의 자가소비용 '다산등' 차밭이 있는 정화소도 당시는 봉화를 관리하는 봉화소(烽火所)이며, 고려의 다소로 추정하기는 어렵다.

소의 위치를 합리적인 근거를 들어 비정(比定)하였다. 리(里) 단위에서 더 들어가 특정 마을이나 특정 지점을 밝히거나 상정하였다. 소략(疏略)한 기존의 추정과는 상당한 차이가 있다. 여러 가지 현황을 참고하여 최대한 소의 성격도 규명하였다. 앞으로 추가적인 정보나 사료를 통해 더 정확하게 밝혀지길 바란다. 다소를 정확히 파악하는 계기가 되었으면 한다.

4. 보성의 다소(茶所) 2곳

1) 가을평 다소(加乙坪茶所)

『세종실록지리지』(1454)의 장흥도호부편의 가을평 다소(加乙坪茶所)는 『신증동국여지승람』(1530)에는 부로부터 동쪽 31리(12.4km)에 있다고 기록되어 있다. 『신증동국여지승람』의 거리 기록은 통상 10리 또는 5리 단위로 기록한다. 5리(2km) 단위로 기술할 경우 단위 기술에 따른 ±1km 오차를 용인한다. 즉 11.4km에서 13.4km 내에 있어야 한다.

그런데 『세종실록지리지』 여러 기록 중 유일하게 가을평 다소만 30리도 아니고 31리로 기록하고 있다. (다만, 후대의 고산자 김정호의 『대동지지』에서는 갈평다소가 동 30리에 있다고 10리 단위로 기록하고 있다.) 따라서 가을평 다소는 12.4km ± 0.2km 범위에 있어야 한다.

가을평 다소는 지금까지 대부분 보성군 회천면에 있다고 상정(想定)했다. 장흥도호부에서 회천면 방향으로 가장 가까운 곳이 일림산(668.1m)이다. 13.8km를 넘어 일림산을 벗어나야 회천면의 가장 가까운 마을이 나타난다. 회천면의 모든 마을은 가을평 다소 위치 권역 12.6km를 벗어난다. 이렇게 거리를 따져보면 회천면에는 가을평 다소가 있을 수 없다.

가을평 다소(加乙坪茶所)의 명칭에 유의한다. 가을(加乙)은 김정
호의 표현대로 갈(乫)이라고 축약해 표현되기도 한다. '갈'(대)[노위
(蘆葦)]의 '소리 그대로' 한자로 옮겨 놓은 땅이름이다.

가을평 다소의 제다소(製茶所)와 조정에서 관리가 파견된 지휘소
등 중심지는 보성군 웅치면 용반리 172-3 '비사리밭등'으로 본다.

장흥도호부에서 동 31리 지점(12.4km)으로 100m의 오차도 나지
않는다. 놀랍게 정확하다. 사실 동 30리 지점은 바로 서쪽 옆 동고지

■ 가을평 다소(보성군 웅치면 용반리 172-3): 비서리밭등
■ 가을전 차향(보성군 웅치면 중산리 551-27) : 약산마을

등(12.0km)이다. 동고지등이 아니고 비사리밭등임을 나타내기 위
해 장흥도호부 13개소 위치 중 유일하게 1리 단위까지 기록한 것이
리라. 가을평 다소는 돌 자갈이 많고 배수가 잘되는 땅으로 최고의

품질인 고려의 뇌원차를 생산하는 다소다.

네이버 지도에는 보성군 웅치면 용반리 약산 마을 앞에 「비사리밭들(웅치면 용반리 702-6)」이 있다. 2019년 9월 20일 현장을 방문했다. 트랙터로 논을 갈고 있는, 지도상 위치의 〈비사리밭들〉 주인에게 땅 이름을 물었으나 몰랐다. 〈비사리밭들〉이 어디냐 묻자 600m 정도 떨어진 우사(牛舍) 곁 숲이 있는 〈비서리밭등(嶝)〉을 가리켰다.

"비사리"가 열쇠다. 비사리는 '벗겨놓은 싸리의 껍질'로 노를 꼬거나 미투리 바닥을 삼는데 쓴다. 전라도 사투리로는 비사리 나무는 '빗자루를 만드는 싸리(나무)'다. 표준말로 싸리와 갈대는 다르다. 그러나 '갈대'의 경북 사투리는 "싸리"다. 신라 때 신라(경상도)에서 이주한 유민들이 이 지역에 지천인 '갈대'를 보고 "싸리"라고 부른다. 그러나 경상도 사람들은 '쌀'을 '살'로 발음하듯 "사리"라 말한다. 이 〈사리〉가 갈대가 빗자루를 만드는 싸리나무를 뜻하는 〈비사리〉로 와전(訛傳)되었다. 따라서 '비사리밭 들'은 '갈밭 들'이다.

가을평 다소 전신은 신라 시대의 가을전 차향

『세종실록지리지』에 〈가을전 차〉향(加乙田茶鄉)이 나온다. 현재의 '약찌미 뼈덕지'라 부르는 '약산(藥山)' 마을이다. 특수행정구역인 향(鄉)은 신라 때부터 있었다. 〈가을전 차〉는 갈대밭 차인 〈갈밭

차〉다. 이 갈밭 차를 만들어 신라 조정에 공납하던 향(鄕), 차 마을이다.

일림산에서 발원한 보성강 용반천은 용추계곡과 용추폭포를 지나 '수반앞들'을 흘러 약산(藥山)과 동고지(東顧枝, 동곶) 사이 갈밭들인 '비사리밭들'로 북동류(北東流)한다. 또 용반천 한 지천(支川)은 삼수에서 나와 '비사리밭들'로 북서류(北西流)한다. 용반천 물가는 갈대가 지천(至賤)이다.

2019년 9월 20일 현장을 보니 용반천에 갈대가 냇가를 다 막고 있을 정도로 무성하다. 갈대가 천년을 산다고 하니 당시의 갈대가 지금도 있을 수 있다. 같이 확인한 손연지 보성군 차산업 계장은 (물길을 트기 위해) 해마다 포크레인으로 갈대를 파내어도 소용이 없다고 한다.

가을전 차향(加乙田茶鄕)은 '갈대밭 지역에 차를 재배하는 향(鄕)'이다. 『대동지지』(大東地志)에는 보성군 남 20리(8km)에 있다는 추촌향(秋村鄕)이 있다. 추(秋)를 '가을(加乙)'로 읽고, 촌(村)은 〈갈밭차[加乙(깔)田茶]〉가 나는 마을이다. 곧 추촌향은 가을전 차향(加乙田茶鄕)을 한자의 뜻으로 새긴 이름이다.

『신증동국여지승람』에서는 적촌향(狄村鄕)이라 한다. 같은 지명이다. 흘려 쓴 필사체인 가을 추(秋)를 잘못 읽어 지명에 쓰이지 않는 오랑캐 적(狄)으로 잘못 쓴 것으로 보인다.

용반천을 끼고 〈비사리밭들〉에 붙어있는 약산(藥山)마을이 있다. 보성군의 설명에 따르면 '마을의 지명은 마을이 평탄하여 평장(平莊)이라 하였으나 마을에 변고가 많아 1565년경 전라감사가 약산(약찌미 뻔덕지)이라 개칭하였다.' 한다.

이 마을 토박이 정상현(나이 80세)의 2016년 6월 16일자 구술에 따르면 마을 이름을 딴 평촌제(坪村齊) 서당이 있었다. 이 서당을 다닌 이 마을의 선준채가 1872년 알성급제를 하고 승지를 지냈다. 여기서 가을평다소(加乙坪茶所)의 평(坪)의 단서를 찾을 수 있다. 사실 〈평(坪)〉은 번번한 언덕 평야인 〈뻔덕지〉를 한자로 옮긴 말이다.

가을평 다소는 고려 시대의 뇌원차 원산지

갈대밭은 가을전(加乙田)으로 불렀으나 757년 신라 경덕왕의 한화(漢化)정책으로 한자의 뜻으로 지명을 바꾸니 노원(蘆原)이다. 이 노원에서 나는 차인 노원차(蘆原茶)가 고려의 대표적인 궁중차 뇌원차(腦原茶)다. 촌스러운 느낌을 주는 갈대 '노(蘆)'를 우아한 유사 소리로서 중요한 핵심의 약용 이미지가 있는 단어인 '뇌(腦)'로 바꾼 좋은 상품명이다.

지금까지 뇌원차의 원산지는 전라도 지역 명칭에서 유래되었으나 지역명을 알 수 없다 한다. 이제 필자가 갈대밭 차(가을전 차), 노원차가 뇌원차이고 원산지가 약산임을 밝힌다.

차는 옛날엔 약(藥)이었다. 특히 약성이 강한 뇌원차의 원산지였으니 차약(茶藥)이다. 약산(藥山)을 현지에선 지금도 〈약찌미 뻔덕지〉로 부르고 있으니 더욱더 확실히 차를 쪄서 만드는 증제차인 뇌원차의 원산지임을 말해주고 있다.

이곳은 신라 조정의 땅으로 차를 만들어 공납하던 향(鄉)이었다. 신라가 백제를 통일한 뒤에 경상도 지역의 신라 유민들이 이곳으로 와 정착했다 여겨진다. 아마도 신라 조정에 차를 만들어 공납하기 위해 재배 적지인 이곳으로 이주시켰을 것이다.

신라인들이 이곳으로 왔다는 것은 이곳 땅이름의 원형(原型)이 전라도 말이 아니라 경상도 사투리라는 것으로 알 수 있다. 버덩[平地]의 경남 사투리 '뻔덕'(뻔덕지), 뜰의 경남 사투리가 섬방뜰 인데 섬방골, 갈대의 경북 사투리 '싸리'('사리'로 들리니 지역민들이 '비사리'로 와전시켰다.) 등이 그렇다.

고려 때는 고려 조정의 땅에서 차 노역에 다소민(茶所民, 所)으로 천민 취급을 받았다. 다소가 없어진 뒤로도 조정의 내장(內莊, 莊)으로 운영되었다. 조선조에 비로소 민간의 땅으로 마을[村落, 村]이 되나 병도 많고 변고도 많았다. 여러 역할을 하며 갈등이 많은 곳이 아닐까? 반항도 거셌을 것이다. 다스리는 측에서도 변고가 많다고 볼 수 있다.

실제 현지 주민들은 약산 마을은 〈약찌미, 뻔덕지[藥, 山]〉라고 부른다. '약찌미'는 약을 찌는 것이니, 증제차로 덩이차를 만들어 병고를 다스렸음을 알 수 있다. 뇌원차를 만들던 다소의 자취는 땅이름 입말로 남아 1,000여 년을 내려왔다.

약산의 지명 변화를 보면 다음과 같다. 가을전 차향(加乙田茶鄉), 추촌향(秋村鄉), 적촌향(狄村鄉) > 가을평 다소(加乙坪茶所), 노원(蘆原), 약찌미 뻔덕지 > 평장(平莊) > 평촌(坪村) > 약인, 약의(藥仁, 藥義) > 약산(藥山), 약찌미 뻔덕지.

가을전차향이 정착된 것은 신라의 어느 시기인지는 정확히 알 수 없다. 신라가 백제를 병합한 뒤 바로 차향을 만들었다면 676년 이후로 1,300여 년 전 일이다. 이곳 약산의 옛 지명은 통일신라 시대(676~935)에 '갈밭차'를 만들던 차 마을, 차향(茶鄉)이었음을 말해주고 있다.

용반천은 1996년 제방이 정비되기 전까지 제방이 허술하고 홍수가 져서 전염병이 많았던 살기 힘든 땅이다. 돌담이 많고 버려진 땅이라고 비하하여 뻔덕지라고 부르고 있다. 사실 비사리밭들이라고 부르는 57만㎡(17만 평)에 이르는 넓은 땅도 뻔덕지라고 부른다.

번덕의 <번>은 번번한 것, 평평(平平)한 것, 평평한 들[坪]을 이른다. <덕>은 언덕[原]이라 볼 수 있다. 버덩의 사전적 뜻은 '높고 평평하여 나무는 없이 풀만 우거진 거친 들'이다.

자갈이 많아 뇌원차를 생산하는 다소가 폐해진 뒤 밭을 잘 일구지도 못하고 버려진 황무지 언덕배기, 뻔덕지였다. 비서리밭등(嶝)과 동고지등(嶝)에서 펼쳐진 광대한 들판이 비사리밭들이고 뻔덕지다. 한자로는 평(坪)이나 원(原)이다.

갈대가 무성한 갈밭차인 가을전(加乙田) 차는 갈밭차, 갈버덩[노원(蘆原)] 차이고 뇌원차의 원산지는 가을평 다소(加乙坪茶所)다.

2) 포곡 다소(蒲谷茶所)

『신증동국여지승람』(1530)과 『대동지지』(1866)에서는 보성군 남쪽 20리(8km) 권역(7km~9km)에 포곡소(蒲谷所)가 있다고 한다. 이정신은 보성군 봉산리라 하면서 다소(茶所)라고 밝히고 있다. 보성읍 봉산리 경계는 가깝게 2.4km, 멀어도 6.6km다. 포곡소 20리 권역 최소 거리 7km에 못 미친다. (봉산리 중 멀리 있는 대한다원이 5.9 ~ 6.3km, 차 박물관과 몽중산 다원이 5.7km다.) 보성읍 봉산리에는 포곡 다소가 있을 수 없다.

다만, 서쪽으로 회천면 봉산리 원삼수(7.6), 녹동(8), 매남마을 (8.5)은 권역 내이다. 동쪽으로 회천면 천포리에는 갈마(7.6), 묵산(8.3), 와교(8.5), 화곡(8.6)이 있다. 군농리에는 당산(8.9), 분매 (8.4), 화동(7.9), 농소(8.1), 석간(8.8), 마산(8.2), 화당(8.2)이 있다. 권역 내이기는 하지만 어느 지역이든 포곡 다소의 자취를 찾을 수는 없다.

포곡(蒲谷)의 포(蒲)는 부들, 창포, 냇버들[하류(河柳)]의 뜻이다. 부들로 보면 포곡은 '부들 골'이나 잘못된 해석이다. 마침 '부들 골 (복내면 유정리 974)'이 보성에 있으나 동15도 북 30리 길(12.3km)

로 전혀 관계가 없는 곳이다.

봇재는 정남(正南) 6.5km로 권역 밖이지만 현재 봇재 골짜기에 있는 차밭들을 주목한다. 봇재 차밭들은 정남 지역으로 회천면 영천리 영천저수지 끝 지점(9)까지 포곡소가 있다는 권역에 속한다. 즉 초록잎이 펼치는 세상(7.2), 그 옆 생개재 골(7.4), 반야다원(7.3), 양동과 승설녹차, 영천다원(7.4), 다도락다원(8.4) 보성요(8.4) 등 이다.

7km로 권역 내인 봇재 골짜기인 '봇재골'에서 포곡소의 단서를 찾는다. 지금까지 봇재의 어원을 '보[褓]'로 보고 있다. '무거운 봇짐을 내려놓고 쉬어가는 봇재' 라고 이야기 꾸미기를 한다.

봇재의 '봇'이라는 말의 어원을 '포(蒲)'에서 찾는다. 그래서 '보'라고 부드럽게 발음하지 않는다. 원래 발음이 거센소리 '포'였기 때문에 순화되어도 '봇'이라는 발음으로 정착되었을 것이다.

봇재골(회천면 영천리 6)을 기준으로 하면 정남 7km 지점이다. 포곡(蒲谷) 〉 폿골 〉 봇골로 변했다. 봇골의 고개인 재는 폿재 〉 봇재가 된다. 실재로 포곡소가 위치할 수 있는 곳[마을]을 상정해보자. 아무래도 지형상으로 보면 봇재골을 흘러내리는 영천천(潁川川)을 끼고 있는 양동마을 앞, 승설녹차, 영천다원 부근(정남 20리 7.4km)이 유력하다. 다도락다원(8.4) 보성요(8.4)도 해당 권역이다. 이곳을 포곡 다소의 유적지로 삼으면 좋을 듯하다.

한편 봇재골 마을인 양동(陽洞)은 원래 양동(樑洞, 봇골)이었다.

🔲 포곡 다소(보성군 회천면 영천리 44) : 양동(봇골)

(대들)보 양(樑)은 사실상 '포'에서 변한 '보'의 뜻을 나타내는 한자이다. 풋골 > 봇골 > 양동(樑洞) > 양동(陽洞)으로 변천되었다. 양동마을의 양동 회관을 중심으로 하여 보성군으로부터 정남 방향 7.4km 지점(보성군 회천면 영천리 44)을 포곡 다소의 마을로 본다.

 지금 포곡 다소는 사라졌으나 그 이름은 '봇재골'과 '봇재'와 '양동'으로 남아있고 수많은 봇재골의 다원들이 차를 생산하며 옛 다소의 맥을 잇고 있다. 포곡 다소였던 이곳은 1,000여 년이 넘는 차밭의 역사가 있다. 차밭이 있는 차 재배 적지이기에 봇재골 너머 대한다원은 일제 강점기에 근대식 차밭으로 일구기 시작했다. 이 때문인지 보성 봇재의 다원들까지 더 나아가 보성의 다원은 일제 강점기의 차밭이 기원이라고 잘못 알려졌다. 한편 봇재골에는 해방 이후 1969년부터 다시 차밭을 일구고 특농가들이 지원을 받으면서 계단식 차밭을 힘들게 일구었다. 지금도 영농 한계를 극복한 계단식의 아름다운 녹색 차밭의 물결은 포곡 다소의 전통을 이어가고 있다. 뒤늦게 역사성을 인정받아 2018년 11월 30일에는 국가중요농업유산으로 인정받았다. 세계적인 중요농업유산이 될 수 있을 만한 역사와 가치가 있는 곳이다.

5. 보성의 소(所) 등

1) 미력소(彌力所)

■ 미력소(보성군 미력면 미력리 471) : 중촌(중미륵)/ 金所
■ ①상미륵 ② 중미륵 ③ 하미륵

『신증동국여지승람』은 미력소(彌力所)가 북 15리(6km)에 있다고 한다.『대동지지』에는 미륵소(彌勒所)로 나온다. 이정신은 미력면 미력리에 있는 금소(金所)로 보고 있다. 미력리 중에서 상미륵은 상화(上化) 마을, 중미륵은 중촌(中村) 마을, 하미륵은 춘정(春亭) 마을이다. 그중에 미력소는 중촌(中村, 중미륵) 마을로 본다. 중촌의 미력리 471번지를 기준으로 삼으면 동 10도의 북 6.2km다.

북 15리(6km)의 미력소 지점과 일치한다. 신라 태종 무열왕(603-

661)이 백제 정벌 때 임시 군사주둔지다.

상미륵 쪽엔 '물음들'이 있다. 장흥의 사어향(沙於鄕)인 '물음리들'과 같은 비슷한 지형이다. 작은 내가 들로 흘러 춘정, 용정리를 지나 도개 앞 보성강과 합류한다. 도개(道開)[← 도개(桃開) ← 호동(湖洞)]는 칠도칠석(七道七石)이 남아있는 선사시대부터 형성된 미륵의 중심지다. 도개는 보성 제1의 명당이라 불리며 자생 차밭이 있다. 대부분의 소가 그렇듯 이 미륵소도 중심지 도개의 변두리 지역이다.

2) 금곡소(金谷所)

보성군에서 동 10리에 있다. 3~5km 범위로 볼 수 있다. 이정신은 보성읍 초당리로 보았다. 동쪽으로 그럭재[기러기재, 안치(雁峙)]를 넘기 전에 초당리에는 초당 마을(3.2), 풍치 마을(3.7), 안치 마을(3.7)이 있다. 초당(草堂)은 서당골의 '글방'을 말한다. 초당리에 있는 마을들은 권역 내이나 지명이나 유래로 보면 금곡소가 아니다.

득량면 삼정리 쇠실은 금(金)이 나왔다는 구전이 있거니와 쇠실, 금곡(金谷) 지명 자체가 금소(金所)임을 나타낸다. 냇가가 발달하지 않는 산골이라 당시의 흔한 사금(沙金) 산지는 아니었던 것 같다. 한자어 '금곡(金谷)'에 대해 현지에서는 지금도 '쇠실'로 부른다. 금곡소의 이름이 우리말로 지금까지 남아있다. 쇠실의 '쇠'는 철(鐵)

의 뜻이 있으나 여기서는 금(金 : gold)이다. 득량면 삼정리 쇠실[금곡(金谷), 심송(深松)]이 금곡소(金谷所) 자리다. 쇠실(득량면 삼정리 845번지)을 기준으로 하면 북 15도 동쪽 4.9km로 동 10리 범위(3~5km) 내이다.

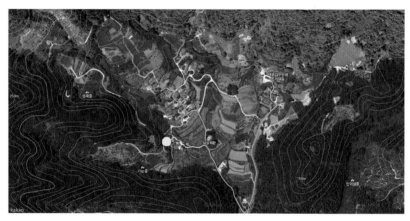

　■ 금곡소(보성군 득량면 삼정리 845) : 쇠실[금소(金所)]

한편 '쇠'의 소리를 딴 한자어는 '송(松)'이다. 쇠실은 금곡(金谷) 이외에도 송곡(松谷)으로 불렸으니 현 득량면 송곡리 어원이다. 현재 쇠실의 행정명은 심송(深松)이다. 높은 산으로 둘러싸인 '깊은' 분지 형태로, '깊을 심(深)' 자가 붙어있다. 사실 '송(松)'은 소나무가 아니라 '쇠[金]'의 변음이다.

쇠실은 13세기 금곡소 소민(所民)들이 떠나고 조선 초기 백씨, 강씨들이 살다가 효종 즉위(1649년)부터 위협을 느낀 김자점이 안동

김씨들을 이곳에 은신시킨다. 현재 안동 김씨 집성촌(集姓村). 숨어 살기 좋은 곳으로 백범 김구가 은신한 마을이다. 마을 주변의 자생 차가 3곳이나 있어서 이곳 주민들이 일찍이 차 생활을 해 왔음을 알 수 있다. 현재도 주민들이 그 자생차를 활용, 차를 마시고 있다.

3) 기타 보성군 향, 부곡, 소 정리

보성의 특수행정구역 향, 부곡, 소 중 『동국여지승람』에서 위치가 나타나지 않고 『세종실록지리지』에만 나타나는 4개의 소[공신(功愼), 신동곶(神同串), 방고성(房高城), 초도(酢桃)]는 현재 위치를 찾기 어렵다. 『세종실록지리지』에는 1향[사어향(沙於鄕)], 미력, 포곡, 금곡소를 비롯한 위 4소를 포함 7소, 3부곡[야촌(也村), 고다산(古多山), 저천(紵川)]이 있다. 『신증동국여지승람』에서는 위 4개 소가 없는 대신, 『세종실록지리지』에 없는 2개의 향[가연향(加淵鄕), 적촌향(狄村鄕)]이 추가되어 있다. 그중 적촌향(狄村鄕)은 『대동지지』(大東地志)의 추촌향(秋村鄕)이다. 가을전 차향(加乙田茶鄕)의 이름으로 『세종실록지리지』 장흥도호부 편에 이미 소개했다. 보성 특수행정구역 향, 부곡, 소를 종합 정리하면 다음과 같다.

명칭	출처			현 위치 추정	거리	비고
	『세종실록 지리지』	『신증동국 여지승람』	『대동지지』			
야촌부곡	也村部曲	也村部曲	也村部曲	보성군 보성읍 쾌상리 823-1, 평촌(坪村)①	남 10리	
고다산부곡	古多山部曲					
저천부곡	紵川部曲					
사어향	沙於鄉	沙於鄉	沙於鄉	보성군 보성읍 쾌상리 883, 자세 ②	남 6리	사소
가연향		加淵鄉	加淵鄉	보성군 노동면 대련리 1082-4, 물음리들 ③	서 7리	
적촌향		狄村鄉	秋村鄉	보성군 웅치면 용반리 702-6, 비사리밭들	남 20리	다소
미력소	彌力所	彌力所	彌勒所	보성군 미력면 미력리 471, 중촌	북 15리	금소
포곡소	蒲谷所	蒲谷所	蒲谷所	보성군 회천면 영천리 산75-3, 봇재골	남 20리	다소
금곡소	金谷所	金谷所	金谷所	보성군 득량면 삼정리 845, 쇠실	동 10리	금소
공신소	功愼所					
신동곶소	神同串所					
방고성소	房高城所					
초도소	酢桃所					

■ 야촌부곡(보성군 보성읍 쾌상리 823-1 : 평촌)
■ 사어향(보성군 보성읍 쾌상리 883 : 자세)

① 야촌부곡(也村部曲), 현 평촌(坪村): 평촌마을(보성읍 쾌상리 823-1)을 기준으로 하면, 서 15도 방향의 남 10리, 4km로 정확한 지점이다. 야(也)는 허사가 아니고 들[야(野)]이다. 들 평(坪)과 같다. 곧 야촌(也村) = 평촌(坪村)이다. 평촌마을 앞엔 평촌 들(쾌상리230-9)이 있다.

② 사어향(沙於鄕), 현 자세 : 사(沙)는 모래가 아니라, 얇은 비단[사(紗)]의 뜻이다. 이 지명을 이어받은 것이 척사(尺紗 : 자세)다. 현재 '자세' 마을의 '자'는 자 '척(尺)'의 우리말이고 '세'는 '사(紗)'가 변한 소리다. 사어향은 그 이름으로 볼 때 '얇은 비단'을 생산하는 사소(紗所)다.

③ 가연향(加淵鄕): 서 7리(2.8km) 지점에 있다고 한다. 그 지점에 '물음리 들'이 있다. 북 20도의 서쪽 2.8km 지점(노동면 대련리 1082-4)이다. 대련리에 있는 가연, 적련, 대련, 무사(무생이), 물음리 들 등은 못과 물에 관련된 지명이다. 적련제(赤蓮堤)에서 나온 물은 대련리 마을을 길게 가로질러 노동면 용호리 삼거리에서 보성강으로 흐른다. 가연의 연(淵)은 깊은 연못으로 적련, 대련 등 련(蓮)도 연꽃이 아니라 못 연(淵)의 뜻으로 새긴다. 무사(無事)도 일이 없는 무사가 아니라 '무생이'로 물이 생긴다는 뜻이다. 대련리 앞 큰 골짜기 대신 뒤 음지

의 좁은 강과 같은 골짜기에 생긴 들이 있으니 '물음리 들'이다

■ 가연향(보성군 노동면 대련리 1082-4) : 물음리 들

6. 기타 다소(茶所)들

1) 무장현(고창)의 다소

무장현(茂長縣)은 현재 고창군이다.『세종실록지리지』에는 명확하게 2개의 다소(茶所)가 있다고 한다. 용산(龍山)과 재역(梓亦)이다. 두 다소는『신증동국여지승람』이나 기타 기록이 없어 위치를 추정하기 어렵다.

다만 용산소(龍山所)의 용산(龍山)은 현 고창에 두 지역이 있다. 그 중 어느 곳인지 확정할 근거가 희박하다. 하나는 공음면 칠암(七岩)리 용생이마을[龍山]이다. 모로비리국(마한) 〉 상로현(백제) 〉 장사현(신라 757) 〉 동음치면 〉 공음면으로 바뀌었다. 절터와 고분이 있다. 또 한 곳은 대산면 대장리 용산마을이다.

2) 동복현(화순)의 다소 : 와촌 다소(瓦村茶所)

『세종실록지리지』(『세종실록』151권, 지리지 전라도 장흥도호부 동복현)의 기록을 보자. "옛 〈다소(茶所)〉가 1이니, 와촌(瓦村)이었는데, 지금은 와지다공리(瓦旨茶貢里)라고 한다[古茶所一, 瓦村, 今稱 瓦旨茶貢里]." 직접 다소임을 기록하고 있다.『신증동국여지승람』(40권, 전라도 장흥도호부 동복현)에서는 〈와촌소(瓦村所)〉로 현에서 북 20리 떨어져 있다고 한다.

두 기록을 볼 때 고려의 와촌소는 조선조 초기에 와지다공리로 불렸고 현재 와천리와 다공리를 포괄한 것으로 본다. 이름은 와촌(瓦村)이나 다소(茶所)라고 분명하게 밝히고 있는 와촌 다소(瓦村茶所)이다.

동복호 상류 지점 화순군 백아면 와천리(瓦川里) 와촌(瓦村, 와천리 554-1) 지점을 기준으로 하자. 당시 치소(治所)였던 동복면 연월리 복녕마을 기준 정북 7.6km다. 실제 기와를 굽던 곳으로 추측되는 곳은 요골 (와천리 549, 정북 7.5km)이다. 와촌마을에서 200여 m 떨어진 요골은 '요곡'[窯谷]으로 기와를 굽던 도요지다. 장흥 안양면 운흥리 '요곡' 마을의 칠백유소(七百乳所)와 지명이 같다. 실제 와촌(瓦村)의 와소(瓦所)였을 것이다.

장흥의 창거소(昌居所)와 같이 '지와물'이라고 부른다. 번성하여 웃 지와물[上瓦村]과 아랫 지와물[下瓦村]이 형성되었으나 수몰되고 현 와촌(瓦村, 와천리 554-1)도 이전한 마을이다.

다소의 흔적을 보자. 와천리 옆 다곡리(多谷里)는 원래 '차 골짜기'인 다곡리(茶谷里)에서 한자가 변했다. 하다(下茶→下多)마을 유래지 에서는 원래 다소(茶所)가 있었다 한다. 다곡리 뒷산 1km 정도의 동복면 안성리에 1ha 야생 차밭이 있다. 가까운 동복현 내의 칠정리, 구암리, 연월리, 신율리, 탑동마을 등 곳곳에 야생 차밭이 있다.

■ 화순 동복 와촌 다소(하다마을)와 야생차 산지
■ ① 다곡리 ② 안성리 ③ 신율리 ④ 탑동 ⑤ 칠정리 ⑥ 연월리 ⑦ 구암리

3) 구례현의 소

(1) 남전소

『세종실록지리지』 남원도호부 구례현 편에서는 '옛 소가 둘이니, 남전과 방광이다(古屬所二, 南田 放光)'이다. 『신증동국여지승람』에서는 남전소(南田所)는 구례현 북 6리(2.4km), 방광소(放光所)는 구례현 북 10리(4km)라고 위치를 기록하고 있다.

이정신은 남전소의 위치를 구례읍 논곡리로 본다. 논곡리 경계는 현 서쪽 5.4~8.9km에 있다. 화엄사 말사이며 3층 석탑이 있어 관계 있을 것 같은 논곡리 본황(本黃)마을도 북 20도 서쪽 7.4km다. 전혀 방향과 위치가 다르다.

필자는 남전소의 위치를 사림(四林 : 용방면 사림리 678 기준)으로 비정(比定)한다.

■ 남전소 : 사림(구례군 용방면 사림리 678 기준)
🔲 ① 지상 ② 서당골 ③ 지하 ④ 살구정 ⑤ 사우 ⑥ 사림

서향 40도 북 6리(2.4km)이다. 1리까지 정확히 기술한 북 6리(2.4km)에 적확(的確)하다.

홍익(興翼 : 1572~?)이 임진왜란 이후 낙향하여 사림(四林)마을 앞 서시천(西施川)을 막아 한보(韓洑)를 쌓아 농사를 지었다.

구례군의 설명에 따르면 사림마을에서 500m 위에 있는 사우[四友]와 살구정[행화촌(杏花村)]을 합해 '넘실이'로 부른다. 사우(四友)마을은 이후 조진원이 장원 급제를 하여 방목동(榜木洞, 1819), 4개 뜸이 번창하여 사우(四隅, 1914)로 불렀다.

'넘실이'에 주목한다. 남전소(南田所)의 '남전(南田)'은 '넘실'을 한자로 옮긴 지명으로 추론되기 때문이다. 남(南)은 (물이) 넘는[越] 곳의 지명으로 흔히 쓴다. 사우마을 앞에 한보를 쌓고 제방을 정비하기 전인 고려 시대의 현재 사림마을은 서시천 물이 자주 넘쳤을 것으로 보인다. 그래서 '넘실이'로 부른 듯하다.

남전소의 소의 성격은 불분명하다. 다소(茶所)로 볼 근거는 아직 없다. 구례읍 논곡리로 본 이정신이 다소로 보고 있을 뿐이다. 그러나 논곡리는 위치 자체가 전혀 맞지 않아 다소로 보는 이정신의 논거 또한 성립될 수 없다.

(2) 방광소

이정신은 방광소(放光所)를 광의면 방광리로 보고 있다. 그러나 방광리(放光里) 경계는 북 4.9km에서 11km에 걸쳐 있다. 현에서 가장 가까운 방광제 위 용전(龍田)마을이 5.3km에서 5.7km, 방광(放光)마을은 5.7km에서 6.1km이다. 10리 권역(3~5km)을 벗어나 있어 정확한 거리가 표현된『동국여지승람』의 나머지 다른 기록들을 감안할 때 의문이 든다. 방광마을에 방광소가 있었다면 15리(6km)로 표시했을 것이기 때문이다. 권역 내에 드는 마을은 수월리 당촌(唐村)[← 사직동(紗織洞) ← 사적리(四積里 : 1789년, 호구총수)], 대산리 유산[乳山, 졎뫼], 월곡(月谷) 등이 있다.

월곡(月谷, 수월리 689 기준)은 정북 4.8km 지점이다. 처음 방광(放光)에서 월아재 > 월암재 > 달실 > 월곡(月谷)으로 지명이 바

□ 방광소 : 월곡(구례군 광의면 수월리 689 기준)
□ ① 방광 ② 용전 ③ 수한 ④ 월곡 ⑤ 장백이(남전소치소) ⑥ 유산

꿔었다. 현재 행정구역상 방광리(放光里)에서 제외되었지만 "달[月]
빛[光]을 내는[放] 골짜기[谷]"인 월곡(月谷)은 방광소(放光所)의 방
광(放光)에서 비롯되었다고 본다.

　현재 방광리 방광(放光)마을은 천은사가 생길 무렵에 같이 생긴
사하촌(寺下村)이다. 방광소의 옛 자리라 생각되는 수월리(水月里)
월곡(月谷)은 방광마을에서 1km 아래에 있다. 위의 방광(放光)마을
이 다소(茶所)는 아니고 천은사에 차를 공급하는 다촌(茶村)의 기능
을 했을 수 있다. 월곡(月谷)에 있는 방광소(放光所)는 어떤 소일지
가늠하기는 어렵다.

7. 나오는 말

지금까지 선행 연구들이 다소(茶所)의 성격이나 다소민(茶所民)의 지위 등을 다루었으나 다소의 위치나 다소 여부는 깊이 다룬 것이 적다. 필자는 다소의 위치와 소의 성격 등을 자세히 규명하여 보았다. 『신증동국여지승람』 등에서 소의 위치를 특정하고 있으나 이를 고려하지 않은 채 소의 위치를 말해온 것이 사실이다.

대표적인 것이 장흥 금산리 금산에 있었던 웅점 다소를 보성 웅치에 있다고 한 것 등이다. 이외에도 많은 향과 소의 위치 추정을 바로잡고 마을 단위까지 상세하게 특정하여 보았다. 좀 더 정확한 사료나 자료로 위치를 재조정할 수 있겠으나 이 다소의 위치 추정이 도움이 되길 바란다.

특히 『세종실록지리지』의 해석(띄어 읽기)을 잘못하여 마치 장흥도호부에 13개 다소가 있다고 잘못 알려졌다. 그냥 13개의 소일 뿐이다. 옹기, 도기, 자기, 사기소 등 도자기 소가 4개, 와소 2개, 금소 1, 봉화소 1개 등 다른 소로 밝혀진 것이 많다. 다만 향여소(香餘所) 1개 정도만 다소로 인정된다.

지금까지 위치 추정이 13개 소 중에 무려 8가지나 필자와 다르다. 미확인이라는 가을평 다소(加乙坪茶所) 위치도 밝혔다. 필자는 행정구역인 리(里) 단위를 넘어서 실제 단위 마을, 해당 지점까지 추적했다.

사실(史實)이 적어 마을 이름 등 땅이름의 추적 등이 큰 역할을 했다. 마치 숨겨진 역사의 보물을 찾는 것 같은 일이다. 무장현(현 고창)의 2개 다소는 다소로 분명하게 기록되어 있으나 위치가 기록되지 않아 그 장소를 찾지 못했다. 아쉽다.

필자의 추적으로는 우리나라 다소는 보성의 포곡 다소와 가을평 다소 등 2개를 비롯하여 장흥의 향여 다소 1개, 화순의 와촌 다소 1개, 고창의 용산 다소와 재역 다소 등 단 6개의 다소만 인정된다. 전부 전라도에서만 발견된다. 일부에서 화개(花開) 다소, 양산 통도사 동을산(冬乙山) 평교(坪郊) 다소라 부르는 경우가 있다. 모두 다촌(茶村)이며 다소는 아니다.

모든 다소가 사라지고 차밭도 없어졌다. 화순의 와촌 다소(瓦村茶所) 인근 1ha와 장흥 관산의 향여 다소(香餘茶所) 4.5ha의 너른 야생 차밭만 남아있다. 다소에서 수행하던 차밭의 영농도 사라졌다. 오직 보성의 포곡 다소(蒲谷茶所) 하나만이 옛 다소 지역에 계단식 차밭들이 자리 잡아 현대에 와서도 다소와 같이 차를 생산하는 기능을 담당하고 있다.

포곡 다소가 있었던 봇재의 계단식 차밭은 천년 다소의 차 농업 유산을 이은 국가중요농업유산으로도 등재된 바, 푸르른 차밭의 빛 물결이 계속 이어지길 바란다. 이 글은 천년 차문화의 진실을 드러내는 작업이다. 이를 통해 실재 다소와 그 위치가 제대로 규명되어 올바른 차문화를 정립하는 데 일조하기를 바란다.

3장
뇌원차(腦原茶) 이야기
조석현

1. 들어가는 말

우리나라의 자생차나 토산차(土産茶)는 언제부터 있었을까? 고구려 고분(古墳)에서 출토된 작고 얇은 조각의 엽전(葉錢) 형태의 병차(餠茶)[지름 4cm, 무게 닷 푼(1.88g)]가 출토되었다. 차가 나지 않는 고구려의 위치를 고려하면 고구려 차는 아닐 것이다. 토산차라는 직접 기록은 없다. 그러나 중국에서 수입했다기보다 신라나 특히 백제의 토산차를 들여왔을 가능성이 크다. 그 크기가 아주 소형이다. 따라서 주로 대형인 중국 단차와 거리가 있다. 소형의 전통적인 우리 토산차였을 것이다.

『보성군지』에는 근초고왕이 마한을 복속시켰을 때 토산품(土産品)으로 차를 이용했다는 이야기를 기록하고 있다. 369년 3월에 마한의 비리국(卑離國)을 백제의 복홀군(伏忽郡)으로 통합시킬 때의 일이다. 복홀군은 현재 보성군 미력면이다. 당시 복홀군 성지(城址)는 석호산 아래 화방리 장골이다. '큰 벌(坪)'의 뜻이라고 해석되는 '비리'는 백제어 '복홀'로 바뀌었다. '복홀'은 복내(福內)의 옛 이름 '복성'현(福城縣)이나 신라 경덕왕(757년) 이후 '보성'(寶城)이 되었다. 장골 또한 '긴 골'로 '고을'을 뜻하는 '홀(忽)'이 '골'로 변한 사례다. 백제 장고마을이라 부르는 그곳에는 지금도 복홀군 성터가 있다. 장골은 보성의 중심 마을로 옛 도읍지였으나 고려 말 이후 보성읍으로 이전하였다. 또 '복홀'은 석호산의 '복호'(伏虎)라는 지명으로 남아 있다. 오랜 세월 동안 복홀(伏忽)은 소리로는 복호(伏虎)로 변천했다. 뜻으로는 복성(福城), 보성(寶城) 등으로 바뀌었다. '벌'(坪)의 뜻을 가졌던 '복'의 소리가 한자어로 복(伏), 복(福), 보(寶) 등 좋은 뜻으로 표기될 뿐 그 한자의 뜻과는 관계가 없다. 마찬가지로 '홀'(忽)의 소리가 변한 '호'(虎)도 사실 그 뜻인 호랑이와는 아무런 관계가 없다. 비리국을 멸망시킨 백제에 비리국 토산품인 차를 공납하였다.

① 복홀자생차와 인근 자생차(보성군 미력면 화방리 일대) ② 둔터자생차
①복홀 ② 원당사터

　우리나라 최초의 토산차(土産茶) 이야기다. 그러나 그 토산차의 이름은 알 수 없다. 다만, 토산차의 시배지(始培地)로 추정되는 화방리 석호산(石虎山)엔 지금도 자생 차밭이 넓게 펼쳐져 있다. 화방리

산39-1 장골 철탑 밑 9,000㎡(복홀자생차)와 화방리 산153-2 석호산 중턱 절터 위 6,000㎡(둔터자생차) 등이다.

369년에 토산차로 쓰였다면 자생하였거나 재배할 때도 그 정착시간 등을 고려할 때 시작 연대는 369년보다 훨씬 앞설 것이다. 이 보성 석호산 토산차는 앞으로 더욱 깊이 연구되어 우리 토산차의 역사를 다시 쓰기 바란다.

> 태조 14년(931년), 가을 8월 계축일에 보윤(甫尹) 선규(善規)를 보내어 신라왕에게 안마(안장을 얹은 말), 능라(두껍고 얇은 비단), 채금(빛이 고운 이불)을 보내고 아울러 백관들에게 채면(장구나 북에서, 채로 치는 오른쪽 얇은 가죽면)을, 국민에게는 차(茶)와 복두(사모와 같이 두 단이 되고, 뒤쪽 좌우 날개가 달린, 각이 지고 위가 평평한 공복의 관) 승려들에게는 차(茶)와 향을 각각 차별이 나게 하사하였다. - ≪고려사≫ 제2 태조 2세가 권 제2

고려사에서 차를 하사한 첫 기록이다. 박희준은 『차 한 잔』에서 국민과 승려들에게까지 모두 하사할 정도의 양이라면 그것은 수입된 차가 아닌 것은 분명하다고 하고 있다. 옳은 지적으로 보인다. 지금으로선 뇌원차가 아닐까 하는 추측만 할 뿐 이 역시 불행하게도 (토산)차의 이름은 없다.

토산차의 이름이 처음 등장한 것은 성종 6년 987년이다. 수 내사령(守 內史令)을 지낸 최지몽(崔知夢, 907-987)이 세상을 뜨자 부의품(賻儀品)으로 하사한 뇌원차(腦原茶)다. 우리나라 토산차로 궁중에서 널리 활용된 이 뇌원차를 알아보기로 한다. 뇌원차는 우리 기록이 너무 적어 그 자취를 찾기 어렵다. 따라서 뇌원차를 찾기 위해 송나라의 〈북원 공차(北苑貢茶)〉를 먼저 살펴보고자 한다. 우리 토산차를 생산하는 다소(茶所)의 다공(茶貢)과 비슷하기 때문이다.

2. 송나라 북원 공차(北苑貢茶)

북원(北苑) 지역은 송나라 공차(貢茶) 생산의 중심지였다. 우리나라의 차와 다공(茶貢)은 송나라의 영향을 많이 받았다. 특히 북원 공차는 많은 참고가 된다. 우리나라 토산차와 다소를 알아내기에 사료(史料)가 적다. 북원 공차를 살피면서 토산차인 뇌원차와 우리나라 남해안의 다소(茶所)를 검토할 필요가 있다.

북원 지역은 당시 푸젠성(福建省) 건안(建安) 지역이다. 그래서 북원 공차는 건안차(建安茶)라고도 부른다. 건안은 현재 푸젠성(福建省) 난핑시(南平市)의 젠어우시(建甌市)에 있다. 태평흥국(976-984) 연간에 황실용 어차원(御茶園)을 만들었던, 건안의 동쪽 30리 봉황산(鳳凰山) 아래를 '북원(北苑)'이라고 부른다. 여러 차 공장이 줄지어 있다. 푸젠성의 위도는 26도, 평균기온 20도, 연평균 강수량은 1,200㎜에서 2,000㎜에 이른다. 차의 생육 조건으로 최적이다.

차의 생육에 적합한 푸젠성은 북원 공차가 사라진 뒤에도 현재 명차들로 명성을 떨치고 있다. 난핑시 우이산(武夷山) 기암절벽에서 자생하는 고차수(古茶樹)로 만든 무이안차(武夷岩茶) 따훙빠오(大紅袍), 취안저우시(泉川市) 안시시엔(安溪縣)의 우롱차(烏龍茶)로 유명한 티에꽌인(鐵觀音), 성도(省都) 푸저우(福州)의 재스민차 등이다.

당(618-907) 말부터 북원은 우수한 차산지가 되었다. 오대(607-960)부터 유명해지기 시작하여 송 대(960-1279)에 절정을 이뤘다. 특히 휘종 선화 연간(1119-1125)에는 '용원승설(龍園勝雪)' 등 용봉단차 50종이 나올 정도였다. 공차의 양도 약 47,100근으로 당나라 781년 3,800근의 12배에 달했다. 당 763년부터 시작된 공차는 송나라 다공(茶貢)의 모태가 되었다. 명 1375년 파공(罷貢)될 때까지 612년간(761-1375) 공차는 지속하였다. 당은 여러 곳에서 차를 진공 받았으나 송은 북원의 황실 전용 어차원(御茶園)에서만 공납을 받았다. 어차원은 송나라 초인 태평 홍국(976-983)에 만들어 원나라 (1271-1368) 때까지 운영하였다.

황실에 진공하는 단차(團茶)는 용과 봉의 무늬를 넣어 민간의 차와 구별했다. 태평 홍국 2년(977년) 용과 봉황의 '틀'을 갖추고 사신을 보내 단차를 만들게 하였다. 유명한 용봉단차(龍鳳團茶)다. 북원 지역 다원 1,336곳 중 어차원은 46곳, 차 제조공장인 다배소(茶焙所)는 32곳이었다. 황실의 권위를 나타내는 용봉단차는 화려해지고 다양화, 고급화되었다. 전운사 채양, 웅번, 조여려 등의 철저한 감독으로 까다롭게 제조되고 두강(頭綱)으로부터 12강(綱)까지 운송되어 여름까지 진공(進供)이 계속되었다.

용차(龍茶)는 황제, 황태자, 공주의 전용품이다. 신종 희녕(1068-1077) 때 전운사(轉運使) 가청(賈靑)이 소단(小團)을 정밀하게 하여 개발한 밀운룡(密雲龍)을 황색 비단으로 포장하여 매년 두강으로 황제에게 공납했다. 붉은 비단으로 싼 봉차(鳳茶)는 기타 황족과 대신, 장군용이다.

　송대에는 공차의 발전과 더불어 차에 대한 저술이나 차 문학이 크게 발달하였다. 북원 공차에 대한 기록이 많고 사차(賜茶) 문화는 사대부 문인들의 차문화와 차 문학으로 이어졌다. 다사(茶事)를 관리하는 북원 지역 전운사들의 공차에 대한 다서(茶書)가 많다. 직접 생생하게 제다 과정과 공차의 종류 등을 기록하였다. 송대의 수많은 기록은 당시 차 생활과 차문화를 알 수 있게 해준다. 체계적인 기록이 적고 기록성이 약한 함축적인 차시(茶詩)에 많이 의존하는 우리 고려 시대로 보면 부럽지 않을 수 없다. 송대의 투다(鬪茶) 문화와 도자기 문화의 발달 등은 고려와 유사점이 많다.

　북원 공차는 송대의 천하제일로 회자하는 차였으나 후대에 이어지지 못했다. 지나친 공차로 공다민(貢茶民)은 어려웠다. 단차(團茶) 한 편(片)을 만들기 위해 노역이 너무 심했고 차 세금 등 착취로 민중의 생활은 피폐하였다. 황실과 귀족을 위한 봉건적 착취는 한계에 이르러 공차는 쇠퇴하였다.

3. 우리나라의 다소(茶所)와 다공(茶貢)

뇌원차는 궁중에서 쓰인 우리나라 토산차이다. 고려 초기에 다소 (茶所)에서 생산되어 다공(茶貢)을 받았다. 따라서 뇌원차를 살피는데 먼저 다소와 다공에 대해 알아본다. 고려 시대에는 특수 행정 조직으로 부곡(部曲), 향(鄕), 소(所) 등이 있었다. 부곡 431, 향 145, 소 275, 처 34, 장 14개 등 899개가 있어 소(所)의 개수는 31%를 차지했다. 이정신은 『고려 시대의 특수행정구역 소 연구』에서 부곡 : 향 : 소의 규모는 3 : 2 : 1 정도로 추정했다. 따라서 소(所)는 크기로는 14% 정도다. 이 275개 소 중에서 다소(茶所)가 얼마나 있었는지는 추정하기 어렵다.

부곡(部曲), 향(鄕)은 신라 시대부터 있었으나 소(所)는 고려 때 만들어졌다. 성종(981-997) 때 지방관이 파견되고, 현종(1009-1031)에 이르러 군현제도에 편입되었다. 따라서 소(所)는 고려(918-1392) 창건 경부터 조선 초기 1,409년까지 약 500년간 존속했던 것으로 보인다. 성종 6년 987년에 처음 뇌원차(腦原茶)의 이름이 등장하는데, 성종의 지방관 파견(983년)과 관련이 있다. 성종 원년(981)에 다소를 만들어 차를 재배하여도 수확 시기는 987년이 적정하다. 송나라 북원 공차에서 전운사(轉運使)를 파견했듯이 고려도 지방 관리를 직접 파견하여 다소를 감독했다.

차를 토공(土貢)으로 바치는 지역은 전라도에 보성, 고흥, 구례 등 26개 지역, 경상도에 하동 등 8개 지역 등이다. 조선 시대 기록이기는 하지만 『세종실록지리지』와 『신증동국여지승람』의 기록에 의하면 그렇다. 그러나 지방관을 파견, 운영하여 궁원전(宮院田) 등에 직영제(直營制)로 직접 궁궐에 공납〈별공(別貢)〉한 다소(茶所)는 그 수가 적다.

조선조 사료에 의해 필자가 확인한 고려의 다소(茶所)는 6개소에 불과하다. 보성의 포곡 다소(蒲谷茶所), 가을평 다소(加乙坪茶所)와 장흥의 향여 다소(香餘茶所), 화순의 와촌 다소(瓦村茶所), 고창의 용산 다소(龍山茶所)와 재역 다소(梓亦茶所)다. 물론 조선조에 와서 고려의 고적조(古跡條)에 실리지 않는 다소와 다소로 밝혀지지 않는 소도 상당히 있을 것이다. 그러나 뇌원차의 산지가 되는 큰 다소는 이어져 와서 다소의 유적으로 기록되었을 것이라는 합리적 추론이 가능하다. 아마도 이 중에 뇌원차(腦原茶)를 만들어 공납하는 산지(産地)가 있었을 것이다.

소는 광산물(금, 은, 동, 철)과 해산물(소금, 미역, 물고기), 수공업 제품(비단, 종이, 기와, 도자기, 숯, 먹)과 특수농산물(생강, 차) 등을 생산했다. 광산물과 비단 등 원료는 다시 가공해 완제품을 생산했다. 또 직접 사용 가능한 완제품인 종이, 기와, 숯, 소금, 먹, 미역, 도자기, 물고기, 생강 등은 지방관의 통제 아래 지방세공(地方稅貢)에 포함되어 중앙에 공납했다. 궁중에서 직영한 다소에서 나오는 뇌원차 등은 별공(別貢)으로 지방 관아를 거치지 않고 직접 궁중으로 진상(進上)되었다.

수공업이 발달하지 못한 고려 시대에 국가에서 필요한 물품을 생산하기 위해 소는 필수적이었다. 소는 고려 중기에 수공업 중 가장 큰 비중을 차지하고 이를 통해 수공업은 크게 발달했다. 뇌원차 같은 고급 차를 만들어 조달하기 위해 다소(茶所) 차밭[茶田]과 제다소(製茶所)의 육성과 운영은 필연적이다.

그러나 다소에서 강제 노역 등 수취가 심해 문제가 발생할 수밖에 없었다. 문종 3년 1,049년을 끝으로 다소에서 생산하여 공납한 뇌원차의 이름은 보이지 않는다. 예종(1105-1122) 때는 소(所)에 대한 수취가 과도하여 유랑민이 발생했다는 기록이 있다. 다소민(茶所民)인 하급의 양인(良人)들은 그들이 먹을 곡물 재배와 차 농사라는 이중 노역에 시달렸다. 이규보(1168-1241)는 그의 시에서 "관리가 어린이, 늙은이까지 징발하여 험준한 산중에서 간신히 손으로 따서 머나먼 서울 등짐 져 날랐네."라 한다. 차를 관리하는 관리가 있었으며, 착취가 심했고, 별공(別貢)으로 직접 진상했다는 것을 알 수 있다.

송(960-1279)의 어차원(976)인 북원 공차가 원나라(1271-1368) 때까지 운영되었듯, 고려(918-1392)의 다소도 고려 멸망 때는 거의 사라졌다. 그 쇠퇴 원인도 심한 착취로 송과 비슷하다. 다만 393년 운영된 송의 어차원(976-1368)보다 고려의 다소(918-1409)는 492년

이나 계속되었다. 송보다 58년쯤 빠르고 41년 늦어 약 100년 정도 더 계속되었다. 다소에서 생산되는 고려 명차(名茶) 뇌원차의 이름은 987년에서 1049년까지 63년간 짧은 시간에 나타났다 사라진다. 250년 뒤 충선왕(1298, 1303-1313) 때 '뇌선차'로 이름을 바꿔 다시 등장했을 뿐이다. 이를 포함하면 뇌원차는 987년부터 1313년까지 327년은 존속했을 것이다.

4. 우리나라 토산차

1) 고구려 고분 차와 보성 복홀의 토산차

현존하는 가장 오래된 차는 고구려 고분(古墳)에서 나온 전차(錢茶)다. 일제강점기 아오키 마사루[青木正兒]가 소장한 것으로 알려졌다. 우리나라 토산차일 가능성이 크다. 얇지만 크기는 고려의 뇌원차, 조선의 청태전 등과 모양이 대동소이(大同小異)하다. 지름 4cm(건초척 1.7치), 무게 5푼[分](1.88g) 정도다. 따라서 비중을 0.68로 보면 부피는 2.76㎠으로 두께가 당시의 자로 0.1치[寸](0.22㎝)로 산정된다. 지름의 크기는 다른 전차와 비슷하나 두께는 가장 얇다. 얇으면 부서지기 쉬워 만들기는 어렵지만 자연 건조하기는 쉽다.

369년에 보성의 옛 고을 복홀(伏忽)의 석호산 아래 장골에 토산차의 이용 기록이 있으나 그 모습을 밝힐 수 있는 사료는 없다. 단지 고구려 고분과 비슷한 시기의 보성의 옛 고을 '복홀 토산차'도 고구려 고분과 비슷한 작은 단차가 아니었을까? 하는 추측이다.

2) 대차(大茶)

고려에서 부의품(賻儀品)으로 뇌원차와 함께 등장하는 대차(大茶)가 있다. 성종이 989년 최승로에게 대차 10근, 목종이 997년 서희에게 10근, 문종이 1047년 황보영에게 대차 300근을 부의품으로 하사한다. 대차('大'茶)라는 이름으로 볼 때 무엇이 '크다'라는 이야기인가? 찻잎인가? 아니면 만들어진 고형차(固形茶)의 크기인가?

단차가 아니라 지금의 엽차(葉茶)와 비슷한 산차(散茶)로 추정한다. 단차처럼 찌고 누르고 말리는 과정을 거쳐 고형차로 만들지 않고 찻잎을 따서 그대로 말린다. 찻잎이 뭉쳐지지 않고 흩어져 있으므로 '흩어짐 산(散)'자가 적합하다. 날개로 뭉쳐져 있지 않기에 전체 차의 무게를 달아 근(斤)으로 표시했다. 고형차인 뇌원차 1개 모양을 각(角)으로 표시할 수 있다. 하지만 일정한 틀을 유지하지 않는 산차는 각(角)을 쓸 수 없었을 것이다. 단위가 서로 다른 것 자체가 같은 성상(性狀)이 아님을 나타낸다고 본다.

만들어진 차의 모양을 따서 이름 짓지 않고 차를 만들 찻잎을 중심으로 명명했다. 여린 눈아(嫩芽)나 작설(雀舌) 같은 작은 잎[소엽(小葉)]은 궁궐에 바칠 뇌원차를 만든다. 그 뒤의 큰 잎[대엽(大葉)]으로 만든 산차(散茶)는 대차(大茶)로 이름 짓는다. 지금의 녹차처럼 살청(殺靑)하여 잘 만들지 않았을 것이다. 석정(石鼎)에 푹 끓여서 그 찻물을 약차로 마셨을 것이다.

대차는 토산차의 명차인 뇌원차보다는 품질이 상당히 떨어졌다. 990년 기준으로 대차의 가치는 뇌원차의 2.5%(=1/40) 정도다. 부의품으로 하사한 차도 최고 품질의 뇌원차를 우선으로 하고 대차는 보조적으로 사용했다. 다만 문종 1년(1047년)에 황보영 문하시랑평장사(정2품)에게는 뇌원차 대신 대차만 300근을 하사한다. 아마도 이때부터 뇌원차가 잘 생산되지 않아서 재고가 없었을 것이다. 대차 300근은 하사품 상대 비교로 산정해 보면 뇌원차 40각(=0.25근)이다. 이때 대차의 가치는 뇌원차의 1/1,200이다. 그래도 당시 뇌원차의 생산과 유통이 끊어지지는 않았다. 2년 후인 1049년 문종이 우복야(정2품) 최보성에게 뇌원차 30각을 하사했다. 이때 대차의 뇌원차에 대한 상대 가치는 1/1,600이다. 대차의 가치가 하락하기보다품귀 현상을 빚은 뇌원차 값이 폭등했을 것이다.

3) 작설차(雀舌茶)

작설차는 한국 차의 대명사가 되었다. 새로 갓 나온 '1창(槍) 2기(旗)'의 찻잎을 "작설(雀舌)"이라는 '참새 혀'로 은유하였다. 『세종실록지리지』에서는 차를 차와 작설차로 구분했다. 35개 산지 중차 산지가 13곳인데 작설차 산지는 22곳이다. 작설차 산지가 차 산지보다 1.7배나 많다. 박희준은 「한국 발효차의 원형을 찾아 1 - 작설고(雀舌考)」에서 작설차가 상급, 차는 중급으로 구분되었을 것으로 보았다. 하동, 함양은 토산(土産), 옥구는 토의(土宜), 보성, 고부, 광양은 약재(藥材)로, 기타 27곳은 토공(土貢)으로 기록되어 있다. 토공 27곳 중 7곳은 차 산지이고, 20곳은 상등품인 작설차 산지이다.

중국의 '작설' 사례를 보자. "화로에 물을 부어 작설차를 달이고 [添爐烹雀舌]"라는 표현으로 당나라 시인 유우석(劉禹錫, 772-842)은 어린 찻잎을 작설이라 처음 불렀다. 송의 매요신(梅堯臣, 1002-1062)의 차시에도 작설이 등장한다. "첫 일창이기(一槍二旗) 귀한 것이라 ~ 가늘고 여린 것이 작설(雀舌)과 같고 / 달여 내면 노아 차에 비길까." 대문장가인 소동파(1036-1101)도 " ~가지 끝의 작설 (雀舌)을 따다가 / 이슬과 안개 젖은 잎 절구질하여 / 자색 구름 송이처럼 빚어 / 황금 맷돌에 가볍게 나네."라고 노래했다. 어린 찻잎으로 만든 단차 등을 그 찻잎을 형상하여 작설로 부르고 있음을 알 수 있다.

우리나라는 고려 말부터 보이고 조선 시대에는 많이 불렀다. 차시에 처음 '작설'이 나온 것은 진각국사 혜심(1178-1234)의 시이다. " ~고인 물을 떠서 작설을 다리네[煎雀舌]" 그런데 이 작설이 토산차라는 근거가 없다. 이제현(1287-1367)은 처음으로 송광사에서 제다한 '토산차'로 작설차를 읊는다. " ~봄날 덖은 작설도 여러 번 나누어 주었네[春焙雀舌分亦屢] ~ 도자기 잔에 따르니 빙빙 돌며 젖빛 꽃이 피어난다." 여기 작설차는 덩이가 진 차다. 가루 내어 가루차로 마셨음을 알 수 있다.

원천석(1330-)의 시 " ~가는 초서로 봉한 작설차[細草新封雀舌茶]"에서 작설차라는 명칭이 오롯이 그대로 나온다. 서거정(1420-1488)은 작설차가 나온 시를 5수나 썼다. 채다 시기는 봄 천둥이 울리는 경칩(3월 20일 전후) 전이며, 마실 때 갈아서 가루차로 마셨음을 알 수 있다. "가볍게 구워서 곱게 가니 옥가루 날린다[輕焙細碾飛玉屑]". 김시습(1435-1493)은 아예 "작설(雀舌)"이라는 시 제목으로 시를 지었다. 여기서 작설차를 봉병용단(鳳餅龍團)의 옛 규범대로 차를 만든다고 하고 있다. 고려 때 송의 용봉단차와 고려의 봉병(鳳餅, 봉 무늬 떡차인 뇌원차)을 가리킨다.

영조 때인 1763년엔 중국 차를 당작설(唐雀舌), 1767년엔 우리 차를 향작설(鄕雀舌)이라 부른 예가 있다. 조엄(趙曮, 1719-1777)은 1763년 일본차를 청작설(靑雀舌)이라고 하였다. 작설이 차의 대명사로 쓰였음을 알 수 있다.

작설차를 연구한 박희준은 우리가 1844년인 중국보다 빨리 홍차를 제조했다고 보고 있다. 홍차형 작설인 홍작설(紅雀舌)이다. 동의보감(1613)의 고차(苦茶, 작설차)를 "찧어서 떡을 만들어 아울러 좋은 불을 얻는다.[擣作餅垃得火良]"는 구절에서 힌트를 얻었다. 쪄서 익히는 공정이 없이 찧어서 떡을 만들 때 산화발효가 촉진되어 홍차가 된다. 이 홍차형 작설은 민중으로 내려가 조선 후기까지 단차, 돈차, 떡차의 모습이었다. 차 탕으로 탕약(湯藥), 약차(藥茶)였다. 하동지역에서 잭살, 할메차로 불리고 남해안 일대에서 고뿔차(감기차)로 부르며 감기가 올 때 땀을 내며 푹 끓여 마셨다. 보성 '차밭밑'의 다암(茶庵) 양순(梁栒, 1822-1886)의 시에서도 "(붉은)찻물은 옳고 그름 아니 / 붉은 회초리의 옛 전통"이라 읊는다. 홍작설(紅雀舌)이다.

5. 뇌원차의 여러 모습

1) 뇌원차의 이름

한자의 이름이지만 뇌원다(腦原茶)로 부르기보다는 한글로 '뇌원차'로 부름이 좋겠다. 뇌원차 제법과 이름의 유래에 대해서는 일체 문헌으로 입증할 길이 없다. 다만 고려 토산차의 이름으로 추측하고 있다. (일본인 아유카이 후사노신[鮎貝房之進, 1894-1946]) 그리고 일본인 이나바 이와키치[稲葉君山, 1876-1940]는 『조선의 사원차』에서 『거란 국지』(契丹國志)에서는 뇌환차(腦丸茶)라 하고, 『고려사』에서는 뇌원차(腦原茶)라고 하는데 아마도 용뇌(龍腦)를 섞은 벽돌차(磚茶)이었던 것으로 생각된다."라고 하고 있다.

위의 일본인 이외에도 김명배는 『다도학』에서 뇌원차는 보르네오, 수마트라에서 전래한 용뇌의 향기를 차에 흡착시킨 착향차(着香茶)로 추정한다. 송나라 용뇌의 착향차를 만든 시기(976-1053)와 거의 일치한다고 주장했다. 그런데 976년은 용봉 무늬를 새긴 용봉차의 시작일 뿐, 착향차의 시작이 아니다. 송의 착향(着香) 시기도 뇌원차보다 늦은 1041년에서 1048년 사이다. 따라서 이보다 빠른 987년에 나타나는 우리의 뇌원차는 송의 착향차 영향을 받지 않는다. 우리와 달리 '향(香)'을 상당히 좋아하는 중국조차 송 인종 경록(1041-1048)에 잠깐 용뇌를 착향(着香) 했을 뿐이다. 채군모 채양은『다록』(茶錄)에서 "1041-1048년에 차에는 진향이 있으나 조공하는 차에는 용뇌를 약간 섞어 차의 향기를 돋우었다. 후에 진미를 빼앗을까 염려되어 섞지 않았다."라고 하였다.

뇌원차의 뇌(腦)를 용뇌(龍腦)로 해석한 이 설은 지지를 받지 못하고 있다. 용뇌는 열대지역에서 자라는 용뇌 향이라는 나뭇가지를 잘라 나온 수지를 증류하여 만든 하얀 결정체다. 박하 향과 같은 화한 향이 나고 정신을 깨우는 효능이 있다. 약용으로서 일면 타당성이 있으나 차의 고유한 성질을 해하는 강한 향을 썼을까? 하는 의문이 든다. 우리나라는 중국과 달리 강한 향을 싫어한다. 오행상(五行上) 중앙 토인 황토(黃土)의 기운이 극강(極强)한 한반도 황토에서 나는 차는 진향(眞香)이 강하다. 진향을 익히 잘 아는 우리 선조들이 이를 해칠 강한 다른 향을 쓸 리 없다.

이성우(李盛雨) 박사는『고려 이전 한국 식생활사 연구』에서 "실제로 전남에 뇌원(腦原)이라는 지명이 있는 것으로 보아 이곳이 산지일는지 모른다." 하고 있다. 조선총독부에서 발행한『풍속 관계 자료 촬요』에서는 "차의 일종, 뇌원(腦原)이란 고려 시대 전남지방의 지명으로서 그곳에서 생산하는 차인 것 같다. 후에 그 이름을 뇌선차(腦先茶)라 바꾸었다. 그것은 충선왕(1298, 1308-1313)의 이름을 띠고 있으므로 변경한 것이리라." 충선왕의 휘(諱)가 원(謜)이었던 바, 뇌원차(腦原茶)의 '원(原)'을 기휘(忌諱)하여 '선(先)'으로 바꾼 것이다. 이 기록으로 보면 1049년 뇌원차의 마지막 기록은 265년 이 더 연장되어 1313년까지 뇌원차가 존속했다. 전남지방에 있다는 고려 시대 지명 뇌원(腦原)의 위치가 어디일까?

2) 뇌원차의 형상

뇌원차 형상에 대한 추측은 단차(團茶, 덩이차), 전차(錢茶, 돈차), 병차(餅茶, 떡차) 등 다양하다. 덩이차 형태일 것이라는 데는 이론이 없다. 모양으로 보면 단차, 전차는 둥근 모양이며, 떡차는 네모꼴이다. 뇌원차 단위인 '각(角)'은 '모(方)'의 모습이다. 정영선도『한국 차문화』에서 각이란 '모'와 같은 말로서 '두부 한 모'와 같은 모난 형태의 수량 단위로 보았다. 문일평은『다고사(茶故事)』에서 떡차로 보았다. 허흥식도 별도의 설명 없이 그냥 떡차로 보고 있다. 필자도 90도의 4각(角) 떡차로 본다.

1846년 흥선대원군 아버지 남원군 묘를 이장하면서 허문 절인 충남 덕산현 가야산에 있는 고려 때 절 가야사 5층 석탑(현 충남 예산군 상가리 산5-29에 있는 남원군 묘자리)에서 떡 모양의 덩이차가 발견되었다. 그중 하나를 이상적(李尚迪, 1803-1865)이 얻어 '기용단승설(記龍團勝雪)'을 남겼다.

고려 때 사각 떡 모양의 덩이차인 떡차 종류로 고려의 차를 알 수 있게 하는 소중한 유물이다. 이상적은 송나라 1120년 정가간(鄭可

簡)이 만든 용단승설(龍團勝雪)로 추정하고 고려 승려 의천(義天), 지공(指空) 등 승려들이 차를 구입 불사(佛事)에 바치고 석탑에 봉안한 것으로 추정했다.

5층 석탑 자리의 남연군묘(충남 예산군 상가리 산5-29)와 가야사지

이상적의 기록에 따르면 건초척(建初尺)으로 사방 1치, 두께는 절반의 크기라 한다.(2.36cm × 2.36cm × 1.18cm = 6.57㎤) 비중을 0.68로 잡으면 무게는 1.2돈(4.47g)이다

황현(黃玹, 1855-1910)은 매천야록에서 단차 2병(餠, 1병에 2개씩 4덩이로 추정)이 나왔다고 기록하고 있어 이상적의 기록을 뒷받침한다. 또 1852년 12월 19일 추사가 초의에게 보낸 편지 속에 송나라

소용단 1덩이를 얻었다고 하니 가야사 발굴 고려의 단차를 제자 이상적에게 받은 것으로 본다. " ~ 그 사이 송나라 때 만든 작은 용단 1덩이를 얻었다오. 이는 기이한 보물이라오[間得 宋製 小龍團 一勝, 是奇寶也]"

　이상적과 추사는 송나라 용단승설로 추정하고 있으나 필자가 보기엔 석연(釋然)하지 않은 점이 있다. 첫째 송 단차의 이름은 용'단'승설(龍'團'勝雪)이 아닌 용'원'승설(龍'園'勝雪)이다. 규격이 맞지 않는다. 따라서 용원승설의 1치 2푼은 3.8cm이다. 그런데 가야사에 발견된 용단승설은 건초척으로 1치인 2.36cm이다. 용원승설은 가야사 발굴 차보다 면적은 2.6배, 부피는 5.4배, 무게는 4.8배에 달한다. 중국 송나라 차에는 가야사 발굴 단차와 같은 크기의 작은 차가 아예 없다. 또 웅번이 쓴 『선화북원공다록』의 용원승설 그림의 옆면엔 아무런 글씨가 없다.

　그런데 가야사 발견 차는 '승설(勝雪)'이라는 음각 글씨가 있다. 원래 용원승설 차에는 '승설'이라

송, 용원승설

는 글귀가 없다. 따라서 "승설"이라는 글귀가 쓰여 있으면 역설적으로 '용원승설'이 아니다. 1120년 이후 중국의 승설을 본 따 "승설"이라 써 만든 뇌원차 종류가 아닐까? 이 가야사 출토된 떡차는 필자가 생각하는 뇌원차 1덩이 1각(角, 3.75g)보다 약간 큰 크기인 1.2각(4.47g)이다. 중국 송나라에서는 생산한 바가 없는 작은 규격이다. 우리나라 고유의 뇌원차일 가능성이 크다. 뇌원차 전통을 이어받은 것으로 보는 청태전의 크기도 이와 유사하다. 송나라 용봉단차라고 보는 '이상적'의 추론을 재검토해야 하는 이유다.

3) 뇌원차의 무늬

뇌원차는 무늬가 없는 민무늬일까? 무슨 무늬가 있었을까? 어떤 무늬가 있었을 것으로 생각한다. 뇌원차는 궁중용이다. 민간에서 생산하는 일반 차와 구별하여 특화할 필요가 있었을 것이다. 북송에서 일찍이 태평 흥국(976-984) 때부터 민간과 구분하기 위해서 용과 봉황무늬를 새긴 것과 같은 이치다. 뇌원차도 왕의 권위를 나타내어야 하고, 거란, 금에 공물로 나갈 때는 고려의 상징이 있어야 하기도 하다.

뇌원차를 만드는 일정한 틀이 있었을 것이다. 틀로 표준화, 규격화하여 품질과 권위를 높였다고 생각된다. 중국의 용원승설은 '대나무 틀'과 '은 모형 틀'을 사용했다. 뇌원차도 비슷했을 것이다. 뇌원차를 만드는 틀이 남아 있지 않은 상황에서 현재의 다식판으로 〈뇌원차 틀〉을 추정, 상상한다. 성형 후 최종 건조까지 수축률을 33%(길이), 35%(두께)로 보면 고려 당시 자로 사방 길이 1.5치(4.8㎝), 두께 0.25치(0.8㎝)의 틀을 생각해 볼 수 있다. 이런 틀을 이용해 규격을 통제했을 것이다. 다식판의 효시로 뇌원차를 만드는 '뇌원차 틀'을 상정한다. 뇌원차를 만드는 '차틀'이 조선 시대의 '다식판(茶食板)'으로 퇴화, 전수되었을 것으로 본다. 다식판으로 차를 넣어 만들다 그 차마저도 없어서 송홧가루 등을 이용, 민간에 널리 퍼졌다. 이 다식판은 반드시 원형, 다각형, 꽃잎 등 여러 무늬가 있다. 이것은 뇌원차가 원래 무늬가 있음을 강하게 나타낸다고 본다.

그러면 틀에 새겨진 무늬는 어떤 것일까? 궁중의 왕을 상징하는 대표로 용(龍)과 봉(鳳)이 있다. 중국이 용이라면 우리 민족은 신성한 하늘의 새를 상징으로 삼는다. '설문(說文)'에서는 "봉황은 신조(神鳥)다. 중국이 아니라 동방의 군자국(君子國, 한국의 별칭)에서 난다. ~ 이 새가 나타나면 천하가 크게 태평해진다."라고 한다. 암수를 함께 봉황(鳳凰)의 휘장을 새기지 않았을까? 봉황은 궁중의 상징으로 일반에서는 무늬로 쓸 수 없다. 따라서 용보다는 봉(鳳)이었을 것이다. 용을 천자로 보는 중국과의 마찰도 피할 수 있었을 것이다. 훗날 김시습(1435-1493)이 작설차를 봉병용단(鳳餅龍團)의 옛 규범대로 차를 만든다고 하고 있는데, 여기서 옛 규범을 고려의 봉병(鳳餅) 뇌원차로 보면 봉 무늬일 것이다. 또 가야사 출토된 승설 4

덩이가 1120년 이후 후기 뇌원차의 일종이라면 나중에 용의 무늬를 썼을 수도 있다.

또 하나 생각할 수 있는 것은 고구려 이후로 잘 나타나지 않는 태양의 새, 삼족오(三足烏)의 무늬다. 고려 초기로 고구려의 기상을 이어받아 웅혼(雄渾)의 기상을 담았다면 이 삼족오를 새겨 넣었을 것이다. 삼족오 설화의 시원지는 고대 한반도이며 고구려에서 화려하게 부활한다. 위대한 태양의 후손으로 자처하여 무늬로 삼고, 천손족 한민족의 고유 상징이 되었다. 다시 우리 토산차인 뇌원차를 재현할 때 용봉을 따르지 않고 이 삼족오를 새겨 볼 수도 있겠다. 특히 진파리 7호 고분군에서 출토된 해뚫음무늬 금동 장식 중심부의 삼족오 무늬는 예술성도 매우 뛰어나다.

4) 뇌원차의 크기

허흥식은 『고려의 차와 남전 불교』에서 뇌원차와 대차가 함께 쓰이므로 '단순히' 모양, 크기의 차이로 보았다. "문종 1년(1047)에 황보영에게 부의품(賻儀品)으로 내린 대차 300근을 다른 예와 비교하면 뇌원차 200각과 대차 10근의 잘못으로 짐작된다. 대차는 1근 정도로 만들고, 뇌원차는 10각이 1근 정도로, 모두 합치면 30근 정도였으리라 짐작된다." 위의 다른 예는 최승로(989년 5월)와 서희(997년 7월)에게 부의품으로 뇌원차 200각과 대차 10근을 내린 예다. 모두 종1품이다. 1047년도의 늦은 10월 황보영이 상을 당해 궁중에 그해 뇌원차가 다 떨어지고 없었을 것이다. 그래서 정2품 황보영에게 대차 300근을 내린다.

한 품계 대우 차이가 5 : 1의 차이이다. 종1품의 뇌원차 200근에 추가한 대차 10근과 정2품의 대차 300근을 같은 부의품으로 비교하는 것이 우선 틀렸다. 설령 대우가 같다 해도 대차보다 40배에서 1,600배나 비싸 40:1에서 1,600:1인 뇌원차를 10:1로 보고 있다. 이런 오류투성이로 도출한 뇌원차 10각이 1근(뇌원차 1각 = 60g)이라는 것은 틀릴 수밖에 없다.

부의품으로 뇌원차 등을 내린 아래 표를 보면 품계에 따라 정확히 예우하고 있음을 본다. 최승로, 서희와 동일 품계(종1품)인 최지몽과 한언공에 내린 차도 뇌원차다. 예우가 같아야 하므로 비록 뇌원차라 씌어있지 않아도 뇌원차가 틀림없다. 종1품 부의품으로 뇌원차 200각(1.25근=750g)을 기본으로 한다. 공이 큰 두 신하인 최승로(시무 10조를 올림)와 서희(강동 6주 반환 외교)에게 대차 10근을 추가하였다. 대차가 포함되어 물리적으로 11.25근이 되지만 9배로 하사한 것이 아니다. 990년 기준으로 대차는 뇌원차의 1/40의 가치이다. 곧 대차 10근(=6,000g)은 뇌원차 0.25근(=150g)이므로 20% 정도 추가 예우를 한 것이다.

품계	시기	신하	벼슬	부의품(차)	무게
정1품	성종14(995.4)	최량 (崔亮)	감수국사 (監修國史)	뇌원차 1천 각(角)	6.25근
종1품	성종8(989.5)	최승로 (崔承老)	수 문하시중 (守 門下侍中)	뇌원차200각, 대차10근	11.25근
종1품	목종1(997.7)	서희 (徐熙)	내사령 (內史令)	뇌원차200각, 대차10근	11.25근
종1품	성종6(987.3)	최지몽 (崔知夢)	수 내사령 (守 內史令)	차 200각(角)	1.25근
종1품	목종7(1004.6)	한언공 (韓彦恭)	문하시중 (門下侍中)	차 200각(角)	1.25근
정2품	문종1(1047.10)	황보영 (皇甫穎)	문하시랑평장사 (門下侍郎平章事)	대차(大茶) 300근	300근

대차(大茶)는 큰 찻잎 대차(大茶)로 만든 산차(散茶)다. 고급 차
는 아니다. 정1품에 내린 뇌원차 1,000각(6.25근)과 종1품에 내린
뇌원차 200각(1.25근)은 큰 수량 차가 있다. 정1품과 종1품의 위 비
례(5:1)로 종1품과 정2품에 적용하면 정2품은 40각(0.25근, 150g)
이다. 그런데 1049년 정2품 최보성에 실제로 내린 뇌원차는 30각
(0.1875근, 112.5g)에 불과하다. 1047년 동일 품계인 정2품 황보영
에 뇌원차 대신 내린 대차는 300근이다. 뇌원차를 대차보다 무려
1,600배(=300근/0.1875근)로 평가했다. 1049년 뇌원차는 생산량이
턱없이 부족한 귀하디귀한 몸이었을까?

뇌원차 단위인 각(角)의 무게는 얼마일까? 우선 송나라를 살핀다.
송나라 단차 단위인 1근은 600g이다. 송의 각(角)은 포장단위임이
드러난다. 상품용 차 일창이기(一槍二旗), 간아(揀芽)는 40 떡[片]을
1각(角)으로 삼는다. 상품용 차 20 떡은 1근(600g)이다. 따라서 상

품용 차의 경우 1개는 30g이고, 1각은 2근(1,200g)이다. 아래 차의 종류별로는 아래와 같다. 송의 각(角)은 차의 크기 등에 따라 56개에서 16개의 포장단위이다.

송대 차의 단위와 무게 추정

차의 종류	개수	각(角)	근(斤)	g	1개의 무게	가치
소용단 상품용차	56	1	2	1,200g	21.43g (5.7돈)	금 4냥
상품용차(1창2기)	40	1	2	1,200g	30g (8돈)	
소용봉	20	1	2	1,200g	60g (16돈)	
용봉차(대용봉차)	16	1	2	1,200g	75g (20돈)	

고려도 같은 단위라면 최량(崔亮)에게 내린 1,000각은 2,000근인 1.2톤으로 어마어마한 물량이다. 고려에서 차를 세는 각(角)은 포장단위가 아니다. 뇌원차 1개의 크기와 무게 단위로 봄이 타당하다. 『세종실록』『성종실록』을 보면 뇌원차가 사라진 뒤 대용차인 다식(茶食)의 단위로 각(角)을 쓰고 있다. 또 각(角)은 중국 화폐단위로 1각(角)은 0.1원(元)이다. 은화나 동전 1각의 무게는 1돈의 무게와 비슷하다. 현재의 1돈(錢, 3.75g)의 단위를 뇌원차 1각 단위로 삼는 것 같다.

이렇게 상정한 뇌원차의 1각의 무게는 1940년 강진읍 목리에서 발견된 청태전의 무게인 1돈(3.75g)과 같다. 그 경우 두께 0.1㎝는 오류이므로 0.4㎝로 수정하였고 여기서 청태전 비중 0.68을 산출하였다. 뇌원차의 후신이라 볼 수 있는 덩이차의 여러 사례도 뇌원차의 크기 단위가 적정함을 나타낸다. 고금으로 우리나라 전차의 크기나 옛날부터 전해 오는 다식판의 크기 등을 볼 때도 그렇다.

2019년 4월 다가 양충남이 500년의 역사를 가진 보성군 차밭밑 이순신 장군차로 단차인 전차(錢茶)를 재현한 결과 7.32g에 부피는 10.45㎤으로 비중은 0.7을 기록하여 유사함을 입증했다. 차고(茶膏)를 빼낸 보이차 등은 비중이 더 낮아 0.6이다.

뇌원차도 차고를 빼내지 않는 공정은 청태전과 같다. 따라서 같은 비중 0.68을 적용했다. 가야사 '승설'처럼 가로세로 1방(一方)을 고려 때의 자로 1치(寸=3.22㎝)를 기준 삼는다. 이 경우 두께는 0.16 치(0.53㎝)다. 부피를 산정하면 5.50㎤[0.27작(勺)]이고 무게는 1각 3.75g이다. 크기 두께 무게 등이 일반 다른 전차와 비슷한 크기다. 여러 덩이차의 제원을 보면 다음과 같다.

① 고구려 고분에서 출토된 전차는 지름에 비해 두께가 매우 얇은 특이한 형태다. 지름이 4cm이고 무게가 5푼(1.88g) 남짓이니 비중 0.68을 적용하면 두께는 당시의 자(建初尺, 건초척)로 0.1치 (0.22cm)에 불과하다. 이런 작은 차는 중국에는 당연히 없다. 나중에 뇌원차도 2배 정도 커져 1각(3.75g)으로 발전했다고 본다.

구분	지름, 一方 길이(cm)	두께 (cm)	부피 (㎤)	무게 (g)	비중
① 고구려 고분 출토 전차	4.00	0.22	2.76	1.88 (0.5分)	0.68

② 2번 차는 다암(茶庵) 양순(梁栒, 1822-1886)의 제법대로 그의 5대손 다가(茶可) 양충남(梁忠男, 1954-)이 삼증삼쇄-건조-가루화-이순신 장군 샘물로 반죽, 다식판으로 찍은 다암 가루 단차로 비중이 1.09로 물에 뜨지 않고 가라앉는다. (가루차를 뭉친 다식판 단차로 무겁다) 다식판의 지름은 3.1cm, 깊이는 1.2cm로 수축률은 15%, 17%에 달한다.

구분	지름, 一方 길이(cm)	두께 (cm)	부피 (㎤)	무게 (g)	비중
② 다암 가루 단차 (2019.4.16. 양충남 재현)	2.40	0.85	3.84	4.20	1.09

③ 3번 차는 500년 된 전남 보성군 득량면 송곡리 차밭밑 이순신 장군 전차를 2019.4.27에 채취하여 찌고 찧어, 고조리(지름 4.8㎝, 높이 2㎝) 틀로 성형하고(수축률은 33%, 35%에 달했다.) 구멍을 뚫고 건조하여 만들어 2019년 5월 청와대에 봉납하였고 보성군 한국차 박물관에 전시되었다.

구분	지름, 一方 길이(cm)	두께 (cm)	부피 (㎤)	무게 (g)	비중
③ 차밭밑 이순신 장군 전차 (2019.4, 5월. 양충남 재현)	3.20	1.30	10.45	7.32	0.70

④ 강진읍 목리 청태전은『조선의 차와 선』, 삼양출판사, 1983. p.120
을 인용하되 무게가 1돈(3.75g)이므로 두께 0.1㎝는 오류로 보고
0.4㎝로 수정하였고 여기서 비중 0.68을 산출하였다. 이 청태전
의 무게는 필자가 상정한 뇌원차 1각의 무게와 정확히 일치한다.

구 분	지름, 一方 길이(cm)	두께 (cm)	부피 (㎤)	무게 (g)	비중
④ 조선의 차와 선(1940) (강진읍 목리 청태전)	4.20	0.40	5.40	3.75	0.68

⑤ 나주 불회사 전차는 위 저서 p.102를 인용하되 무게 6.6~7.5g에
맞춰 두께 0.9㎝는 0.7㎝로 조절하였다.(0.9cm의 두께일 경우
8.5g에 달함). 뇌원차보다 큰 청태전이다.

구 분	지름, 一方 길이(cm)	두께 (cm)	부피 (㎤)	무게 (g)	비중
⑤ 조선의 차와 선(1940) (나주 불회사 전차, 李學玟)	4.20	0.70	9.69	6.59	0.68

⑥ 불회사 제조 전차는 위 저서 p.103을 인용, 당시 치수는 1푼(分)
이 0.3㎝이므로 0.9푼은 2.7cm이다. 2.4g도 안 되는 초소형이다.
뇌원차보다 작은 청태전이다.

구 분	지름, 一方 길이(cm)	두께 (cm)	부피 (㎤)	무게 (g)	비중
⑥ 조선의 차와 선(1940) (불회사 제조 전차)	2.70 (0.9分)	0.60 (0.2分)	3.43 (0.19勺)	2.33 (0.62돈)	0.68

⑦ 장흥 보림사 청태전은 위 저서 p.109를 인용했다. 청태전 규격이 없고 고조리[죽륜(竹輪)]의 규격(지름 6㎝, 두께 0.48㎝)만 있다. 따라서 3번의 고조리 규격으로 재현한 수축률, 곧 지름 0.67(=3.2㎝÷4.8㎝)과 두께 0.65(=1.3㎝÷2.0㎝)를 적용하여 산정했다.

구 분	지름, 一方 길이(cm)	두께 (cm)	부피 (cm³)	무게 (g)	비중
⑦ 조선의 차와 선(1940) (장흥 보림사 청태전)	4.00	0.31	3.89	2.65	0.68

⑧ 고려의 뇌원차는 강진읍 목리에서 발견된 청태전과 무게가 같다고 보았다. 따라서 같은 비중 0.68을 사용하였다. 형태는 원형이 아닌 4각 형태이므로 길이는 당시 고려 자로 1치(3.22cm)를 썼을 것으로 보았다.

구 분	지름, 一方 길이(cm)	두께 (cm)	부피 (cm³)	무게 (g)	비중
⑧ 고려의 뇌원차(필자 추정)	3.22×3.22 (高麗尺1寸)	0.53 (0.16寸)	5.50 (0.27勺)	3.75 (1角, 1돈)	0.68

⑨ 가야사 출토 고려 떡차의 무게는 뇌원차의 1.2배에 달한다. 뇌원차 후기에 송의 용원승설을 모방하면서 두께가 두꺼워져 조금 커진 것으로 보인다.

구 분	지름, 一方 길이(cm)	두께 (cm)	부피 (cm)	무게 (g)	비중
⑨ 가야사 출토 고려 떡차	2.36×2.36 (建初尺1寸)	1.18 (0.5寸)	6.57 (0.33勺)	4.47 (1.2돈)	0.68

⑩ 뇌원차와 가장 유사하다는 송나라 소단 용원승설도 뇌원차의 무게의 5.7배에 달한다.

구 분	지름, 一方 길이(cm)	두께 (cm)	부피 (cm)	무게 (g)	비중
⑩ 용원승설	3.80×3.80 (1.2촌)	2.47 (0.78촌)	35.67	21.43	0.60

⑪~⑭ 중국은 최근에 가장 작게 재현한 11번도 1개에 40g에 달하며, 12번과 같이 송나라 후기부터 대 용봉단차(75g)가 유행했다. 13번과 같이 작아도 115g이 넘는가 하면, 14번과 같이 현재는 대 용봉단차보다 5배 이상 커지기도 하였다. 과다한 욕심의 상징으로 기형 수준이라 아니할 수 없다.

구 분	지름, 一方 길이(cm)	두께 (cm)	부피 (cm)	무게 (g)	비중
⑪ 자순병차 (2009년 중국 장흥현) 재현	7.50	1.30	57.40	40.00	0.70
⑫ 송나라 대 용봉차				75.00	
⑬ 현재 보이차(소)	12.00	1.70	192.00	115.20	0.60
⑭ 운남칠자병차(7432) (1974년 3급 찻잎 공장 2호)	20.00	2.00	628.00	375.00	0.60

5) 뇌원차의 소비

부의품을 제외하고 고려 뇌원차 차 소비를 다음 표로 정리한다.

연도	재위	적요	구분	비고
931.8	태조14년 8월	보윤(甫尹 : 친 고려 호족 문무관 종7품) 선규(善規)를 신라왕에게 보내 신라왕에게 안장을 얹은 말, 능라(綾羅), 채금(綵錦)을, 백관은 채백(綵帛)을 군인과 민간인에게 차와 복두(幞頭), 승니(僧尼)에게는 차와 향을 하사	차	뇌원차 추정
949-975	광종	공덕재에 쓰는 차를 왕이 맷돌로 감(시작)	차	뇌원차 추정
990.10.	성종 9년 10월	① 입류(入流) 서경 88세 이상자 : 5품 이상은 차 10각(37.5g), 9품 이상은 차 5각(18.75g) ② 입류 서경 모처(母妻) 80세 이상 : 3품 이상은 차 2근(1,200g), 5품 이상 차 1근(600g) ③ 서경 거주 80세 이상 : 5품 이상 차 10각, 9품 이상은 차 5각(18.75g) ④ 서경 거주 모처(母妻) : 3품 이상 차 2근, 5품 이상 차 1근, 9품 이상 차 2각(7.5g),	뇌원차 대차 뇌원차 대차 뇌원차	남자에게는 뇌원차, 여자에게는 대차를 줌, 서민은 차를 안 줌
981-997	성종	공덕재에 쓰는 차를 왕이 맷돌로 감(끝)	차	뇌원차 추정
1009.7	현종1년 7월	80세 이상과 장애인 635명(남녀) : 차 하사	차	
1018.9	현종 9년 2월	바다의 노이군(弩二軍) 교위(校尉), 선군(船軍) 이하 말단 군인 : 차 하사		
1021.2	현종12년 2월	경성(京城) 90세 이상 남녀 : 차 하사	차	
1022.9	현종 13년 9월	경성 80세 이상 남녀와 장애인 : 차 하사	차	
1038.7	정종 4년 7월	거란에 김원충(金元沖)이 공물로 뇌원차를 보냄	뇌원차	
1049.3	문종 3년 3월	80살 이상 국로 상서우복야(尙書右僕射, 정2품) 최보성(崔輔成), 사재경(司宰卿, 종3품) 조응에게 각각 : 뇌원차 30각(112.5g) 하사	뇌원차	
1067.9	문종 21년 9월	국사(國師) 해린(海麟)이 늙어 산중에 돌아가기를 청하자 현화사(玄化寺)에서 전송하고 : 차 하사	차	

1097.6	숙종 2년 6월	문하시랑 이정공(李靖恭)이 흥왕사(興王寺) 비문을 지어 바치자 칭찬하고 : 차 하사	차	
1097.7	숙종 2년 7월	동여진의 적선 3척을 노획하고 전승한 병마사 김한충(金漢忠), 판관(判官) 강증(康拯)에게 포상 : 차 포상	차	
1099.9	숙종 4년 9월	승가굴(僧伽窟)에 행차하여 제를 지내고 : 차 시주	차	
1104.8	숙종 9년 8월	길가에서 촌부(村婦)와 야로(野老)가 과일을 올리자 길가의 절에 시주 : 차 시주	차	
1115.8	예종 10년 8월	서북면 병마사 박경작(朴景綽)이 임지로 떠나매 이름 경인(景仁)을 하사하고 : 차 하사	차	
1130.2	인종 8년 2월	금나라에 노영거(盧令琚) 등이 차를 보냄	차	뇌원차 추정
1292.10	충렬왕 18년 10월	원나라에 귀화한 홍군상(洪君祥)의 원나라로 갈 때 홍선(洪詵) 장군을 보내어 향차(香茶)를 보냄	향차	

뇌원차는 궁중에서 소비되었다. 전술한 바와 같이 중신들에게 주는 부의품으로 쓰였다. 왕실 전용차로서 공덕재(功德齋)에서 왕이 손수 맷돌을 갈 정도였다. 거란과 금 등에 공물로 차를 보냈다. 하사품으로 공신들이나 백성들에게까지 하사하였다. 뇌원차 또는 그냥 차로 표시되기도 한다. 차로 표시된 부분은 뇌원차와 대차가 섞여 있을 것이다. 뇌원차는 여린 차의 눈을 따서 만든 고급차이었다. 우리나라 정기가 어린 토산차는 특산물로 거란, 금나라 등 외국에서도 매우 선호했다.

뇌원차 제조 시기는 이 기록에 의하면 고려가 통일해 가는 시기인 931년부터 1130년 금나라에 공물을 보낼 때까지로 본다. 200년간이다. 뇌원차라는 직접 기록으로만 보면 기록상 987년부터 1049년까지 63년간이다. 성종은 서경에 있는 9품 이상 고령자 중 남자에게는 뇌원차를, 여자에게는 대차를 보냈다(990년). 서민은 제외되었다. 현종 때(1021-1022)는 서민들까지 차를 보냈다. 서민들에게 보낸 차는 뇌원차보다 대차(大茶)가 많았을 것으로 추측된다. 1038년 거란에 뇌원차를 보내고, 1049년 뇌원차를 하사하고는 뇌원차의 이름은 사라진다. 뇌원차 이름이 사라지기 전인 1049년 이전의 현종, 정종 때 표시된 '차'가 뇌원차였을 것이다. 이후 문종, 숙종, 예종 때의 차를 하사한 부분(1067-1115)도 뇌원차였을 것으로 보이나 확실한 근거는 부족하다. 1038년 거란에 뇌원차를 공물로 보냈다. 따라서 인종 8년 1130년에 노영거 등이 금나라로 보낸 차는 뇌원차일 가능성이 크다. 충선왕(1298, 1303-1313) 때는 뇌원차를 뇌선차로 이름을 바꾸어 불렀다.

6) 뇌원차의 가치 : 대차(大茶)의 1600배

뇌원차의 가치는 얼마일까? 상세한 기록이 없다. 단지 산차로 추정되는 대차와 상대 가치로 따지면 990년에는 40배 이상의 가치가 있었다. 성종 9년 10월(990.10)에 서경에 입류(入流) 하거나 거주한 노령자 등에게 품계별로 뇌원차와 대차를 차등 지급하는 것을 아래와 같이 정리하여 살피면 그 상대 가치를 알 수 있다.

대상자	3품 이상	5품 이상	9품 이상
하사품 배부 기준 지수	4	2	1
① 서경 입류자 중 88세 이상 어르신(남) ② 서경 거주자 중 80세 이상 어르신(남)		뇌원차 10각 (37.5g) 뇌원차 10각 (37.5g)	뇌원차 5각 (18.75g) 뇌원차 5각 (18.75g)
①-1 ①의 모처(母妻)가 80세 이상(여) ②-1 ②의 모처(母妻) (여)	대차 2근(1,200g) 대차 2근(1,200g)	대차 1근(600g) 대차 1근(600g)	뇌원차 2각 (7.5g)

위 표에서 비중을 산정해 보면 3품 이상 : 5품 이상 : 9품 이상은 4 : 2 : 1의 기준이다. 여자들에게는 대차를 하사했다. 그러나 특이하게 9품 이상의 서경 거주자 중 80세 이상의 어르신들의 어머니나 처(②-1)에게는 대차를 주지 않고 뇌원차 2각을 주었다. 위의 기준에 의하면 뇌원차 2각(7.5g)의 가치는 대차(大茶) 반 근(300g)이다. 곧 990년에 뇌원차는 대차의 40배의 가치를 부여함을 알 수 있다. 그 가치보다도 서민들은 구경하거나 구하기 어려운 뇌원차를 받을 수 있음은 특별한 의미가 될 수 있었을 것이다.

뇌원차가 한창 생산되는 990년은 40배 가치로 산정되지만 1049년에는 무려 1,600배의 가치로 산정된다. 정1품에 부의한 뇌원차 1,000각이 종1품에게는 200각이므로 품계별로 5 : 1로 보았다. 같은 기준으로 종1품과 정2품을 적용했을 것이다. 그 경우 정2품 황보영에게 부의품으로 뇌원차 40각(150g)을 주면 된다. 그런데 뇌원차가 없는 등 이유로 대차 300근(180,000g)을 주었다. 황보영의 서거가 10월이므로 그해 뇌원차의 재고가 없을 가능성이 크다고도 볼 수 있다. 이처럼 1047년 뇌원차는 1,200배(=180,000g÷150g)의 가치(57년 만에 30배 폭등)로 계산되었다.

그런데 실제 2년 뒤인 1049년 정2품인 최보성에게는 뇌원차 30각(112.5g)을 준다. 2년 사이에 품계 간 대우 비율이 변치 않았을 것이며, 2년 사이에 뇌원차는 더욱 귀하여 몸값이 뛴 것으로 이해된다. 1049년 뇌원차의 가치는 대차의 1,600배(=180,000g÷150g, 59년 만에 40배 폭등)나 된다. 이렇듯 뇌원차 값의 폭등은 뇌원차 생산 저조로 품귀현상을 빚었다는 이야기다. 급기야 뇌원차가 사라지고 이름도 자취를 감추었다.

7) 뇌원차의 제다(製茶)

고려 시대 대표적인 명차인 뇌원차의 제다(製茶)와 행다(行茶)가 제일 까다롭고 정밀했다. 차는 삼국 시대, 고려 시대, 조선 시대를 통틀어 덩이차가 주류다. 다만 제다법(製茶法)이나 행다법(行茶法)은 시대에 따라 다소 차이가 있다. 그 덩이차도 삼국 시대에는 떡차[병차(餠茶)], 고려 시대에는 단차(團茶), 조선 시대와 근세까지는 돈차[전차(錢茶)]가 주류를 이뤘다. 행다도 삼국 시대에는 팽다(烹茶, 차 끓이기), 고려 시대에는 점다(點茶, 가루차 풀기), 조선조에는 전다(煎茶, 차 다리기), 포다(泡茶, 차 우리기) 등을 주로 행했다. 고려 명차인 뇌원차의 제다소(製茶所)인 다소(茶所)에서 까다롭게 만들었을 제조법을 일반적으로 기술해 보자.

삼국 시대에는 주로 떡차를 가루 내지 않고 그대로 돌솥 등에 넣어 끓여[팽(烹)] 마셨다. 진감국사가 한명(漢茗)을 끓여 마시거나, 정거천인(淨居天人)이 보천태자(寶川太子)에게 차를 끓여 올린 사례다. 드물게 사포 성인이 원효 대사에게 점다(點茶)한 사례도 있다. 고려 시대에는 뇌원차 이외에도 노규 선사가 이규보에게 선물한 유차(孺茶), 예종이 청연각(清讌閣)을 짓고 곽여(郭輿)에게 1117년 하사한 쌍각용차(雙角龍茶), 금장 대선사가 원감 국사에게 선물한 증갱차(曾坑茶), 1292년 원나라에 보낸 향차(香茶) 등 여러 이름이 나온다. 뇌원차 제조(1)와 행다법(2)을 정리한다.

번호	구분	적요	삼국 (떡차)	고려 뇌원차	조선 (돈차)
1-1	채다 (採茶)	찻잎 따기	○ ●	○	○ ●
1-2	간아 (揀芽)	찻잎 가리기, 이물질 제거	○ ●	○	○ ●
1-3	탁차 (濯茶)	찻잎 씻기		○	
1-4	증차 (蒸茶)	시루에 넣고 증기로 찌기	○ ●	○	○ ●
1-5	수랭 (水冷)	냉수로 급랭시키기		×	
1-6	탈수 (脫水)	자연 탈수로 표면의 물 빼기		×	
1-7	탈고 (脫膏)	강하게 눌러 짜서 차즙(茶汁) 빼내기		×	
1-8	도차 (搗茶)	절구에 차 찧기(□ ■)	□ ■	□	□ ■

1-9	성형(成形)	성형 틀 등에 넣고 문양 찍어내기(○), 문양 없이 찍기(□ ■)		○	□ ■
1-10	양건(陽乾)	햇볕에 말리기	○ ●	×	○ ●
1-11	천공(穿孔)	적당히 마르면 보관, 건조를 위해 가운데 구멍 뚫기	△ △	×	○ ●
1-12	화건(火乾)	숯불로 구어 말리기(3회)	○ ●	○	
1-13	과탕(過湯)	끓은 물에 통과하기(3회)		○	
1-14	음건(陰乾)	시원한 곳에 널어 화기를 빼서 말리기	○ ●	○	○ ●
1-15	과탕(過湯)	완전히 마른 후 끓는 물을 통과시킨다.		○	
1-16	공랭(空冷)	급히 부채질하여 말린다.		○	
1-17	장다(藏茶)	제다 완성 후 차 통에 넣거나 꿰미에 꿰어 차 보관하기	○ ●	○	○ ●
2-1	화건(火乾)	숯불 등으로 말리기	○ ●	○	○ ●
2-2	분쇄(粉碎)	맷돌로 갈아 가루내기	○ ×	○	○ ×
2-3	투다(投茶)	석정팽다(石鼎烹茶), 돌솥에 떡차 넣고 끓이기	○ ●		
		다구점다(茶甌點茶), 탕수를 부은 찻사발에 가루차 넣고 풀기		○	○ ×
		다관전(포)다(茶罐煎(泡)茶), 다관에 돈차 넣고 끓이기(우리기)			× ●
2-4	음다(飮茶)	차 마시기	○ ●	○	○ ●

　　고려의 뇌원차는 가루를 내고 다구(茶甌)에 가루차를 넣고 돌솥
에서 끓은 물을 붓고 다선으로 저어 마시는 점다법(點茶法)을 썼다.
점점 고급화, 사치화되어 이 점다로 투다(鬪茶, 차 겨루기)를 하기도
한다.

보성군 주도로 뇌원차 제조 연구 중
(2020.4.12. 건조 중)

위 표에서 궁중과 사대부 등이 주로 이용하는 차에 대해서는 ○로 표시하고, 서민들이 주로 약용으로 쓸 경우는 ●로 표시했다. 뇌원차 제다공정을 알 수 있는 자료가 없다. 우리 다소와 비슷한 송나라 북원공차의 발달된 제다공정이 도입되거나 영향을 받았을 것이다. 추가한 첫 공정은 딴 찻잎을 가리고 이물질을 선별 제거하는 공정〈1-2, 간아(揀芽)〉과 찻잎을 씻는 공정〈1-3, 탁차(濯茶)〉이다. 고품질의 위생적인 차를 만드는 데 필요한 공정이다. 특히 뇌원차가 임금이나 궁중에서 사용되었으니 품질을 높이고 이물 관리를 위해서도 그렇다. 찻잎 찌기〈1-4, 증차(蒸茶)〉는 설익거나 지나치게 익지 않는 중정(中正)이 중요하다. 시루에서 오르는 김으로 판단한다. 설익으면 색이 푸르고 풋내가 나고, 너무 익으면 차 빛이 누르고 맛이 싱겁다. 잘 익혀진 찻잎은 다황(茶黃)이라 한다.

송의 북원 공차 공정〈1-5, 수랭(水冷), 1-6, 탈수(脫水), 1-7, 제고(除膏)〉에서 살핀다. 증기로 찐 다음 냉수로 급랭하는 공정〈1-5, 수랭(水冷)〉은 잎의 발효와 변색을 막고 품질을 좋게 한다. 탈수〈1-6, 탈수(脫水)〉에서는 수랭 공정에 따라 묻은 물을 약간 누르거나 용기에 담아 표면수(表面水)를 제거한다. 뇌원차 제조에 이 수랭(1-5), 탈수(1-6) 공정은 없다고 보았다. 송에서도 『북원별록』에서만 이 공정을 언급하고 있다. 뇌원차가 차고(茶膏)를 빼지 않았다고 볼 때 쓴맛을 적게 하는 발효를 위해서도 채택할 수 없는 공정이다.

다음에 추가된 차즙 제거 공정〈1-7, 탈고(脫膏)〉은 채택하지 않았을 것 같다. 그러나, 송의 용원승설 차를 본 따 뇌원차가 변해 가야사 출토 승설차가 만들어졌다면 처음에 없던 이 차즙을 짜는 공정은 1120년 이후에는 도입되었을 것이다. 송에서는 차즙을 빼 차의 쓰고 떫은맛을 줄이고자 했다. 차즙을 다 없애면 맛이 밋밋한 백차(白茶)가 된다. 맛이 없어져 용뇌 등 새 향을 넣게 된다. 그러나 차의 순수한 진미(純味)와 약성(藥性)을 최우선으로 하는 뇌원차는 약이 되는 차고(茶膏)를 짜지 않았을 것이다. 이 차즙의 약성으로 인해 송, 금, 거란 등에서 찾는 불로장생(不老長生) 명차의 명성을 누렸을 것이다.

도차<1-8, 도차(搗茶)>는 다황(茶黃)을 절구로 찧는 공정이다. 차즙을 제거한 송에서는 절구로 찧지 않고 맷돌에 물을 부으며 갈았다. 고급 차일수록 더 딱딱해져 물을 더 부었다. 고약과 같은 연고 상태가 되어 표면이 매끄러워 정교한 문양을 새길 수 있었다. 그러나 차고를 빼지 않는 뇌원차는 절구로 찧는 강한 유념으로 발효가 촉진되어 맛을 부드럽게 했을 것이다. 이 도차(搗茶)는 삼국 시대의 떡차를 그대로 이어받았고 조선조의 돈차로 이어져 온 우리 고유의 제법이라고 본다.

성형<1-9, 성형(成形)>은 송의 경우 대나무 틀<죽권(竹圈)>을 사용했다. 그리고 무늬를 내기 위해서는 은 모형(銀模型)의 틀을 썼다. 현재 민간에서 쓰는 둥근 모양의 전차(錢茶)인 '청태전(靑苔錢)' 등은 고조리(둥근 가락지 형태의 대나무틀)를 쓰고 있다.

이 때문에 청태전을 만들고 아는 장흥 사람들은 한자 말보다는 입말로 '고도리 차'라 부르고 있다. 뇌원차는 먼저 단단한 박달나무 등으로 성형 틀을 만들고 문양은 봉황 등이 새겨진 사각의 떡살 등을 사용했을 것이다. 궁중에서 '자기(磁器) 떡살'을 쓴 사례로 보면 뇌원차는 고려청자의 자기 떡살을 썼을 가능성이 있다. '떡살'이 고려 때부터 기원하는데 뇌원차가 그 효시가 아닌가 한다. 고려 뇌원차는 고려 초기로 삼국 시대의 전통을 받아 그 모양이 '정 사각 떡'을 기본으로 하는 형태였다. 그리고 송대의 영향을 받아 점점 원형이나 꽃무늬 등 다양한 형태로 발전되었다. 그 형태가 현재의 다식판(茶食

板)으로 전승되었을 것이다.

차 말리기[과황(過黃)]는 차 품질을 결정하는 중요하고 복잡한 공정이다. 송의 북원공차는 볕에 말리는 양건〈1-11, 양건(陽乾)〉은 없다. 숯불 등에 말리는 화건〈1-12, 화건(火乾)〉과 탕수(湯水)를 통과시키는 과탕〈1-13, 과탕(過湯)〉을 3회 반복한다. 다음은 음건〈1-14, 음건(陰乾)〉으로 시원한 공기 중에서 화기를 빼내어 완전히 말린다. 『북원별록』에서는 불에 말리고 끓는 물에 통과[과탕(過湯)]를 3번 하고 하룻밤 건조시켜 이튿날 연배(煙焙)를 넣어 두께에 따라 6-15일을 건조시킨다고 한다. 뇌원차도 유사한 공정을 거쳤을 것이다. 다만 차향을 없애는 연기 쐬기[煙焙]는 하지 않았을 것이다. 차의 순미(純味)와 순향(純香)이 사라지기 때문이다. 1-15, 1-16의 과탕(過湯), 공랭(空冷) 공정은 뇌원차의 품질을 높이는 데 필요한 마지막 공정이다. 차가 충분히 마르면 끓는 물을 통과[과탕(過湯)]하여 밀실에서 급히 부채질해 말리면[공냉(空冷)] 단차 표면에 자연스러운 광택이 난다.

뇌원차 가루를 내거나 돈차들을 그대로 끓여 마시기 전에 숯불 등으로 건조하는 화건〈2-1, 화건(火乾)〉은 눅눅해진 덩이차를 부수거나 끓여 마실 때 필요한 사전 조치다. 고려 이전엔 전차를 가루 내지 않고 바로 끓여 마셨다. 그러나 고려 뇌원차는 마실 때마다 맷돌로 갈아 가루 내어〈2-2, 분쇄(分碎)〉, 탕수(湯水)를 부은 다구(茶甌)에 다선(茶筅)으로 저어 거품을 내어 마셨다. 〈2-3, 다구점다(茶

甌點茶)〉

물론 어느 시대든 〈표〉의 ●표시와 같이 왕족, 사대부 등을 제
외한 서민들은 가루를 내지 않고 그대로 끓이거나 우려 마셨다. 식
용이나 약용이다. 조선조 작설차(雀舌茶)나 근세의 청태전(靑苔錢),
돈차[전차(錢茶)] 같은 경우다.

8) 뇌원차의 포장

(1) 회수진(回數陣)

고려 뇌원차는 임금의 차인 어차(御茶)로 궁중 전용이었다. 성종
때 최승로(989.5), 서희(997.7)의 부의품으로 뇌원차 200각(角)을
하사한 사례가 있다. 당시의 포장단위는 알려지지 않았다. 100개를
한 접으로 하였다면 2접이다. 뇌원차 1각의 모양은 사각이다. 이 뇌
원차 100각을 하나로 포장한다면 정사각형인 10각 × 10각이 가장
일반적인 모습이다.

뇌원차의 원산지 보성에서 뇌원차를 재현, 개발하여 100각의 뇌
원차를 포장하면서 100각의 배열에 대해 알아보고자 한다. 뇌원차
하나하나 가치를 특정하고 높이기 위해 뇌원차 각(各) 각(角)마다
고유의 일련번호를 새긴다. 그 경우에는 반드시 1에서 100까지 숫
자가 중복되거나 빠지지 않고 배치되어야 한다.

일반적인 배치로는 三이나 川, ㄱ, ㄴ, ㄷ, ㄹ, ㅁ, ㅂ 등 여러 형태

1	36	35	34	33	32	31	30	29	28
2	37	64	63	62	61	60	59	58	27
3	38	65	84	83	82	81	80	57	26
4	39	66	85	96	95	94	79	56	25
5	40	67	86	97	100	93	78	55	24
6	41	68	87	98	99	92	77	54	23
7	42	69	88	89	90	91	76	53	22
8	43	70	71	72	73	74	75	52	21
9	44	45	46	47	48	49	50	51	20
10	11	12	13	14	15	16	17	18	19

회수진(回數陣)

로 배치할 수 있다. 그중에서 제일 재미가 있는 소용돌이무늬인 회문(回文)을 이용한 회수진(回數陣)을 보자. 지구의 자전 방향과 같은 좌회전[陽] 방향에서 밖에서 안으로 수렴[陰]하는 모양새다. 인생의 나이 10대, 20대, 30대 등 인생 100세에 빗대어 음미하여 볼 수 있다. 활발한 어린 시절에 비해 익어갈수록 행동은 줄어들고 응축되어가며 지혜는 깊어간다. 네모난 소용돌이무늬로 뇌문(雷文, 돌림무늬, 번개무늬)이라고도 부른다. 뇌문은 예로부터 토기, 기물 등에 많이 썼다.

(2) 마방진(魔方陣)

지금부터 3천여 년 전 중국 하(夏)나라의 우(禹) 임금이 황하의 치수(治水) 공사를 하다가 거북이 등 껍데기에 이상한 점(點)이 있었다. 1부터 9까지 자연수가 점의 개수를 나타나 있었다. 이 수의 배열은 가로, 세로, 대각선을 더했을 때 항상 15가 나왔다. 낙서(洛書)라 이름 짓고 우주의 비밀 음양오행의 원리가 함축되었다고 생각했

㉠			㉡			㉢			㉣		
4	9	2	6	1	8	8	3	4	2	7	6
3	5	7	7	5	3	1	5	9	9	5	1
8	1	6	2	9	4	6	7	2	4	3	8

낙서(洛書, 3차 마방진)

다. 이것이 발전하여 주역(周易)이 되었다. 낙서는 곧 3차 마방진으로 아래와 같이 위상(位相)은 다르나 조합은 낙서의 수 하나다. ㉠은 낙서(洛書)와 같은 위상의 수다. 1, 6은 북방의 흑색, 수(水)이고, 3, 8은 청색 동방 목(木)이다. 금화교역(金火交易)으로 흰색 4, 9는 금(金)으로 서방이나 남방에 있고, 2, 7은 적색 남방 화(火)이나 서방에 있다. 가운데 5는 중앙 토(土)로서 모든 세상을 주재하는 황극(皇極) 자리다.

위와 같이 ㉠, ㉡, ㉢, ㉣의 4가지 기본형이 생긴다. 여기에 좌우 숫자를 바꾼 3차 마방진이 각기 하나씩 생겨 총 8개의 마방진이 생긴다. 그러나 위상이니 위치를 무시한 배열 자체는 하나이니 3차 마방진은 낙서 배열 하나뿐이다. 8개가 모두 행렬 (4, 9, 2) (3, 5, 7) (8, 1, 6) (4, 3, 8) (9, 5, 1) (2, 7, 6)과 대각선 (2, 5, 8) (4, 5, 6)으로 8개 조합일 뿐이다. 8개의 위상 변화에 황극의 자리 5만 중앙에서 위치 변화가 없다. 1부터 9의 합인 45는 9수로 양(陽)의 궁극 수이고, 각 행렬의 합인 15는 6수로 음(陰)의 궁극 수다.

16	3	2	13
5	10	11	8
9	6	7	12
4	15	14	1

뒤러의 4차 마방진

마방진은 1차는 1 그 자체로 있으나 변화가 없고, 2차 마방진은 없다. 따라서 3차 마방진이 모든 마방진의 어머니라 할 수 있고, 이 낙서 3차 마방진의 배치 원리로 모든 홀수 마방진이 배열된다. 짝수 마방진의 최소인 4차 마방진은 짝수 마방진 배치의 기본 원리가 된다.

마방진은 남송의 양휘(揚輝, 1238-1298)가 『양휘산법』(揚輝算法, 1275년)에서 3에서 8차 마방진을 처음 제시한 뒤, 명나라 정대위(程大位)는 『산법통종』(算法統宗, 1593년)에서 10차 마방진의 원리를 소개했다. 양휘의 4차 마방진은 알브레히트 뒤러(1471-1528)의 판화인 멜랑콜리아(Melencolia 1)에서 나온 4차 마방진(1514년)보다 239년 앞섰다.

4차 마방진에서 1에서 16까지 합은 136이고 행렬, 대각선과 4개의 여러가지 짝들의 합은 34다. 단수화한 수리로 보면 136은 1이고 34는 7이다. 모두 기독교와 관련된 수다. 퍼즐러 갱이 파악한 바로는 상수 34가 나온 경우가 58가지나 달했다. 뒤러는 이 마방진에 제작연도 (1514년 : 15, 14)와 어머니의 사망일(5월 16일 : 5, 16) 그리고 자신의 이름 Albrecht Dürer의 머리글자 A. D를 숫자로 한 숫자 1, 4를 자신의 마방진에 남겼다 한다. 마방진을 연구한 수학자 B. 프레니클(1605-1675)은 이 4차 마방진이 880가지나 있다고 밝혔다. 5차 마방진은 275,305,224개가 존재한다. 6차 마방진은 정확한 숫자가 알려져 있지 않으나 1.8×10^{19} 개가 있다고 추정되고 있다.

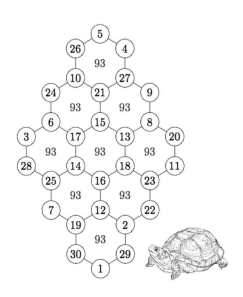

지수귀문도(地數龜文圖)

우리나라는 영의정을 8번이나 지낸 최석정(崔錫鼎, 1646-1715)의 『구수략』(九數略, 1710년)에서 육각진(六角陣)인 '지수귀문도(地數龜文圖)'와 '9차 직교 라틴 마방진'을 세계 최초로 창안했다. 최석정의 9차 직교 라틴 마방진은 미적분학을 발전시킨 오일러(1707-1783)보다 61년 앞섰다. 그가 창안한 지수귀문도는 6각의 거북등무늬 모양으로 1에서 30까지로 6각의 합은 93이다.

낙서육구도(洛書六九圖)라고도 부르는 이 지수귀문도는 우리나라의 독창적인 마방진이다. 조상들은 행운을 가져다주는 부적으로 가지고 다녔다 한다. 최석정은 합이 93이었으나, 지용기, 김용수, 이지원 등이 90, 91, 95를 만들었다. 2012년 김영준은 합이 77부터 109까지 33종류가 있음을 계산하고 총 가짓수가 100조 개에 이름을 계산했다.

최석정의 93은 77부터 109까지 수의 정 중앙수다. 93은 단수화하면 3수이며, 9개의 합이 있어 837(93×9, 9수)이나 중복된 372(93×4, 3수)를 빼면 465 (93×5, 6수)로 1에서 30까지 합이다. 표면적으로 6각이 9개가 있고 합도 9개가 있어 9수이나, 내면적으로는 6수에 지배된다. 최석정 지수귀문도의 숫자 1부터 30까지 합인 465(⇒15⇒6), 33(⇒6) 종류, 6각형은 6수로 귀결된다. 6각형이 9개(3×3)인 육구도(六九圖)로 3차 귀수마방진으로 본다.

37	48	29	70	81	62	13	24	5
30	38	46	63	71	79	6	14	22
47	28	39	80	61	72	23	4	15
16	27	8	40	51	32	64	75	56
9	17	25	33	41	49	57	65	73
26	7	18	50	31	42	74	55	66
67	78	59	10	21	2	43	54	35
60	68	76	3	11	19	36	44	52
77	58	69	20	1	12	53	34	45

최석정의 9차 '직교 라틴 방진'

육(六)은 수(水)이며 후천 상생의 시작이며, 음(陰)의 궁극 수이며 지(地)다. 구(九)는 금(金)이며 선천 양(陽)의 마지막 궁극 수이며 천(天)이다. 따라서 6, 9는 음양의 대표이며, 이 육구기운(六九氣運)은 천지음양기운(天地陰陽氣運)으로 우주 탄생과 운용의 기본수이다. 이 낙서육구도의 인드라망 같은 틀이 우주 공간이며, 6각의 수(數)는 물질 우주의 탄생이라 볼 수 있다.

이 구조도가 에너지, 질량 등가 원리의 상대적 이론을 논리적으로 설명하는 유일한 구조체라 볼 수 있다. 이 낙서육구도(洛書六九圖)는 우리가 볼 수 없는 우주의 기본 구조일 가능성이 커서 그저 신기할 뿐이다. 최석정의 구수략(九數略)인 9차 마방진은 왼편과 같다. 왼쪽 위쪽에서 오른쪽 아래로 내려오는 대각선(＼)은 37에서 1씩 더해 45에 이른다. 오른쪽 위쪽에서 왼쪽 아래로 내려오는 대각선(／)은 5에서 9씩 더해 77로 끝난다. 그리고 가운데 가로줄(一)은 9에서 8씩 더해 73에 끝나고, 가운데 세로줄(丨)은 81에서 10씩 줄어 1로 끝난다. 그래서 끝자리가 모두 1이다. 단수화해 보면 ＋에서 세로줄(丨)은 아래에서 위로 1, 2, 3, 4, 5, 6, 7, 8, 9로 오르고, 가로줄(一)은 오른쪽에서 왼쪽으로 1, 2, 3, 4, 5, 6, 7, 8, 9로 아름답게 움직인다. 41은 중앙 수(1에서 81의 중앙)이다. ×에서 대각선 ／은 모두 5이고, ＼은 1, 2, 3, 4, 5, 6, 7, 8, 9이다.

최석정은 구구모수변궁양도(九九母數變宮陽圖)와 구구모수변궁음도(九九母數變宮陰圖)의 두 개의 '직교 라틴방진'을 제시했다. 9×9개 모수와 9×9개 변궁이 합해 라틴 마방진을 만드는 '직교 라틴방진'이다. 또 3차 마방진 2개를 결합 9차 마방진을 만들어 내는 현대 수학자 아들러 연산법을 알고 있었다.

이 9차 마방진을 3차 마방진으로 9개 구간으로 나눌 수 있다. 왼쪽 위 첫 구간을 1구간이라 하면 (37, 48, 29) (30, 38, 46) (47, 28, 39)이고 각 행렬의 합은 114이다. 왼쪽 그림과 같이 3차 마방진이 9

1	2	3
4	5	6
7	8	9

114	213	42
51	123	195
204	33	132

3차 마방진 9개 구간과 합

개로 이루어져 있고 합은 오른쪽 그림과 다음과 같다. 가운데 5구간만 369의 1/3인 123이고 나머지는 합해 246이다.

결국 9차 마방진 속에 3차 마방진 9개가 들어 있는, 부분과 전체가 동일하게 반복되는 '프랙탈(Fractal)' 구조이다. 생명현상의 기본 구조 중 하나를 표현한다. 3^n차 마방진은 3의 배수를 기준으로 9(3^2, 3×3), 27(3^3, 3×3×3), 81(3^4, 3×3×3×3), 243(3^5, 3×3×3×3×3), 729(3^6), 2,187(3^7) 등으로 팽창한다. n이 2차 이상일 경우 계산된 모든 수는 단수화하면 9수다. 곧 천지인(天地人, ○□△, 123) 우주 3요소 중 사람과 생명을 상징하는 인(人, △, 3)은 3배씩 늘어 비약적인 발전, 진화, 진보 과정을 보여준다.

9차 마방진은 9×9로 81수다. 천부경의 글자의 수이기도 하고, 노자의 도덕경도 81장이다. 1부터 81까지 합은 3,321이고 각 행렬과 대각선의 합은 369이다. 모두 단수화하면 9수다. 9수는 물질계의 궁극의 수이고 양(陽)의 궁극의 수다. 탁월한 수학자 최석정도 직교라틴 방식으로 10차 마방진은 풀지 못했다.

(3) 뇌원차 100각 진열 방안(10차 마방진 활용)

뇌원차 100각을 차례대로 배열하는 방법으로 10차 마방진을 활용해 보자. 마방진은 1에서 n² 까지 연속된 자연수를 행, 열, 대각선의 합이 같도록 정사각형 모양(n×n 행렬)이다. 이때 한 열의 합은 3차 마방진(3×3)은 15, 4차 마방진(4×4)은 34, 5차 마방진(5×5)은 65, 10차 마방진(10×10)은 505다. 곧 n차 마방진부터 n² 까지 수의 합은 n(n²+1)/2이고 각 행, 열의 합은 이것을 n으로 나눈 값이다. 10차 방진인 1에서 100까지 합은 5050이다. 실제 연속하는 수를 계속 더하면 되겠지만 아래와 같이 짝을 지어 계산해 보면 쉽다. (101 × 100) / 2 = 5050, 차수(n)의 식으로 계산하면 n(n²+1)/2 = 10(10²+1)/2 = 5050

| 1. 2... 99. 100 |
100, 99.. 2. 1
101, 101 .... 101, 101

백(百, 100)은 우리말로 '온'이다. 곧 온전한 완전수다. 100은 선천 하도(先天河圖)의 합한 수(55)와 후천낙서(後天洛書)의 합한 수(45)의 합이다. 천부경의 '일적십거(一積十鉅)'처럼 1부터 10까지 더하면 55이고 1부터 9까지 더하면 45다. 곧 하도낙서는 선천과 후천의 온 세상이다. 단수화하면 하도는 10수이며 1이고(55 = 5 + 5 = 10, 1 +

0 = 1), 낙서 45는 9수다. 이를 합한 100도 역시 1의 수로 귀결된다. '하나(1)'는 가장 크고 온전하고 성스럽다. 그리고 100까지 누적 수 5050, 각 행, 열, 대각선의 합 505 모두 단수화하면 1이다. 크고 성스러운 '하나'의 님, '하나님'이다.

10차 마방진을 이용하여 뇌원차 100각을 진열해 보자

1. 순방향 자릿수 X축 채우기 ☐

2. 역방향 자릿수 ⌄⌃ 채우기 ☐

3. 순방향 ╋에서 丨자 순서 바꿔 채우기 ▨

4. 순방향 ╋에서 ─자 역방향과 상하 바꿔 채우기 ▨

5. 순방향 ╋에서 ─자 순방향과 바꿔 채우기 ▨

6. 순방향 ○형 자리 바꾸기 ☐

7. 역방향 자리 바꾸기 ▨

8. 순, 역방향 서로 바꾸기 ☐

1	99	98	97	6	5	94	3	92	10
90	12	88	17	86	85	14	83	19	11
80	79	23	74	26	25	77	28	22	71
70	62	38	34	65	66	37	33	69	31
51	59	53	47	45	46	44	58	42	60
41	49	43	57	55	56	54	48	52	50
40	32	68	64	35	36	67	63	39	61
21	29	73	24	76	75	27	78	72	30
20	82	13	87	15	16	84	18	89	81
91	2	8	4	96	95	7	93	9	100

제시한 뇌원차 진열 마방진은 수많은 10차 마방진 중 하나다. 먼저 하늘색 X축과 같은 왼쪽 윗줄에서 시작하는 순방향 채우기 숫자는 흑색, 노란색 갈매기(﹀ ꕔ) 같은 역방향 채우기 숫자는 적색으로 표시했다. 역방향 채우기는 왼쪽 아랫줄에서 시작하되 80과 90줄은 오른쪽에서 왼쪽으로 수를 배열했다. X축 ＼은 1에서 11씩 더해 100으로 마친다. ／은 10부터 9를 더해 91로 끝난다. 위 그림과 같이 필자가 작법(作法)에 따라 색상으로 구분 표시한 바와 같이 중간에 4개 중심의 2차 방진 Grand Cross(＋)와 인접의 4개의 4차 방

1	9	8	7	6	5	4	3	2	1
9	3	7	8	5	4	5	2	1	2
8	7	5	2	8	7	5	1	4	8
7	8	2	7	2	3	1	6	6	4
6	5	8	2	9	1	8	4	6	6
5	4	7	3	1	2	8	3	7	5
4	5	5	1	8	8	4	9	3	7
3	2	1	6	4	3	9	6	9	3
2	1	4	6	6	7	3	9	8	9
1	2	8	4	6	5	7	3	9	1

10차 마방진수 단수화표

진으로 크게 나뉜다. 이들을 중심으로 수많은 양적, 위치적 대칭이 이루어져 있다.

시간적, 질적(質的)으로는 1에서 100으로 상단 좌측 끝에서 마지막 하단 우측 끝까지 펼쳐지고 100은 단수화하면 1수로 결국 다시 시작되어 다함이 없다. 4각의 4 모서리 1, 10, 91, 100도 모두 단수화하면 1수일 뿐이다. 오른쪽 위에서 왼쪽 아래의 대각선 10개도 단수화하면 1이다. 필자가 100까지 전체 수를 자릿수를 없애고 단수화하면 위 표와 같다.

이로써 양적인 팽창을 배제하고 성질을 더 나타내는 질적이고 내적인 방진을 살펴볼 수 있다. 100개 중 1은 12개, 2에서 7은 11개, 8은 13개, 9는 9개다. 100은 대각선 1을 포함한 왼쪽 위쪽 하도(河圖)수 55개(1에서 10까지 합)와 오른쪽 아래 낙서(洛書)의 수(1에서 9까지 합) 45개 합이다. 전체 100의 양과 음은 (54, 46)이고 대각선 1을 포함한 왼쪽 위쪽은 (35, 20), 오른쪽 아래쪽은 (19, 26)이다. 상생 선천 하도(相生先天河圖)는 양(陽)이 15나 크나 상극 후천 낙서(相克後天

落書)는 음(陰)이 7이 크다. 하늘(天上)의 이상적인 도(道)는 양도(陽道)가 27% 이상 우세하나(15 / 55 = 0.272727…), 우리가 사는 세상 지상(地上)의 도(道)는 음도(陰道)가 15% 이상 더 성함(7 / 45 = 0.15555…)을 알 수 있다.

재미있는 것은 대각선(\) 1, 3, 5, 7, 9(하도 부분) 2, 4, 6, 8, 1(낙서 부분)을 중심으로 오른쪽과 아래(┌), 왼쪽과 위쪽(┘)이 서로 같은 수로 정확한 대칭을 이루고 있다. (예, 9일 경우 오른쪽과 아래(┌)는 1, 8, 4, 6, 6으로 대칭이고 왼쪽과 위(┘)는 2, 8, 5, 6으로 대칭이다.) 또 같은 대각선(\)을 직교(直交)하는 모든 수가 정확하게 대칭이다. (9는 직교하는 대각선(/)이 3, 5, 2, 2로 대칭이며, 7과 9 사이는 중심 숫자가 없이 대각선(/) 2, 7, 5, 3이 대칭이다.)

10차 마방진 진열표와 같이 수의 양(量)이나 표면적으로는 전체적인 대칭성이 없을지라도 모든 수를 단수화한 단수화표는 수의 질(質)과 내면은 대각선(\)을 중심으로 완벽한 대칭성을 보여 준다. 대표적으로 정성적(定性的)인 '조화와 균형'의 성질을 보여 주고 있다.

마방진은 현대 조합 수학의 기초가 되는 개념이다. 현재 농업의 생산성을 조사하는 경우나 건축물의 설계 적용, 심리테스트, 생물, 약학, 산업의 실험 계획, 설계 적용 등 아주 많은 분야에 응용되고 있다. 특히 현대 통신 기술에도 응용되고 있는데 반도체 칩에는 9차 직교 라틴방진이라는 마방진이 이용되었다. 반도체 칩은 신호를 빠르게 그리고 중복되지 않게 보내는 것이 가장 핵심 기술인데 이것에 바로 마방진의 기술이 이용되는 것이라고 한다.

이런 마방진을 뇌원차를 포장하면서 뇌원차 고유번호를 배치할 때 이용해 보자. 보존용 대형 뇌원차 100각을 보관할 함을 목곽 등으로 제작한 뒤 밑바닥에 10차 마방진 진열표와 같이 숫자를 새겨 놓거나 붙여 놓는다. 그리고 왼쪽 위의 1번에서 오른쪽 아래의 100번까지 고유번호를 가지고 있는 뇌원차를 해당 번호에 넣으면 된다.

100개의 작은 칸을 만들어 100각의 뇌원차를 보관할 때 규칙을 따라 넣을 수도 있고 아무렇게 무작위로 넣을 수도 있다. 그러나 각각의 뇌원차의 이름을 숫자로 새기고 생명을 불러일으켜 놓고 아무렇게나 넣는다고 하면, 태어난 생명체를 가꾸지 않고 돌보지 않고 내동댕이치는 것과 다를 바 없다.

이왕이면 멋지고 아름답게 보관하면 좋다. 더구나 재미있고 특이하고 신비로우면서 전통적이며 철학적, 물리적, 종교적인 남다른 의미가 있을 때는 채택해 볼 충분한 가치가 있다. 마케팅이나 스토리텔링 차원과 전통적인 수리철학에 충실했던 우리 선조들의 생각을 되살리는 의미도 있다.

양적으로는 뇌원차 1 접, 100각의 10차 마방진 수의 총량은 5050, 가로, 세로, 대각선으로 그 합 505로 같다. 배치된 각 수는 끊임없이 이어지면서 빠지거나 중복되지 않고 각 위치에서 조화와 균형을 이룬다. 평등하고 동등하게 참여하여 규율이 있는 가운데서 자율적인 자유를 누리며 공존하는 이상적인 사회를 상징한다. 우주의 본래 모습이다. 뇌원차가 사람들에게 〈우주와 생명의 본모습으로 회귀하는 매개체〉로서 역할을 한다고 할 때 이 10차 마방진의 진열로 뇌원차 1각(角)이 각각 온전히 자리 잡아 '온[百]'이 된다.

9) 뇌원차의 가격

(1) 작설차의 가격 고찰

고려의 궁중차 뇌원차(腦原茶)의 값을 현재로 환산해 볼 수 있을까? 당시의 기록으로 대차(大茶)와 뇌원차의 상대 가치는 알 수 있으나 기록이 없어 직접 알 방법이 없다. 다행히 조선 시대의 작설차의 값을 알 수 있는 몇 기록이 있다. 이들을 조사하여 뇌원차의 값을 계산하는 데 참고해 보자.

① 1471년 함안 군수(1471-1475)로 부임한 김종직(金宗直, 1431-1492)의 글[다원이수병서(茶園二首倂敍)]을 보자. "상공(上供)하는 차가 본 군(함안군)에서 나지도 않는데, 해마다 백성들에게 부과한다. 백성들은 전라도에 가서 쌀 1말(18L)에 차 1홉(18mL)의 비율로 사 온다." 김종직은 이런 불합리한 폐단을 없애기 위해 휴천면 엄천사(嚴川寺) 북쪽 죽림(竹林)에서 신라 때 차나무 수종을 구해 직접 100평의 관영 차밭을 일구었으나 그 뒤로도 함안군은 차 산지로 나오지 않는다. 여기

서 (작설)차의 가치는 주식인 쌀의 100배의 가치로 환산되고 있다. 따라서 작설차 1근(600g)은 쌀 60kg이므로 현 시세로 150,000원 정도이다.

② 선조실록(1598.6.23.)에 기록된, 명나라 어사 양호(楊鎬)의 이야기 중 남원의 작설차 수출을 권유한 내용이 있다. "남원의 차를 요동에 내다 판다면 10근에 1전을 받을 수 있다." 수출 가격으로 국내 유통 가격과 차이가 있을 수 있지만 1근에 1푼으로 금 시세로 환산한 1근은 현 시가로는 25,000원 정도이다. 실재 거래 가격은 아니다. 차를 마시지 않으니 싼 가격을 제시했을 수도 있다.

③ 18세기 후반 기록으로 보이는『탁지 별무 공물 작등어린(度支別貿供物作等.魚鱗)』의 의영고(義盈庫)에서 사용하는 차에 대한 부족분을 별도로 구입한 차의 가격이 나온다. "작설 원래 공물은 3근이나 일 년 소요량은 5근 9량(별도 구입가는 1근당 전 2량 5전)" 이 경우 작설차 1근(600g)의 가격을 현재 가치로 대략 산정하면 6,250,000원 정도다. (37.5g인 1량의 현재 기준 금 시세를 2,500,000원으로 계산, 2,500,000 × 2.5 = 6,250,000)

④ 1808년 편찬한 『만기요람(萬機要覽)』에 의하면 선혜청(宣惠廳)에서 의영고에 지급되는 호남 작설(雀舌)의 환산가(換算價)는 1근에 쌀 10말이다. 쌀 현 시세로 계산해 보면 450,000원 정도(1말=18L=18kg, 45,000원 기준)이다. 450,000원 현재 시세로 환가를 해 보면 쌀 10말은 금 1.8전 정도다.

⑤ 1840년 『하동부 보민고 절목(河東府補民庫節目)』에 의하면 4월에 작설 1근 값으로 돈 12전을 지급한다.[四月 錢肆拾兩 雀舌肆斤價]라고 기재하고 있다. 작설차 1근(600g)은 금 1.2냥으로 현재 가치는 3,000,000원 정도다.

이 작설차의 값을 한 번 정리해 보자. (1전 = 3.75g)

구분	시기	출처	품목	물량	1근 현가(원)	1전 현가(원)
①	1471년	다원이수병서	쌀	60kg	150,000	938
②	1598년	선조실록	금	1푼	25,000	156
③	18세기 후반	탁지 별무 공물 작등어린	금	2량 5전	6,250,000	39,063
④	1808년	만기요람	쌀	10말	450,000	2,813
⑤	1840년	하동부 보민고 절목	금	12전	3,000,000	18,750
〈평균〉					1,975,000	12,344

화폐 이외에 실물 화폐로 가장 중요한 쌀은 가치 변동이 적다. 실제 쌀이 화폐 기능을 많이 수행했다. ①과 ④와 같은 쌀로 환가된 경우는 337년 차이에도 3배 정도 차이로 큰 차이가 없다. ②,③,⑤와

같이 금으로 환가된 경우는 쌀과 너무 많은 차이가 난다. 금은 현재 값이 계속 올라 현재 가치가 커졌다. 실물 화폐의 명목 가치의 변동으로 쌀과 금을 같이 비교하는 것은 의미가 없다.

④의 쌀보다 금으로 환산한 현재 가치는 ③은 약 14배, ⑤는 약 7배로 비싸게 평가되나 ②번의 경우는 약 6% 정도에 불과하다. 물론 ②번은 공납용 작설차보다 품질이 떨어진 일반 차 기준일 수 있으며, 양호의 수출 가격 제시가 저평가된 부분이 있을 수 있다. 정상 가치로 보기 어렵다. 특수한 경우로 보고 가치 평가에서 배제한다.

가장 고가로 평가되는 ③의 경우 작설차는 송나라 최고급차인 소용봉 상품단차보다 25%나 비싸고 ⑤의 경우는 60% 정도의 값이다. 시간을 넘어 조선의 작설차를 금으로 평가한 가격은 송나라 소용단 상품용차와 큰 차이가 없는 가격이다.

(2) 뇌원차의 가격 고찰

뇌원차의 가격을 알 수 있는 자료가 없다. 작설차와 가격에 큰 차이가 없다 하더라도 1047년 작설차 가격으로 481년 시차를 넘어 990년의 뇌원차 가격을 가늠하기 어렵다. 외려 시대도 비슷하고 뇌원차와 성격이 가장 유사한 송나라 소용단(小龍團)과 비교해 보는 것이 좋을 것이다. 18년 전인 1049년은 이상 품귀 현상으로 뇌원차 가치가 이상 급등하여 가격 비교에 적합하지 않다.

따라서 77년 전인 990년 뇌원차의 가격을 송나라 북원공차 최고급품 가격과 같다고 보고 비교해 보자. 1,067년에 발간된 구양수(歐陽修, 1007-1072)의 『귀전록(歸田錄)』에 의하면 소용단 상품용차 1근(600g)은 28편(片)으로 금 2냥(현재 가치 5,000,000원)이다. 1돈(3.75g)으로 환산하면 1.25푼이고 현재 가치는 31,250원이다.

990년 대차(大茶)는 뇌원차의 1/40 가격이다. 따라서 대차 1근은 12,500원이다. 고려 시대 뇌원차의 대차(大茶)에 대한 상대가치는 기록된 자료를 비교 검토하여 얻을 수 있다.

① 990년 성종이 품계별로 차등 지급한 기준에 따르면, 서경 거주자 중 80세 이상의 모처(母妻)에게 대차 반 근(300g) 대신 뇌원차 2각(7.5g)을 하사한다. 곧 뇌원차는 대차의 40배의 가치다. (300 ÷ 7.5 = 40)

② 1047년 문종 때는 정2품 황보영(皇甫潁,? ~ 1047.10.24)의 부의품으로 뇌원차 40각(150g) 대신 대차 300근(180,000g)을 하사한다. 이때 뇌원차 가치는 대차의 1,200배다. (180,000 ÷ 150 = 1,200)

③ 1049년에는 정2품 최보성(崔輔成)은 뇌원차 30각(112.5g)을 하사받는다. 품계도 같고 2년 차이라 같아야 하는데 뇌원차 양이 3/4으로 준 것은 뇌원차 가격이 4/3 오른 것으로 1,600배

다. (1,200배 × 4/3 = 1,600배)

다음은 대차 1근의 가격 12,500원은 거의 변치 않는다고 보고 뇌원차 1각(角, 3.75g)의 상대가치에 따른 현재 가치 산정표다.

구분	시기	가격 배수	단위 환산치	환산 식	1각 현가(원)
①	990년	40배	3.75g÷600g=1/160	12,500 × 40 ÷ 160	3,125
②	1047년	1,200배	3.75g÷600g=1/160	12,500 × 1,200 ÷ 160	93,750
③	1049년	1,600배	3.75g÷600g=1/160	12,500 × 1,600 ÷ 160	125,000
			〈평균〉		73,958

뇌원차 가격은 990년에는 중국 송나라 소용단 상품용차 가격과 같다고 가정했지만 1047년에는 30배, 1049년에는 40배의 값으로 평가된다. 고려 뇌원차가 얼마나 품귀 현상을 빚었는가를 짐작할 수 있다.

성종 14년 995년에 정1품 최량(崔亮, ~995)의 부의품으로 1,000각의 뇌원차를 하사한다. 당시(990년) 기준으로는 3백여만 원으로 평가되나, 1,049년 뇌원차 값을 기준으로 현재 가치로 환산하면 1.25억 원에 해당하는 큰돈이다.

공다민(貢茶民)의 참상을 읊은 이규보(李奎報, 1168-1241)의 시에서도 공다민들의 참상과 함께 차의 가치가 표현되어 있다. "일만 알[粒]을 따서 떡차 1개를 만드니, 떡차 1개의 값이 천금으로도 바꾸기

힘드네[摘將萬粒成一餠, 一餠千金那易致]"

이규보가 있을 당시는 고려의 뇌원차의 이름은 사라졌으나 그 뇌원차의 명맥을 유지하고 있을 때다. 시적 표현이기는 하나 천금(千金)은 곧 천 냥(37.5kg) 금이므로 금 천 냥의 값이다.(현재 가치로는 25억이다.) 공다민의 노력과 참상으로 보았을 때 천금으로도 바꿀 수 없다는 표현이다. 이규보의 말처럼 뇌원차는 생산의 측면에서도 실제 값을 매길 수 없을 정도다. 이규보의 떡차가 뇌원차라는 직접 기록은 없다. '립(粒)'은 원래 껍질을 벗기지 않는 '낱알'의 뜻이다. 여기서는 찻잎이 아직 펴지지 않는 창(槍) 모양의 새싹[小芽]으로 최고급 차인 뇌원차일 것이다.

과연 실제 뇌원차의 거래 가격이 있었을까? 기록이 없기도 하지만 실제 없었음이 사실에 가까울 것이다. 공차된 뇌원차는 부의품, 하사품, 수출품 등으로 쓰였으며 유상 거래가 없었을 것이다. 여러 여건으로 가격을 추론해 보았지만 「값없음[無價]」이 맞겠다. 값을 치르고도 살 수 없는 희귀품, 귀중품이다.

송나라 용봉차들도 그러했다. 소단 1근을 2냥이라고 했던 구양수는 특성상 거래가 어려운데 무슨 근거로 그리 잡았는지 알 수 없다. 또 그는 이렇게 기록하고 있다. "인종(1010-1063)이 제사를 지낸 뒤 8인에게 떡차 1개를 하사했다. 금을 잘라 용봉화를 붙이고 완상하며 감히 시음하지 못했다. 나도 조정에 근무한 지 20년 만에 차를 하사받았다." 신임하는 신표로 희귀품이었다. 그러니 거래되기 어려

윘겠다.

고려의 뇌원차도 제례용이나 거란 금 등에 공물로 수출하거나 부의품 하사품 등으로 귀하게 쓰였다. 최초의 화폐로 996년에 건원중보(乾元重寶)가 발행되었으나 현물화폐보다 잘 쓰이지 않았다. 이 건원중보가 1002년까지 다점(茶店)에서 사용되었으나 대차(大茶)는 몰라도 뇌원차의 거래는 없었을 것이다. 그러나 현금(現今)에 이르러 뇌원차를 재현하고 상업화한다면 당시의 뇌원차 가격을 한번 고찰해 보는 일이 의미가 없지 않을 것이다.

(3) 재현할 「보성 뇌원차」 가격 고찰

뇌원차(腦原茶)의 원산지(보성 웅치)인 보성에서 궁중차인 뇌원차의 연구 개발과 재현에 힘쓰고 있다. 뇌원차 - 작설차 - 청태전 등 역사적인 흐름 속에 당시의 가격과 현재 유통되고 있는 최고급인 우전 녹차와 청태전 등의 가격을 참고하여 「보성 뇌원차」의 적정 가격을 산정해 보고자 한다. 《황제의 차》인 고려의 대표적인 최고급 발효 떡차인 뇌원차를 선물하고 음용할 수 있다면, 다인들에게 좋은 기회가 될 것이다.

현재 유통되는 녹차로 최고급인 우전차(雨前茶)의 가격을 보자.

상품명	제조처	중량	정상가	가격/g	가격/3.75g
① 우전 보성수제녹차	회천작목반	100g	92,000	920	3,450
② 우전 햇차보성녹차	보성제다	100g	90,000	900	3,375
③ 우전(김동곤 명차)	쌍계제다	80g	100,000	1,250	4,688
④ 우전(쌍계명차)	쌍계명차	60g	98,000	1,633	6,125
평균		85g	95,000	1,118	4,191

그리고 뇌원차와 가장 유사성이 큰 청태전(靑苔錢)의 가격을 보자.

상품명	개수	제조 판매처	정상가(함)	가격(개)
ⓐ 장흥돈차 청태전 목함	8구	녹색나눔	100,000	12,500
ⓑ 장흥돈차 청태전 꾸러미	12구	장흥다원	60,000	5,000
ⓒ 장흥 청태전(착한 자연)	12구	장흥청태전영농조합	119,000	9,917
ⓓ 장흥 청태전 지함	9구	삼촌밥상	85,000	9,444
평균	10.25구		91,000	8,878

현재 우전차는 조선의 작설차에 비교하면 쌀로 환가할 경우는 2.2
배 비싸고 금으로 환가할 경우는 21.7%에 불과하다. 쌀값이 잘 오
르지 않는 점, 금값이 많이 오른 점 등으로 보정하면 크게 보아 예나
지금이나 큰 값의 차이가 없다고 볼 수 있다.

현재 청태전과 고려의 뇌원차를 비교해 보면 990년은 뇌원차보다
2.8배 비싸고 폭등한 때는 9.5%, 7.1%의 값이다. 일시적인 품귀 사
태 등을 감안한다면 이 역시 천년을 넘어서도 가격은 큰 차이가 없
다고 인정된다.

또 현재 가격으로 우전차와 청태전을 보면 돈차인 덩이차가 잎차

4	9	2
3	5	7
8	1	6

보다 약 2배가량 부가가치를 인정받고 있음을 알 수 있다. 그러나 대부분은 포장 차이다. 고급 목함(木函)이나 지함(紙函)이 아닌 꾸러미(ⓑ)는 개당 5,000원 선으로 우전차보다 20% 비쌀 뿐이다.

개발할 「보성 뇌원차」는 약성이 강한 자생차, 야생차를 곡우 전에 채취하여 만들고 금색 지함 등을 고급 포장을 하여 청태전보다 고가일 수밖에 없다. 청태전 고급품인 ⓐ보다 20% 부가가치를 더해 개당 단가를 15,000원 정도 책정하여 9개로 하면 전체 가격은 135,000원이다. 고려의 뇌원차에 비하면 4.8배 비싸거나 16%, 12% 수준이다. 역사적으로 타당한 수준이며, 현재 다른 차와 비교할 때 바람직한 가격 포지션으로 본다.

개별 포장지에는 황룡(黃龍) 금박 등을 새기고, 각(各) 각(角)마다 제품 고유번호와 생산자 실명을 포장지 등에 새겨진다. 제품 번호는 제조연도-생산자-함 고유번호-제품고유번호 (ex, 20-조석현-001-1) 체계 등으로 표시한다. 보성 뇌원차 포장 구성은 아래와 같다.

제품고유번호 숫자는 마방진(魔方陣)의 하나로 낙서(洛書)의 수다. 우주 운행 원리를 나타내는 수다. 1, 6은 북쪽의 수(水), 3, 8은 동쪽의 목(木)이다. 금화교역(金火交易)이 일어나 4, 9는 남방(火)이지만 금(金), 2, 7은 서방(원래는 金)이지만 화(火)이다. 5는 주재하는 황극(皇極)으로 토(土)다. 각 뇌원차 각(角)을 낙서(洛書)의 수와 위치에 맞춰 배열함은 차를 통해 후천 세상의 이치를 깨닫는 실마리를 주고자 함이다.

마방진은 신비로운 수의 배열로 이 3차원의 경우 1부터 9까지 수를 배열하되, 가로, 세로, 대각선의 합이 15로 모두 같다. 15는 단수화(1+5=6)하면 6으로 된다. 6은 음(陰, 地)의 궁극수이며, 마지막 수인 9는 양(陽, 天)의 궁극수이다. 뇌원차 1각(角)의 값은 15,000원으로 단수화하면 6(1+5=6)으로 후천 세상을 여는 6수(六水)이고, 전체 값은 135,000원으로 궁극의 수인 9수(1+3+5=9)다.

6. 뇌원차의 원산지 - 보성 가을평 다소

1) 뇌원차 원산지를 찾아

토산(土産)이라면 우리나라 동방의 군자국 고려에서 나온 먹거리나 약초다. 고려(高麗)는 원래 '핵(核, 중심)'이라는 '코레(Core, 코어)'다. 핵은 작지만 중심이다. 엄청난 응축된 에너지가 있다. 열쇠와 같으니 작은 열쇠로 아무리 큰 문이라도 열 수 있다. '코레'에서 나는 산물은 다 약이 될 정도로 극강(極强)한 '신기정(神氣精)'을 머금고 있다. 우리나라 마늘이 그렇고 무도 그렇고, 도라지, 더덕, 인삼 등 셀 수 없는 '코레'의 토산이 그렇다. 대부분 단단하고 작고 맛있다. 말할 필요가 없이 몸에 이롭다. 한류와 난류가 만나고 음과 양이 우리 '코레'처럼 부딪치는 곳이 전 세계에 없다. 사계절이 뚜렷하고 온난이 심한 것도 마찬가지다. 간혹 얼어 죽기도 하지만 차도 난대가 아닌 한랭한 기운도 자극을 주는 온대의 '코레'가 약성이 뛰어나다.

고려 인삼이 최고인 것처럼 고려 뇌원차가 최고였다. 그래서 송도 거란도 원나라도 이어 명나라도 불로장생(不老長生) 영약(靈藥)으로 고려의 뇌원차를 좋아했다. 차(茶)를 마시면 108세까지 산다는 말이 있다. 108은 차(茶)자를 파자(破字) (艹, 八, 十, 八)로 풀어 만든 수다. '코레' 차에는 영기(靈氣)가 서려 있다는 것이다. 우리나라는 오행(五行)의 중앙 토(土)로서 색은 황(黃)이다. 실제 황토(黃土)에 원적외선을 비롯해 신성한 기운이 서렸다고 본다. 이러한 기운을 한층 머금고 있는 뇌원차의 원산지는 어디일까?

뇌원차의 원산지를 여러 자료는 전남지방이라 한다. 뇌원은 전남지방의 고 지명인데 찾을 수 없다고 손들고 있다. 고려의 뇌원차를 이은 조선조의 토산 차 토공(土貢) 중 작설차 산지는 20곳을 들고, 토공에서 배제된 토산으로 하동, 함양, 토의(土宜)로 옥구를 든다. 그리고 특히 약재로 보성, 고부, 광양을 들고 있다. 약재에 주목한다. 앞에서도 살폈던 '코레'의 약성이 아주 강한 뇌원차의 전통을 잇고 있기 때문이다. 궁중에 뇌원차의 이름으로 다공(茶貢)이 사라진 뒤에도 뇌원차의 강한 약성은 약재로 계속 남아 전해졌다. 전남이라면 이제 보성과 광양만 남아있으나 여러 가지로 보아 광양을 뇌원차의 원산지로 볼 수 없다.

허홍식은 『고려의 차와 남전불교』에서 고흥의 두원면이 뇌원차의 원산지라는 주장을 하고 있다. 뇌원과 근접한 지명으로 고흥군 두원면을 든다. 현재의 두원(荳原)면은 백제의 두힐(豆肹)현, 신라 경덕왕 때(757) 강원(薑原)현, 고려 때는 두원(荳原)현이었다. 이 지명의 원형은 한자로 음역된 두힐이다. 경덕왕은 한화(漢化)정책을 펼쳐 훈역(訓譯)하여 강원(薑原) 곧 생강밭으로 고친다. 이후의 이름 두원(荳原)의 '두' 역시 '두힐'의 '두'와 같은 음역이다. 훈역된 원(原)은 그대로 따랐다. 따라서 두원은 '생강'의 뜻이 있고 '콩'과는 전혀 관계가 없다.

애초에 생강을 음역한 지명을 훈역하여 콩으로 잘못 해석하였다. 잘못된 해석된 '콩 두(荳)'에 머리 혈(頁)를 붙여 '머리 두(頭)'로 발전시킨다. 이 '머리'는 또 두뇌(頭腦)라는 단어를 찾아 두(頭) 대신 뇌(腦)로 대치한다. 그리하여 두원이 곧 뇌원(腦原)이라고 한다. '콩'이 '차'와 상통하고 '두원(荳原)'은 '차밭'이라는 주장 자체도 지나친 끌어 붙이기다. 주장의 기초가 된 팩트 자체부터 틀리다. 즉 '두원'은 콩밭이 아니라 생강밭이기 때문이다.

뇌원차의 다소(茶所)라면 궁중의 직영 차밭이며 지방관을 파견해야 한다. 그런데 지방관을 파견하지 않고 부곡민들이 생존 유지를 위해 특수한 기술을 발전시켜 인근의 사찰에 특산물을 공급했을 것이라 주장한다. 두원면 운대리에서 차의 흔적을 찾지 못하고, 두원면 성두리 차수 마을에서 야생차를 발견하고 뇌원차의 고향일 가능성이 있다고 한다.

지방관을 파견하지 않고 사찰에 차를 공급했다면 뇌원차의 다소(茶所)가 아니다. 다촌(茶村)이다. 다소는 관비(官費)를 들여 관영(官營) 한다. 자발적인 차밭 경영을 했다 하니 다소의 경영과는 반대다. 무엇보다도 뇌원차는 다소(茶所)에서 생산된다. 고흥 두원면은 다소라는 기록 자체가 없다. 지금까지 살폈듯 두원면이 뇌원차의 원산지라는 주장을 수긍할 수 없는 사유가 차고 넘친다. 고흥 두원면이 어찌 뇌원차의 원산지가 될 수 있을 것인가?

한편에서는 나주시 다도면(고려, 조선 시대 남평현 차소면)을 다소로 보고 뇌원차의 산지로 주장한다. 『신증동국여지승람』(36권)의 남평현의 '소(所)'는 차소면이 아닌 봉황면의 운곡소(雲谷所, 현 나주시 봉황면 운곡리 운곡마을, 운곡(雲谷, 구름골, 구멍골, 지명으로 보았을 때 도자기소로 추정) 하나뿐이다. 별도로 차소면에 '다소'가 있었다면 운곡소 이외에 '소(所)'가 추가되어야 마땅하다. 뇌원차의 산지였던 유명한 다소라면 소가 1409년까지도 유지되었으므로 적어도 1530년에 발간되는 『신증동국여지승람』에 유적으로 수록되었을 것이다.

남평현 남 30리에서 60리에 이르는 차소(茶所)는 여러 마을을 합한 지역 명칭일 뿐이다. 차소(茶所) 지역은 불회사의 마산리(신월조리촌), 방산리(방촌, 한적골), 덕림리(만세, 준적), 도동리(척동, 평지), 현 다도면 소재지인 신동리(규동, 신촌), 운흥사의 암정리(장암, 지소(紙所)가 있었던 강정)다. 차소면(茶所面)으로 1914년 이웃 도천면(道川面)을 합해 현재 다도면(茶道面)이 된다.

위 차소(茶所) 지역은 일찍이 불회사[366년 마라난타 창건, 도선국사(897-912) 중창]는 백제부터, 운흥사(도선국사 창건)는 신라 말 고려 초기부터 절에 차를 공급하는 다촌(茶村)으로 정착해 얻은 지역 이름이다. 이 두 큰 사찰에 차를 공급하는 다촌(茶村)에 있는 제차소(製茶所)의 차소(茶所)이다. 이 차소 지역 명칭은 방산(芳山)리 방산 1구 방촌마을의 '차소 경로당'의 예와 같이 '차소'의 명칭을 발견할 수 있다. 불회사 사하촌(寺下村)인 방촌(芳村, 맞바우) 마을에서 불회사 차를 만들면서 '제차소(製茶所)' 이름인 '차소(茶所)'로 부른다. 다소(茶所)로도 불리고 차소면(茶所面) 소재지가 되면서 불회사, 운흥사 주변 6개 리 12개 마을 전 지역 이름으로 정착된 것 같다. 옛 이름을 따 지금 지은 이름 방촌(芳村)도 제차(製茶)의 차향(茶香)[향기 방(芳)]이 나는 마을[촌(村)]이다. 그러기 때문에 별공(別貢)하는 궁중 직영의 '다소(茶所)'는 아니다.

유명한 다소가 있어 차소면(茶所面)의 이름으로 남았을까? 외려 다소가 아니었기에 남았다. 다소는 원망의 대상이었고 없애고 싶은 이름이다. 실제로 소(所) 제도가 없어진 뒤 소(所)의 이름은 다 사라지거나 변형되었다. 반강제적으로 노역을 하던 고려 궁중의 다소가 없어진 뒤 결코 그 다소의 이름을 남겨 두지 않는다. 조선 시대 차를 공납하던 다공(茶貢)마을 지명이 전국에 산재한 것과 대비된다. 다소는 소의 이름은 다 사라지고 바뀐다.[장흥 향여소 → 관한, 보성 가을평소 → 약산, 보성 포곡소 → 양동, 화순 와촌소 → 다곡(多谷)리] 반면, 조선 시대 차를 공납하던 다공(茶貢) 마을은 이름이 그대로 남아 있는 경우가 많다.[거제시 연초면 다공리(茶貢里) 다공(茶貢)마을, 한지와 사기 등 도자기도 생산하던 합천군 가회면 장대리 다공(茶貢)마을, 화순군 남면 다산리(茶山里) 다공(茶貢)마을 등] 나주시 다도면의 차소면(茶所面)은 자발적으로 절의 차를 만드는 차소(茶所)였으므로 당당히 큰 지역 명칭으로 발전되었다. 고려부터 조선까지 차소면(茶所面)이 남아있는 이유다.

2) 뇌원차 원산지는 보성 가을평 다소(加乙坪茶所)

뇌원차의 원산지를 규명하기 위해서는 다소의 연구가 필수적이다. 그런데 기존 다소 연구는 너무 소략(疏略)하고 오류가 많다. 그래서 필자는 다소를 체계적으로 논증하여 「다소(茶所)를 찾아서」(보성문화원, 보성문화 27, 2018, pp. 137-161)를 내놓았다. 우선 세간에 알려진 장흥에 13개 다소가 있다는 것은 해석의 오류다. 『세종실록지리지』 원문 '가을전다소십삼(加乙田茶所十三)'을 가을전 다소 십삼(加乙田 茶所十三)으로 해석했다. 그래서 가을전 향(加乙田鄕)과 다소 13으로 13개 다소로 알려졌다.

바른 해석은 가을전차 소십삼(加乙田茶 所十三)으로 가을전 차향(加乙田茶鄕)과 소(所) 13개다. 다소는 보통, 소의 1/10도 안 된다. 장흥도호부만 다른 소는 하나도 없고 모든 13개가 전부 다소(茶所)다? 말도 안 된다. 13개 중 하나만 다소가 아니어도 다소 13개 해석은 무너진다. 그런데 필자가 밝힌 바로는 무려 8개가 분명 다소가 아닌 다른 소(所)이다.

필자는 장흥도호부 13개(장흥 12개, 보성 1개) 소의 위치를 『신증동국여지승람』의 기록을 토대로 지명 연구를 통해 마을 단위까지 추적했다. 3개의 소(수태소, 정산소, 안즉곡소)를 제외하고 10개의 소 성격을 밝혔다. 현 장흥의 8개 소는 다소가 아닌 다른 소다. 곧 요량소(와소), 정화소(봉화소), 웅점소(금소), 칠백유소(자기소), 운고서(도기소), 창거소(와소), 거개소(사기소), 가좌소(옹기소)다. 장흥에 있었던 다소는 장흥군 부산면 금자리 관한마을 향여소(香餘所) 하나뿐이다. 또 당시 장흥도호부의 가을평 다소(加乙坪茶所)는 현재는 장흥이 아닌 보성 웅치에 있다.

『세종실록지리지』 장흥도호부 고적 편의 가을전(加乙田)은 갈밭으로 새긴다. 위의 올바른 띄어 읽기로 밝혔듯 실제로는 가을전 차(加乙田茶)이니 갈대밭 차인 갈밭 차이다. '갈밭 차'의 '갈(乫, 可乙)'은 '갈대'의 소리를 한자로 적은 것이다. '갈대'의 뜻을 취하면 노(蘆, 갈대)이다. 또 밭(田)은 들(原)로 새길 수 있다. '뇌원(腦原)'의 명칭이 나온 '노원(蘆原)'이다. 서울에는 노원구(蘆原區)가 있다. 양주군 노원면에서 구명을 따왔다. 노원(蘆原)은 갈밭(갈대밭)의 한자말로 갈대가 많은 들에서 유래했다 한다. 곧 "갈밭 차(加乙田茶)"를 뜻으로 새기면 '노원 차(蘆原茶)'다. 우리말을 소리 나는 대로 한자를 빌려 쓰다 경덕왕의 757년 한화정책(漢化政策)에 따라 뜻으로 한자로 쓴 결과다. '노(蘆)'를 유사 소리이며 '뇌를 맑히는 약용의 이미지를 잘 살릴 수 있는 '뇌(腦)'로 바꾼 상표명으로 뇌원차(腦原茶)가 되었다. 노(盧)를 뇌(腦)로 바꾸어 독특한 약용 이미지를 잘 살렸다고 평가된다. 더불어 가장 품질이 좋다는 정수(精髓)의 이미지도 풍긴다.

① 가을전 차향(加乙田茶鄕)은『신증동국여지승람』에 거리가 기록되어 있지 않다. 그러나 차후에 그 자리는 가을평 다소의 다소민(茶所民)이 거주하는 마을이 된다. 현재의 약산마을인 약찌미 뻔떡지다.(보성군 웅치면 중산리 약산마을)『대동지지』(大東地志, 1810-1866)에서 보성군의 20리(8km) 지점에 있다는 추촌향(秋村鄕, 가을마을 향)이다. 실제 8.9km 떨어져 있다. 통상 10리(4km)나 5리(2km) 단위로 기술하고 있다. 최소 5리 단위로 볼 때 허용 오차는 ±1km(7-9km)이므로 8.9km는 20리 권역 내에 있다. 현재 형성된 마을 기준으로 보면 권역은 7.5만㎡(2.3만 평)에 이른다.

② 부의 동 30리인 11.8km 지점엔 지도상에 표시된 비사리밭들(보성군 웅치면 용반리 702-6)이 있다. 남동쪽 비서리밭등과 666m 떨어져 있으며, 57만㎡ 17만 평에 이르는 비사리밭들의 북쪽 끝부분이다. 비서리밭등은 비사리밭들을 형성한 주 등성이며 비사리밭등보다 현지인들이 비서리밭등으로 부르고 있어 이 변음을 존중해 비서리밭등으로 부른다. '갈대'의 경북 사투리는 '싸리'다. 한편 전라도에서는 빗자루를 만드는 싸리나무를 비사리나무라고 부른다. 당시 신라(경상도)에서 이주한 신라인들이 여기 지천(至賤)인 '갈대'를 보고 "싸리"라고 부른다. 지금도 경상도 사람들이 '쌀'을 '살'로 발음하니, 당시도

"싸리" 발음이 '사리'로 들렸다. 이것이 비사리로 변해 전해져 내려왔다. 비사리밭들은 비사리밭과 비사리들을 합해 통칭해 부르는 이름이다. 비사리(갈대)가 많은 약산, 용반천 주변은 비사리밭(갈대밭=가을전(加乙田)으로 '가을전 차향(茶鄕)'이다. 또 비사리가 있는 들(坪)인 비사리들(갈대들=가을평(加乙坪)은 '가을평 다소(茶所)'다.

③ 가을전 차향에서 777m 동남쪽에 있는 가을평 다소는 『신증동국여지승람』(1530)에 장흥도호부의 동쪽 31리(12.4km)로 밝혀졌다. 현재 지명은 비서리밭등(嶝)이다. 가을평 다소의 중심지인 제다소(製茶所)는 1리 단위이므로 ±0.2km 오차 범위 내에 있어야 한다. 그런데 바사리밭들을 형성하는 산자락인 비서리밭등(嶝)이 허용 오차도 없이 정확하게 부의 동쪽 31리 지점(12.4km)에 있다. 부의 동쪽 30리 지점(12km) 이라 하면 비서리밭등에 이르지 못하고 동고지등(嶝)(현재 동고지 마을) 이 돼버린다. 이를 막기 위해 1리(0.4km)를 더해 건너편 비서리밭등을 가을평 다소의 제다소(製茶所)로 표시했다. 『신증동국여지승람』에서 유일하게 1리(0.4km) 단위까지 기록한 사유가 아닌가 한다.

현지에선 이 '비사리들'을 뻔덕지로 부르고 있다. 이 또한 버덩의 경상도(경남) 사투리다. 버덩은 '높고 평평하여 나무는 없이 풀만 우거진 거친 들'을 말한다. 뻔덕은 번덕의 된소리다. 번덕의 번은 '번번하게 너른 것, 평평(平平)한 것, 평평한 들(坪)을 뜻한다.' 덕은 언덕('原')이다. 원('原')의 본뜻은 물줄기가 내려오는 언덕이다. 5줄기 작은 물줄기가 내려오는 비사리밭들 언덕을 아주 잘 표현한 한자이다. 그리고 비사밭들은 높은 평지 형태이므로 물도 없고 둥근 형태의 언덕을 나타내는 언덕인 구(丘)를 쓰지 않았다고 본다. 전라도 사투리로 '어덩', 전라도와 경남 사투리로 '어덕'이다. 자갈이 많아 최상품의 고려 뇌원차를 재배하는 데는 최적지였다. 그러나 다소가 폐해진 뒤에는 많은 자갈과 돌은 밭을 일구기에는 적합지 않았다. '비사리들'을 한자식으로 표현하면 '가을평(加乙坪)'이 된다. 가을평 다소(加乙坪茶所)다.

신라 때 현 약산마을 부근과 비사리밭을 가을전 차향 ㉠으로 불렀다. ㉢은 오른쪽 비사리들이고 가을평 다소다. 그리고 이 비사리밭과 비사리들을 합해 현재 내려오는 이름인 비사리밭들 ㉡으로 부르고 있다.

㉠ 비사리밭차향

  = 加乙田茶(鄕) ≫ 갈밭차(="蘆原"茶) ≫ 뇌원차("腦原"茶)

㉡ 비사리밭들 = 加乙田坪

㉢ 비사리뻔덕지 = 加乙坪(茶所)

결국, 뇌원차(腦原茶)는 고려 이전 신라 시대 때부터 이름을 떨치던 가을전 차향의 비사리밭들인 갈밭들에서 나는 갈밭차, 갈버덩차 곧 노원차(蘆原茶)였다. 동진과 교역이 활발하였던 백제의 복홀군 보성 땅은 일찍이 차를 생산하던 곳이다. 백제를 병합한 신라가 신라 조정에서 쓸 차를 차 재배 적지인 이곳 가을전 차향(茶鄉)에서 재배하여 공납을 받았다고 생각된다. 백제 병합 후 통일신라가 차향(茶鄉)을 설치하고 관리했다면 676년경이다. 1,300년이 넘는다. 신라의 유민들을 데리고 와서 직접 경영하고 운영하였다. 비사리밭들 주변의 지명의 원형(原型)이 경상도 사투리라는 것으로 알 수 있다.(비사리, 뻔덕지 등) 경덕왕은 한화(漢化)정책에 따라 지금까지 우리말 소리를 따던 지명인 '갈밭'을 757년에는 뜻으로 번역해 '노원(蘆原)'으로 바꾸었다.

그러나 그 차가 나는 비사리밭들이라는 우리말 사투리 이름은 지금까지 원형이 손상되지 않고 내려온다. 뻔덕지라는 말도 오랜 생명력을 가지고 그 땅의 원형을 보존시켰다. 1995년 경지 정리로 오랜 황무지 뻔덕지는 지금 비옥한 웅치 평야가 되어 특산물 웅치 올벼쌀을 생산하고 있다. 고려 최고의 뇌원차 자리를 이제 웅치 올벼쌀이 대신하고 있다. 2019년 9월 20일 현지 답사길에 덕림 출신의 보성농협 안수자 상무가 선물한 웅치 올벼쌀은 옛 천년 전 뇌원차를 대신한 듯 더욱 뜻깊다. 그는 약산의 이름이 약찌미 뻔덕지이고 비사리밭들도 밭을 일구지 않는 황무지 뻔덕지였으며, 갈대밭이 지천으로 많았던 1995년 용반지구 농지 정리 전의 모습을 생생하게 증언하여 주었다.

신라 시대부터 차를 만들어 오는 차향(茶鄕)인 '가을전(加乙田)' 차향(茶鄕)은 고려 때는 '가을평(加乙坪)' 다소(茶所)가 된다. 신라 때 차를 만드는 제다소(製茶所)와 차 기술자들이 그대로 있어 고려 초기에 지방관을 파견해 궁중 직영 다소로 만들기 쉬웠을 것이다.

뇌원차는 약차의 명성으로 오히려 차(茶) 대신 약(藥)의 이름이 지명에 남는다. '차 마을'인 '차향(茶鄕)'의 '향(鄕)'은 고려 시대 이후 제도가 없어져 땅이름에서도 사라진다. 산(山)으로 대치된다. 현재 가을평 다소 앞 약산(藥山)마을이다. 이 약이 차약임은 현지인들이 부르는 약산마을의 우리말이 더욱 뒷받침한다.

약찌미 뻔덕지로 지금도 낮게 부르고 있다. '약찌미'는 차약을 찌는 것이다. 증제차(蒸製茶)인 뇌원차를 만드는 유습이 지금까지 내려왔음을 알 수 있다. 또한 병고(病苦)가 많아서 차약을 상용함을 알 수 있다. 그래서 아예 마을 이름으로 내려온다. 제방이 변변치 않았던 당시에는 용반천이 늘 넘쳐 홍수가 나고 전염병이 잘 돌았다. 마을은 돌이 많고 돌담도 많았다. 땅은 거칠어 뻔덕지라 불렀다.

보성군의 설명에 의하면 마을이 평탄하여 '평장(平莊)'이라 하다. 장(莊)은 내장(內莊)으로 소(所)의 제도가 없어진 뒤로도 궁중, 조정의 지배 아래 있던 농장이다. 마을에 변고가 많아 1565년경 전라감사가 '약산(藥山)'이라 개칭했다 한다. 또 '평촌(坪村)'이라고도 불렀다. 뻔덕지는 거친 넓은 언덕 평야이므로 그 뜻으로 평(坪)으로 해석된다. 마을 촌(村)의 지명이 붙은 것은 비로소 일반 민간의 땅으로 바뀌었음을 뜻한다. 이름으로 보았을 때 한 마을이 역사 속에서 여러 역할을 하며 변천한 드문 예다. 같은 지역이 향(鄕)에서 소(所)로, 소(所), 장(莊)에서 마을 촌(村)으로 바뀜을 볼 수 있다.

차향(茶鄕)으로 신라 때부터 차를 생산하는 차 농원을 고려 초기 왕실에서 소유하는 직영 차 농장으로 바꾸고 뇌원차를 생산하여 공물로 바쳤다. 뇌원차의 다소(茶所) 운영이 힘들어진 뒤에도 왕실 소유의 장(莊)으로 운영하였으나 갈등이 많았다. 내장(內莊)은 고려 시대에, 왕실의 비용을 마련하기 위하여 왕실에서 소유·경영하던 농토다.

1530년 『신증동국여지승람』에는 적촌(狄村)이라고 씌어있다. 적촌향(狄村鄕)은 지명을 따져볼 필요가 있다. 오랑캐 적(狄)은 가을 추(秋)와 글자가 비슷하다. 벼 화(禾) 변을 붓글씨로 쓰면 개사슴록 변(犭)과 매우 흡사하다. 『신증동국여지승람』에서 가을 秋를 狄으로 잘못 인쇄한 것으로 본다. 한편 『대동지지』의 추촌향의 추(秌) 자도 적(狄)자와 비슷하나 한국고전번역원에서는 추(秋)로 보았다. '가을 촌 향'을 한자의 뜻으로 쓴 지명의 뜻과 부합한다. 오랑캐 적(狄)은 지명으로 부적합하다. 따라서 필자도 狄자와 많은 유사성을 인정하나 한국고전번역원의 풀이처럼 가을 秋로 보았다. 그래야 가을전향과 같은 지명의 이름이 된다.

수탈당하는 향민(鄕民), 다소민(茶所民)이나 장(莊)의 노역민(勞役民)들의 고통은 말할 필요가 없겠다. 고려 명차 뇌원차를 생산하기 위해 원산지와 제다소민(製茶所民)의 큰 희생이 있었다. 중앙 조정에 저항이 없을 수 없으나, 그렇다고 임금이 다스리는 어느 땅이든 적촌(狄村, 오랑캐 마을)이라고 불렀다고는 생각할 수 없다. 땅이름 변천사를 요약해 보면 다음과 같다.

① 일명 적촌향(狄村鄕), ② '추촌(秋村)' 향(鄕)='가을전(加乙田)' 차향(茶鄕) ⇒ '노원(蘆原)' 차향(茶鄕) ⇒ ③ 비사리밭들=가을전평(加乙田坪), 비사리뻔덕지 ⇒ ④ 가을평 다소(加乙坪茶所) ← 뇌원차의 원산지〉 ⇒ ⑤ 평장(平莊) ⇒ ⑥ 평촌(坪村) ⇒ ⑦ 약산(藥山), 약찌미 뻔덕지

뇌원차를 만드는 가을평 다소의 궁중 직영 차 농장인 '궁원전(宮院田)'은 57만㎡(17만 평)에 이르는 너른 땅이다. 가을평 다소 서쪽은 산모퉁이 섬방골에서 895번 일림로를 따라 구례통들 위와 동고지등을 지나 약산 마을 앞과 용반천(龍盤川)에 이른다. 용반천(龍盤川)은 용추에서 발원하여 북동류(北東流)하여 용반리의 비사리밭들을 북부를 적시고, 한 지류는 삼수에서 형제봉 아래로 북서류(北西流)하여 비사리밭들 동쪽을 적신다. 현장 답사에 참여했던 보성군청의 손연지 계장에 의하면 이 용반천은 너무 많은 갈대로 해 년

마다 갈대를 제거하여 물 흐름을 유지한다고 한다. 용반의 용(龍)은 사실 물'(水)'이고, 반(盤)은 반반한 뻔덕지의 뜻이다. 북동류(北東流)하는 이 용반천은 삼수 앞들에서 형제봉 자락을 따라 북서류(北西流)하는 용반천 지천(支川)과 합류한다. 이 양 용반천에는 냇가 물흐름을 막을 정도로 갈대밭이 무성하다. 이 특징적인 갈대밭으로 인해 비사리뻔덕지, 비사리밭들이라는 명칭을 얻는다. 또 거기서 나는 차를 갈대밭차 곧 노원차(蘆原茶), 뇌원차(腦原茶)라 부른다.

뇌원차 차 농장에는 큰 냇가인 용반천 외에도 지금은 사라진 동고지등에서 내려오는 작은 내와 비서리밭등의 작은 내가 있다. 1995년 용반지구 경지 정리 전엔 두 용반천 사이에 5개의 작은 내가 흐르고 있었다. 비사리밭등은 숲이 조금 있고 마을이 있는 동고지등의 왼쪽은 비사리밭이 있고 나머지는 모두 뻔덕지 논이었다. 2010년, 2011년에 동고지등과 비서리밭등에 몇 동의 우사(牛舍)들이 지어졌다. 땅은 자갈과 돌이 많다. 물 빠짐이 좋은 사력질(砂礫質) 땅으로 최상의 차가 생산되었다. 고려를 대표하는 궁중차, 뇌원차의 원산지다.

신라 조정에 바칠 차를 만드는 곳은 가을전 차향인 약찌미 뻔덕지 약산 마을이었을 것이다.(보성군 웅치면 중산리) 그러나 고려 때 가을평 다소의 중심지 제다소(製茶所)는 약찌미 뻔덕지로부터 동쪽 777m 떨어진 비서리밭등이다(보성군 웅치면 용반리 172-3번지를 기준 삼는다). 신라의 가을전 차향과 차를 만드는 향민(鄕民)이 있고 갈밭차가 나는 비사리밭들이 있었기에 고려 초기에 바로 쉽게 뇌원차를 생산할 수 있었다. 다소민(茶所民)은 여전히 약찌미 뻔덕지의 차향민(茶鄉民)이 담당하거나 기술적인 지원을 했을 것이다. 비서리밭등은 가을펑 다소인 비사리밭들 남쪽 끝으로 비사리밭들 전체를 조망할 수 있는 조금 높은 곳이다. 관리 감독이 쉬운 위치다. 파견된 고려의 다소를 운영하는 관리가 직접 비서리밭등의 가을펑 다소 제다소와 뇌원차 원산지인 비사리밭들을 관리하였을 것이다.

관리의 거주지는 다소민의 거주지인 약찌미 뻔덕지 같은 척박한 곳이 아니었을 것이다. 신분 사회에서 섞여 살 리도 만무하다. 그들은 숲이 잘 조성된 일림산 자락 비옥한 땅, 숲안 [임내(林內)>, 현 덕림(德林)이나 사방이 숲으로 둘러 잘 보이지 않는 대은(大隱) 숲속에서 살았을 것이다. 비서리밭등의 바로 위 대은(大隱), 덕산(德山), 덕림(德林) 마을 등을 추정할 수 있다. 세 마을의 지명이 산과 숲 등이 모두 크다[큰 대(大), 큰 덕(德)]는 뜻을 지니고 있다. 이는 마을이 커서라기보다 우월적인 신분적, 물질적 지위가 마을 이름에 나타났다고 본다. 약찌미 뻔덕지에 비해 사람들이 살기 좋은 곳으로 지금도 잘 사는 부유한 마을이다.

이 뇌원차의 원산지는 뇌원차를 생산한 이후로 오랫동안 버려진 땅 황무지 뻔덕지였다. 자갈이 많아 차에는 적합했지만 밭을 일구고 다른 작물을 심기는 어려웠을 것이다. 지금은 1995년에 경지 정리가 되어 비사리밭늘은 반듯반듯한 논으로 가늑 차 있다. 낮은 구등

지 뻔덕지 산자락으로 차를 재배하기 좋았던 곳으로 상상하기 어렵다. 외양간도 2~3곳 서 있고 비서리밭등엔 밭과 조림이, 여러 성바지가 살아야 한다는 동고지에는 마을이 형성되어 있다.

제다소 위치는 다소들이 밀집해 있는 중앙이 유리하다. 뇌원차의 원산지 가을평 다소(加乙坪茶所)는 보성 2개 다소 중 하나로 장흥 1개소 등 3개 다소 중 중심에 위치한다. 곧 장흥의 향여 다소(香餘茶所,부산면 관한마을)의 동동남 10km, 보성 봇재골 양동(樑洞)[=봇골]의 포곡(蒲谷)[=봇골] 다소(茶所)의 서 6km 지점에 뇌원차의 원산지와 제다소인 가을평 다소가 있다. 보성 웅치 약산에 있는 이 가을평 다소의 제다소는 3개 다소에서 생산되는 차를 통합해 뇌원차를 만드는 "제다소(製茶所) 센터"일 가능성도 있다.

가을평 다소에서 바다로 나가는 길도 20리가 못 된다. 가을평 다소에서 포곡 다소로 넘어가는 고개인 한치재에 야생 차밭이 있다고 하며, 일림사 주변 등 일림산에 야생 차밭이 있다. 시오리길(6km) 밖에 안되는 포곡(蒲谷=봇골) 다소(茶所) 자리는 현재 봇재 아래 봇골 [양동(樑洞)=봇골]로 국가중요농업유산인 계단식 차밭이 잘 조성되어있는 대규모 차 산지다. 보성읍에서 정남 방향으로 20리(8km)에서 10리 단위 허용오차를 감안한 7~9km 봇재골 권역으로 보면 130만㎡(40만 평)에 이른다. 이중 34만㎡(10만 평)은 1984년 영천제(聆川堤)가 만들어져 물에 잠기었다.

포곡 다소가 있었던 봇골에는 아름다운 계단식 차밭이 만들어져 현재도 보성차산업의 메카가 되고 있다. 영천저수지 쪽에는 다도락 다원, 양동마을 부근은 반야다원, 승설녹차, 영천다원, 초록잎이 펼치는 세상 등이 옛 포곡 다소의 권역에 있다.

지금 이곳이 보성차산업 기지가 된 것은 결코 우연이 아니다. 일제강점기에 처음 조성된 곳이 아니다. 천여 년 전 고려 초기에 뇌원차의 원산지인 가을평 다소와 가까운 고려 조정에 차를 공납하던 포곡 다소가 있던 자리다. 대단위 규모를 자랑하는 포곡 다소도 자체적으로 제다소를 가지고 있었을 것이다. 이웃 시오리 길의 가을평 다소와 지척이다. 뇌원차를 생산했는지는 구체적인 직접 사료가 없어 알 수 없다. 그러나 가을평 다소와 가까워 뇌원차와 연관을 가지고 보완 기능을 했을 가능성은 매우 크다. 뇌원차는 귀한 어린잎을 따 만들었다. 찻잎이 부족할 경우 이곳 포곡 다소에서 찻잎을 따와서 만들 수도 있었을 것이다. 따라서 뇌원차의 원산지인 가을전 차향과 가을평 다소, 보완적 기능을 담당했을 포곡 다소 등 세 곳을 뇌원차의 유적지로 개발되었으면 한다. 우리나라 차 역사 문화관광에 기여하기를 바란다. 또 뇌원차의 전통을 현대에 맞게 재해석하여 산업화하거나 자랑스러운 우리 문화자원으로 승화시켜 나갔으면 한다.

7. 나오는 말

뇌원차는 궁중용 차로 화려하게 사용된다. 궁중의례용, 하사품, 부의품 또 거란, 금 등에 공물로 보낸 최고급 차다. 고려 인삼처럼 고려 뇌원차는 불로장생(不老長生)의 신묘(神妙)한 약이었다. 이런 훌륭한 뇌원차에 대해 우리는 아는 것이 별로 없다. 뇌원차를 탐색하는 것이 마치 맹인이 코끼리[象]를 만지는 것 같다. 이 글은 뇌원차의 보이지 않는 상(象)을 들어내려 힘썼다.

최초의 고형차인 고구려 고분 전차(錢茶)는 최초의 토산차이기도 하다. 따라서 뇌원차의 뿌리가 된다. 그리고 뇌원차는 청태전, 전차의 줄기이기도 하다. 고구려 고분 전차 > 뇌원차(떡차) > 청태전(전차)로 이어진다. 우리 토산차는 약성이 뛰어난 약차이며, 화폐의 기능까지 했다고 본다. 뇌원차를 세는 단위 각(角)이 '모(方)'난 것을 세는 단위로 보아 '사각(四角)의 떡차' 형태로 추론한다.

뇌원차의 무늬 유무도 판단할 직접 근거 자체가 거의 없다. 그러나 왕실의 권위를 나타낼 필요와 궁중용으로 구분할 필요 또 고려의 차를 나타낼 필요 등으로 무늬가 필요했을 것으로 보았다. 그 무늬로는 신조(神鳥)인 봉황(鳳凰)이나 삼족오(三足烏)를 상정해 보았다.

뇌원차의 단위인 각(角)은 중국의 차의 포장단위 각(角)과 전혀 다르다. 송의 1각은 상품용차 40개 단위로 2근(=1,200g)이다. 이 경우 단차 1개는 30g이다. 우리 고려 뇌원차의 1각은 3.75g으로 보았다. 돈[錢]의 단위와 같다 본 것이다. 중국의 화폐단위 각(角)의 무게와 우리나라 전차들의 무게 등을 고려했을 때 타당성이 있다. 1근은 160각이다. 포장단위는 알려지지 않았다. 실제 뇌원차를 하사한 각(角)의 단위(2개, 5개, 10개, 200개, 1000개)를 보면 뇌원차의 포장단위를 특정하기 어렵다.

뇌원차의 상대 가치는 품계에 따라 일정한 기준을 따져 산정했다. 큰 잎으로 만드는 산차(散茶)인 대차(大茶)에 대해 40배에서 1,600배의 가치다. 뇌원차가 얼마나 귀했는가를 여실히 나타낸다.

뇌원차의 제법에 대해서도 알려진 바가 없다. 북원 공차의 제법을 기준으로 영향을 받는 부분과 받지 않는 부분에 대해서도 추정해 보았다. 떡차의 특성상 천공(穿孔)은 없었다고 보았다. 차고(茶膏)를 짜내는 부분도 차의 약성을 중시하는 고려의 뇌원차로 보아 채택하지 않았다고 보았다. 이로써 우리 고려인 '코레'의 극강한 신비한 약성이 두드러졌을 것이다. 우리 대한민국은 전 세계에서 가장 작지만, 에너지가 가장 강한 핵(核)이다. 그래서 우리 덩이차인 뇌원차 떡차는 작을 수밖에 없다.

마지막으로 뇌원차의 원산지를 찾는 문제를 다뤘다. 먼저 우리나라 다소와 참고가 될 송의 북원 공차를 살폈다. 특히 우리나라 다소는 장흥도호부에 13개 다소가 있다고 잘못 알려졌다. 명백한 해석의 오류이다. 장흥에 향여 다소 1개만 인정된다. 그리고 보성에 포곡 다소와 가을평 다소 2곳이 있을 뿐이다. 그리고 바른 해석으로 '가을평소'라고 부르기 전 '가을전(加乙田) 차향(茶鄕)'을 찾을 수 있었다. 그 '가을전 차향'이 바로 뇌원차의 산지인 가을평 다소(加乙坪茶所)의 모체임은 놀랍다.

고려 초기의 뇌원차는 신라 시대부터 차향(茶鄕)으로 존재하고 있었다. 그곳이 곧 보성 웅치의 '가을전 차향(加乙田茶鄕)'이다. 고려 때는 궁중 직영의 제다소(製茶所)인 '가을평 다소(加乙坪茶所)'로 바뀐다. '가을전(加乙田)' 차향(茶鄕)은 경덕왕 때 한화(漢化) 지명으로 변화시키면 '노원(蘆原)' 차향(茶鄕)이다. '뇌원(腦原)'의 지명은 '노원(蘆原)'에서 미화(美化)한 유사 발음의 상품명으로 작명되었다. 뇌원차는 원래 '갈(대)밭차'였음을 새롭게 밝혔다. 주위의 다소인 포곡 다소와 향여 다소의 존재와 현재도 남아 있는 '비사리밭들' '약찌미 뻔덕지' 등 지명의 역사 등을 종합하여 뇌원차의 원산지를 추적했다. 위의 모든 조건을 충족하는 뇌원차의 원산지 차밭이 비사리밭들의 갈밭 차이고 가을평 다소(加乙坪茶所)다. 그 제다소(製茶所)는 장흥도호부에서 정확히 31리(12.4km) 떨어진 보성 웅치 용반리 비서리밭등임을 자세히 밝혔다. 그리고 파견된 조정의 관리는 일림산 자락의 대은, 덕산, 덕림 마을 등 숲이 잘 조성된 좋은 땅에서 거주했을 것으로 보았다.

고려 초기 뇌원차의 원산지인 가을평 다소 인근의 포곡 다소는 봇재골 차밭이다. 현재에도 보성의 대표적인 차산지의 메카다. 뇌원차의 발상지인 가을평 다소와 함께 천년이 넘는 우리 토산차의 역사적인 현장이다. 두 다소는 새로운 차 역사의 지평을 열 수 있을 것이다. 뇌원차의 전통을 이어받아 훌륭한 차가 만들어지고 아름다운 차 문화가 꽃피우기를 바란다.

4장
보성 뇌원차 되살리기

조석현, 조기정, 이주현, 박금옥

1. 사전 답사

◆ 일 시 : 2020년 4월 8일 수요일

◆ 장소 : 보성군 차밭밑 양산항가 차밭, 양산항가, 신기호 박사 댁

◆ 회의 내용

1) 1차 회의: 10:00~12:00

○ 뇌원차 기본 원형을 재현

○ 순수한 뇌원차와 용뇌 첨가 여부 논의

○ 뇌원차 차틀의 1구(口)는 $4 \times 4 \times 0.65$cm의 사각형

○ 말리기 방식은 온돌과 햇볕 말리기 병행

○ 뇌원차 성형에는 보성 특산의 삼베 사용

○ 완제품 납품 시 포장지와 보관함 디자인 연구

○ 뇌원차 투입 중량 설정(10g, 15g, 25g)

2) 2차 회의: 14:20~15:20

○ 생잎의 수확을 시기별, 지역별로 구분하여 채다

○ 가을평 다소(加乙坪茶所, 웅치면)와 포곡 다소(浦谷茶所, 회전

면)는 왕실에 차를 공차(貢茶)

○ 채엽 장소 : 차밭밑 고차수 차밭, 일림사, 웅치지역으로 정함

○ 1차 제다: 4월 10일(차밭밑 마을 뒷산 고차수 찻잎)

○ 2차 제다: 4월 18일(일림산 찻잎)

○ 3차 제다: 4월 28일(웅치지역 찻잎)

차밭밑 입구

차밭밑 고차수

3) 뇌원차 차 만들기 과정

(1) 찻잎 따기

뇌원차는 이른 봄에 딴 작고 어린 새순으로 만든다. 어린 찻잎
이라 전체 손가락으로 찻잎을 따기보다는 손톱과 손가락 끝부
분으로 줄기가 들어가지 않게 찻잎을 딴다.

뇌원차는 24절기 기준으로는 우전차(雨煎茶), 곡우차(穀雨茶)까지만 따서 만든다(2020년 청명은 4.4, 곡우는 4.19, 입하는 5.5). 2020년에 차를 만들 때는 1, 2차는 우전으로 1차는 4월 10일, 2차는 4월 18일에, 3차는 4월 28일로 곡우와 입하 사이에 땄다.

(2) 찻잎 시들리기[위조(萎凋, withering)]

① 시들리기

신선한 생잎을 적당한 두께로 펼쳐놓아 수분을 증발시키는 시들리기는 실외 햇볕 말리기[양건(陽乾), 일광 위조(日光萎凋), 쇄청(曬靑)]와 실외 그늘 말리기[음건(陰乾)]와 실내 말리기[량청(晾靑)] 등이 있다.

수분 감소는 대부분 찻잎 뒷면의 기공을 통해 이루어지나 일부의 수분은 표피의 각질층으로부터 증발한다. 수분 감소는 찻잎 세포의 팽창(膨脹, expansion)이 점차 줄어드는 현상으로 찻잎의 면적을 축소해 엽질(葉質)을 유연하게 하는데, 잎이 어릴수록 면적 축소율이 높다.

지나친 시들리기는 말리기의 시작으로 연결되어 품질의 저하를 일으키는 요인으로 강하게 시들려진 잎일 경우 발효(醱酵, fermentation)공정에서 효소의 활성이 현저히 저하되어 테아

플라빈(TF)과 향기 형성에 불리하다.

② 시들리기 작용

시들리기로 70%에서 75%까지 이르는 뇌원차용 연한 생잎 수분이 증발하면서 탱탱하고 뻣뻣하고 윤기 있는 찻잎은 부드럽게 시든다. 수분이 줄면서 맛, 향, 색을 내는 성분의 함량을 높인다. 다음 공정에서 찌고 찧기 쉬워진다.

생잎에는 리프(leaf) 알코올 성분이 있어 풀 비린내가 난다. 시들기를 하면 비교적 낮은 온도에서 수분과 함께 휘발하여 농도가 낮아지면서 향긋한 향기가 난다.

시들리기를 통해 산화와 가수분해로 고분자 물질이 분자량이 적은 물질로 전환된다. 생잎의 pH는 중성에 가까우나 산성화가 진행되어 시들리기를 한 잎의 pH는 5.1 ~ 6.0이 된다.

강한 쓰고 떫은맛을 내는 타닌(tannin)인 에스터형 카테킨(ECG, EGCG)은 유리형 카테킨(EC, EGC)으로 바뀌어 부드럽고 시원한 느낌의 가벼운 떫은 맛을 낸다. 산화를 통해 카테킨의 총량도 줄어들고 EC와 EGC가 결합한 차황소(茶黃素, TF, theaflavin, pH 5.7)와 더 진행된 카테킨 고분자화합물 차홍소(茶紅素, TR, thearubigin) 등 색소를 띠면서 향기가 난다.

(3) 찻잎 가려내기[간차(揀茶)]

찻잎 가운데 소아(小芽), 수아(水芽), 중아(中芽)는 취하고 자아(紫芽), 오체(烏蔕), 백합(白合)은 버린다.

찻잎을 잘 고르면 차의 빛깔과 맛이 좋지만 그렇지 않으면 차의 표면은 고르지 않고, 색은 흐리고 맛은 무거워진다.

(4) 찻잎 씻기

최고의 고급 차에 걸맞게 찻잎에 작은 불순물도 다 제거한다. 3~4번 깨끗하게 씻은 후, 채반에 받쳐서 표면의 물기를 최대한 제거한다. 생물학적(B), 화학적(C), 물리적(P) 위해 요소를 제거하는 중요한 공정이다. 찻잎을 씻지 않는 제조법은 비위생적이며 위해요소에 노출될 수 있다.

(5) 찻잎 찌기

삼베로 찻잎을 싼 후에 물이 끓기 시작하면 시루에 넣고 찐다. 장작불은 처음에는 강하게 한 후에 찻잎을 중간중간 뒤집을 때 화기를 줄였다가 다시 강하게 한다.

특히 깊은 시루에서 찔 때는 골고루 쪄질 수 있도록 두세 번 뒤집어 주면서 쪄진 차황(茶黃)을 확인한다. 푸른 빛의 찻잎은 연둣빛을 거쳐 고르게 노란빛으로 변하면 찌기를 마친다.

찻잎이 덜 익으면 빛깔은 파랗고 가라앉기 쉬우며 풀과 나무의 냄새가 나고 지나치게 익으면 빛깔이 너무 누르고 맛은 싱겁다. 따라서 적절하게 잘 쪄져야 하는데 덜 익는 것보다 조금 더 익는 게 낫다.

(6) 찻잎 식히기

삼베 보자기로 싼 쪄낸 찻잎을 꺼내 얇게 골고루 펼친 후에 송풍기를 사용한 통풍으로 찻잎을 최대한 빨리 식혀줘야 품질이 좋다.

(7) 찻잎 찧기

돌절구에 나무 절굿대로 찧는 힘든 과정이지만 가장 중요한 과정이다. 최대한 덜 찧어지지 않게 고르게 잘 찧는다. 찻잎의 찧는 정도가 뇌원차의 색·향·미를 결정한다.

잎맥, 잎자루, 줄기 등 차의 불순물이 있으면 골라낸다.

(8) 차 성형하기

성형 도구는 뇌원차 틀, 삼베 천, 저울(생잎 측정 저울, 찐 찻잎 측정 전자저울), 비닐장갑, 대바구니, 쟁반 등이 있다.

일정량(10g, 15g, 20g)의 찐 찻잎을 손으로 부딪쳐 고르게 한 후에 뇌원차 틀(圈)에 넣고 모양을 완성한다. 고형차의 두께에 따라 말리기 기간이 다르므로 뇌원차의 두께를 다르게 성형 시도하였다.

문헌에 기록된 단차의 모양은 네모난 차[방과(**方銙**)], 꽃 모양의 차[화과(**花銙**)], 대룡(**大龍**), 소룡(**小龍**)이 있는데, 품종도 같지 않고 그 이름 또한 다양하다. 보성 뇌원차 성형 모양은 네모난, 방각(**方角**)의 차다.

(9) 차 말리기(乾燥, drying)

높은 온도로 차의 수분을 증발시켜 화학성분의 변화를 일으켜 차의 향기 성분이 발현시키고 품질을 높이고 차를 완성하고 오래 저장하게 한다. 말리기는 함수율로 알 수 있는데 녹차는 5%±1%(4%~6%)를 기준하고 고형차인 뇌원차는 7.5%±1.5%(6%~9%)를 기준으로 한다.

불에 쬐어 말리는 배화(焙火)에는 숯의 은근한 불을 찌는 탄배(炭焙)와 홍배(烘焙)가 있다. 솥에서 하는 과초 건조(鍋炒乾造)와 천천히 하는 홍배 건조는 찻잎(품온) 최고온도 65~70℃, 최저 55~60%일 때가 적정하다. 햇볕에 말리는 일쇄 건조(日曬乾造)는 찻잎의 최고온도는 33℃, 최적 온도는 25℃다. 냉동 건조(冷凍乾燥)는 찻잎 20~30℃의 환경에서 19시간 동안 수분을 승화시켜 건조하고 적외선건조의 품온은 62℃에서 55℃로 한다. 전기나 열풍을 이용하여 건조할 수도 있다.

수분 함량이 많은 초기는 건조 온도를 높게 하였다가 점차 온도를 낮추어 간다. 온도가 너무 높으면 표피 경화 현상이 있고 너무 낮으면 기화 속도가 늦어 찻잎이 쪄지는 민증(悶蒸) 현상으로 품질이 떨어진다. 고온 건조는 누룽지 눌은 향기 같은 노화향(老火香), 중온 건조는 숙향미(熟香味), 저온 건조는 청향미(淸香味)가 난다.

건조 기간은 자연 건조를 기준으로 두꺼운 고형차는 10-15일, 얇은 고형차인 뇌원차는 6~8일을 잡는다.

(10) 끓는 물 통과하기[과탕(過湯)]

뇌원차의 품질을 향상하기 위한 과정으로 차는 빛깔이 더욱 선명해지고 건조과정에서 오염된 먼지 등을 제거한다.

성형 후 바로 탄배(炭焙), 열풍, 전기히터 등으로 화건(火乾)을 시킨 뒤 끓는 물을 2~3초(2.5±0.5초) 통과시키기를 3번 실시한다[삼과탕(三過湯)]. 마지막으로 끓은 물을 10~15초(12.5초 ±2.5초) 통과시켜[종과탕(終過湯)] 해로운 미생물(B)을 제거한다.

(11) 차 안 싸기(내 포장)

포장은 태어난 뇌원차가 세상에 나오기 위해 옷을 입는 것 같다. 겹겹으로 정성을 들여 삼지[麻紙]로 이중 포장을 한다. 먼저 속곳을 갖춰 입고 미리 보성 뇌원차 전각 도장을 찍은 겉옷을 걸친다.

세상에 태어난 뇌원차는 '삼또'라는 이찬식 대표가 대마(大麻)라고 불리는 삼베를 만드는 원료로 만든 삼지 옷을 입는다. 옷도 신토불이로 뇌원차의 고향 보성 특산품의 삼지 옷도 의미 있고 뜻깊은 일이다. 그런데 실제 삼지[마지(麻紙)]는 항균성과 통기성 습도조절이 매우 뛰어나 뇌원차의 포장지로 최적이다. 삼 자체는 95%~99%의 자체 항균력이 있고, 면의 20배 이상 통기성 있다. 88.4%의 원적외선 방출, 88.1%의 자외선 차단, 전자파 차단 기능까지 있다.

(12) 보관

포장이 끝난 뇌원차는 보성 이정운 작가의 도자기에 보관한다.

2. 보성 뇌원차 되살리기 : 1차

일시: 4월 10일

- 장소: 보성군 득량면 차밭밑 양산항가(梁山杭家) 야생 차밭
- 날씨: 12℃ 한때 흐림
- 조기정, 이주현, 박금옥, 나은비, 양충남, 안수자, 신기호

- 고차수(국가중요농업유산 제11호) 제 올리기
- 보성차와 다식, 향

🍃 1차 찻잎 따기

> 찻잎 따기 오전 08:00-12:00

- 곡우(穀雨, 4.19) 이전의 1창(槍), 1창(槍) 1기(旗)의 어린 찻잎
- 득량면 차밭밑 양산항가(梁山杭家) 야생 차밭에서 차밭 따기
- 야생상태의 차밭으로 시간당 딴 찻잎이 적음
- 다행히 이 지역은 서리 피해를 입지 않았으나 보성의 다른 지역은 서리 피해로 인해 차 따기가 어려웠음
- 보성군 차 따기 인부 2인도 함께 참여

차밭밑 고차수 찻잎 따기

차밭밑 찻잎 따기

차밭밑 차나무

차밭밑 차나무

🍃 1차 찻잎 시들리기·찻잎 가려내기

> 찻잎 시들리기 12:00-14:00 | 찻잎 고르기 13:00-14:00

- 찻잎의 큰 줄기, 황편(黃片), 마른 찻잎 등 골라냄.
- 차 따기 인부에 대한 교육 부족으로 차 따는 정확한 기준을 인지하지 못함
- 고르는 시간이 생각보다 많이 소요됨
- 보성군 차 따기 인부 2인
- 찻잎을 딴 뒤 찻잎 고르기 과정 이전과 고르는 동안 찻잎이 자연스럽게 시들리기

찻잎 가려내기

찻잎 가려내기

시들리기

찻잎 가려내는 동안 자연 시들리기 진행

🌿 1차 찻잎 씻기

14:00-14:30

- 처음에는 대야에 차를 넣고 씻음
- 2번째는 대바구니에 찻잎을 넣고 씻음
- 3~4회 깨끗한 물(횟수는 찻잎의 상태에 따라 좌우)
- 씻은 뒤 채반에서 물기를 어느 정도 뺀 뒤에 깨끗한 천을 이용해서 찻잎의 수분을 제거
- 찻잎에 수분이 많으면 찧기도 쉽지 않고 뇌원차 성형할 때도 어려우므로 최대한 수분을 제거

1차 대야에서 씻기

2차 대바구니에서 씻기

물기 제거하기

씻기 마친 찻잎

1차 찻잎 찌기

찻잎 찌기 14:30-15:00

- 제조 로트 단위는 시루로 1회 찻잎 찌는 양으로 함
- 1차 찌는 시루 제원 : Ø 40.5 ~ 27cm, h 27cm
- 가장 어려운 과정으로 너무 설익거나 너무 많이 쩌지면 차의 품질에 영향을 미침
- 알맞은 중정(中正)이 가장 좋으나, 중정을 맞추지 못할 때는 약간 덜 쩌지기보다는 조금 더 쩌지는 편이 나음
- 솥은 가마솥으로 연료는 장작불 사용, 찻잎을 넣기 전에 솥의 물을 끓인 후에 삼베에 찻잎을 싸서 시루에 넣음
- 불의 세기와 찻잎의 양에 따라 중간 뒤집기 시간이 좌우
- 찻잎의 색이 고르게 변화되어야 하며, 연둣빛의 찻잎이 연노랑빛으로 변함[다황(茶黃)]
- 790g(1-2로트), 뒤집기 : 1차(4분 30초), 2차(8분 45초), 꺼내기 (10분 20초)
- 350g(1-3로트), 뒤집기 : 1차(3분 10초), 2차(5분), 꺼내기(8분 20초)

찻잎 무게 재기

가마솥 화력

가마솥 물 끓이기

시루에 넣기 전 찻잎

가마솥에 찻잎 넣기

1차 뒤집기

2차 뒤집기

찌기 마침

1차 찻잎 식히기

찻잎 식히기 15:00-15:10

- 삼베 위에 찻잎을 골고루 펼쳐서 송풍기로 식히기
- 쪄진 찻잎의 색으로 쪄진 정도 파악(매우 어려운 상황으로 숙련된 차 만드는 사람이 판단 가능)
- 찻잎의 펼쳐진 정도의 두께는 정확히 구할 수는 없으나 최대한 쪄진 찻잎의 온기가 없어져야 함
- 딴 찻잎 710g(1-1로트)
- 딴 찻잎 790g(1-2로트) • 딴 찻잎 350g(1-3로트)

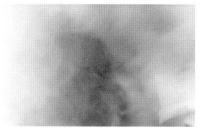

시루에서 찻잎 꺼내기

찻잎 고르게 펴기

찻잎 열기 식히기

식히기 마친 찻잎

🍃 1차 찻잎 찧기

 ┌─────────────────────┐
 │ 찻잎 찧기 15:00-15:10 │
 └─────────────────────┘

- 돌절구와 절굿대로 찧는, 가장 작업이 힘든 과정
- 찻잎보다 줄기 부분이 찧기 어려움
- 설익은 차는 찧기 힘들고 시간이 더 들었음, 잘 익어야 찧기 쉽고 찧는 시간이 줄어 듦
- 딴 찻잎 710g(1-1로트)
- 딴 찻잎 790g(1-2로트)
- 딴 찻잎 350g(1-3로트)

돌절구에서 찻잎 찧기

큰 줄기나 덜 쪄진 찻잎 고르면서 찧기

고르게 힘을 줘서 찻잎 찧기

찧기 완성

1차 뇌원차 성형하기

① 성형 도구

ㄱ. 뇌원차 차틀

○ 새로운 아이디어로 차틀 주문(조기정 교수) 제작

○ 뇌원차 차틀 구성: 수틀(배나무), 암틀(배나무), 받침대(소나무), 누름판(아까시나무)

○ 뇌원차틀 구멍 크기: 정사각형 직육면체 4cm × 4cm × 0.65cm

○ 차틀 제작 작가: 목원 최광문(소목장, 각종 공예대전 수상)

○ 동시에 뇌원차 7개를 만들 수 있음

○ 일정한 양을 넣고 고르게 힘을 줄 수 있게 설계

뇌원차 틀

구성: 성형 틀(수틀, 암틀), 받침대, 누름판

뇌원차 수틀　　　　　　　　뇌원차 암틀

ㄴ. 뇌원차 포장 전각(篆刻)

○ 전각 작가 : 목우 스님(불교와 명상지도, 선암사 선원장 역임)

○ 전각 재료 : 명품 전각석 수산석(壽山石)

○ 전각 형식 : 주문(籒文), 양각(陽刻)

보성 뇌원차 포장 전각과 뇌원차(앞)　　　　뇌원차 마감 전각(뒤)

ㄷ. 뇌원차 보관 용기

○ 작가 : 이정운(혜윰도예공방 대표)

○ 각종 공모전 수상, 각종 초대전 출품

② 성형방법

○ 차틀에 삼베를 씌운 후 일정량의 찻잎을 차틀에 넣기

○ 차틀에 넣는 찻잎의 무게: 10g, 15g, 20g

○ 1차 누르기 : 공기층이 생기지 않도록 힘을 고르게 눌러줌

○ 2차 누르기 : 삼베를 씌운 후에 차틀을 활용하여 고르게 누름

○ 누르는 힘의 강도에 따라 성형된 뇌원차의 외형이 결정

○ 찻잎 찧는 강도(상태)에 따라 찻잎의 표면이 다르게 나옴

○ 여린 찻잎 : 잘 찧어지고 성형하기 쉬움

○ 큰 찻잎 : 잎맥, 잎자루, 잎줄기 등이 섞여 있어서 절구에서 잘 찧어지지 않고 성형하기 어려움

> **뇌원차 성형하기** 15:30-18:00

• 뇌원차 무게를 다르게 성형(가로, 세로 규격은 같음)

• 1차 - 20g 37개

• 2차 - 20g 14개, 5g 28개, 10g 21개

• 3차 - 15g 28개

각각의 찻잎 무게 재기

찐 찻잎 무게 재기

뇌원차에 틀에 찐 차 넣기

수틀로 누르기

지지대로 뇌원차 틀을 고르게 누름

수틀을 들어 올림

뇌원차 모양 다듬기

완성하기

🌿 1차 뇌원차 성형 완성

> 뇌원차 성형

- 1차 - 20g 37개
- 2차 - 20g 14개, 15g 28개, 10g 21개
- 3차- 15g 28개

1차 : 찐 찻잎 20g

2차 : 찐 찻잎 10g, 찐 찻잎 15g

3차 : 찐 찻잎 15g

차 만들기를 마친 뒤

🍃 1차 차 말리기 : 햇볕 말리기 · 온돌방 말리기

> 4월 11일 오전 10시~오후 4시 30분

- 수분이 증발, 차의 가장자리부터 색이 진하게 변하면서 진행
- 차의 무게에 따라 색이 다르게 보임: 가벼운 차는 건조가 빨리 진행
- 실외 햇볕 말리기와 처마 밑 말리기
- 날씨가 흐리거나 저녁에는 온돌방 말리기(장작불)

〈4월 12일 오전 10시 말리기 상태〉

시간이 지나면서 가장자리부터 서서히 색이 진하게 변함

뇌원차의 가로 × 세로 × 높이 크기 감소(총 말리기 감소의 71%가 감소)
3.5cm × 3.5cm × 0.51(0.54)cm

- 4월 11일 내린 비로 날씨의 습도가 높아 실외 말리기를 하지 않고 불을 지핀 온돌방에서 말리기하고 있는 상태
- 잎의 쪄진 상태에 따라 차의 외형 다름
- 많이 찐 찻잎은 차의 외형이 매끄럽고 단단, 차 색은 어둡고 진함
- 덜 쪄진 차의 외형은 거칠고 차 색은 곱게 찧어진 찻잎보다 연함

<말리기 : 4월 14일 오전 8시 57분>

- 아침부터 햇살이 좋아 햇볕 말리기 상태
- 뇌원차의 가장자리보다 내면의 두께가 더 얇아지고 있음

<말리기 : 4월 16일 오전 8시 59분>

- 4월 10일 차를 만들어 8일이 지난 뇌원차의 상태
- 햇볕 말리기: 햇볕 좋은 날(2시간 내외)
- 온돌방 말리기: 저녁에는 온돌방 말리기
- 어린 찻잎으로 만들어서 차의 강한 진액으로 성형상태가 손으로 쉽게 부서지지 않을 정도로 단단함

〈4월 18일 10시 말리기 상태〉

1차 20g

2차 10g, 15g

3. 보성 뇌원차 되살리기 : 2차

🍃 2차 제 올리기·찻잎 따기

2020.4.18. 09:30-12:00

- 곡우(穀雨, 4.19) 이전의 1창, 1창 1기의 어린 찻잎
- 찻잎: 득량면 차밭밑 양산항가 차밭과 일림산 지역
- 조기정, 조석현, 이주현, 박금옥, 나은비, 양충남, 안수자, 신기호
- 보성군 차 따기 인부 2인

제 올리기

찻잎을 딴 뒤

🍃 2차 찻잎 시들리기·가려내기

12:00-14:30

- 곡우(穀雨) 이전의 1창, 1창 1기의 어린 찻잎
- 차밭밑 양산항가
- 보성군 차 따기 인부 2인 함께 참여
- 차 따는 기준 교육 지도 효과로 1차에 비해 딴 찻잎이 가려내는 시간이 짧음
- 찻잎 가려내기를 하는 동안 시들리기는 자연스럽게 진행됨
- 찻잎의 큰 줄기, 황편, 마른 찻잎 등 골라내기

차밭밑 야생 차밭

일림산 차밭

찻잎 가려내기

찻잎 가려내기

🍃 2차 찻잎 씻기

- 찻잎 씻기 전에 찻잎 저울로 무게 재기
- 흐르는 물로 2~3회 씻기
- 첫 번째는 대야에 넣은 찻잎을 물로 깨끗하게 씻어냄
- 대야에 씻은 찻잎을 대바구니로 옮긴 후에 흐르는 물로 다시 한번 씻고 바구니를 탈탈 털면서 물기 없앰

차밭밑 야생 차밭 무게 재기

일림산 차밭 무게 재기

차밭밑 찻잎 씻기

일림산 찻잎 씻기

🍃 2차 찻잎 찌기

〈시루에 찌기〉

- 찻잎 찌기[증청(蒸靑)]:
  2시 58분 시작
- 가마솥, 시루, 장작불 사용

〈1차 확인 후 찻잎 뒤집기〉

- 5분 10초 이후

〈2차 확인 후 찻잎 뒤집기〉

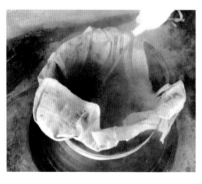

- 10분 10초 이후

〈3차 확인 후 찻잎 뒤집기〉

- 14분 10초 이후

〈4차 확인 후 찻잎 뒤집기〉

- 16분 10초 이후

🍃 2차 찻잎 찧기

〈찻잎 식히기〉

- 16분 30초 경과 후 찻잎 식히기

〈찻잎 찧기〉

- 찻잎에 수분이 많으나 푹 쪄져서 잘 찧어짐(1차 차 만들기 되 살리기보다 더 오랜 시간을 두고 쪘음)
- 줄기는 잘 찧어지지 않으나 찻잎은 최대한 고르게 찧어줌
- 찧은 차 무게- 일림산차: 830g, 차밭밑차: 1170g

2차 뇌원차 성형하기

〈차틀 준비 & 찻잎 계량하기〉

- 뇌원차틀, 다식판
- 성형할 찻잎 뭉치 단위 : 15g/개

〈뇌원차 성형하기〉

- 뇌원차틀에 삼베 씌우기(삼베는 너무 두껍고 모시는 찢어져 비
  닐로 대체)

- 뇌원차틀에 정량(15g) 찻잎 넣기
- 뇌원차틀 안의 찻잎을 고르게 누르면서 모양 만들기

- 암틀에 있는 찻잎을 수틀로 누르기
- 누를 때 힘을 고르게 분배해야 함
- 누르는 힘이 너무 세면 뇌원차의 모양이 일정하지 않게 됨

〈 뇌원차 모양 다듬기 〉

- 틀에서 꺼낸 뇌원차 모양 다듬기

- 뇌원차의 가로×세로×높이 고르게 다듬기

- 차틀에 놓인 7개의 차 위치에 따라 누름 판의 힘 조절이 일정하지 않기 때문에 약간의 찻잎 손실이 발생

🌿 2차 뇌원차 성형 완성

5시 이후

- 일림산차: 15g
- 차밭밑차: 8g, 10g, 20g

일림산차 10g

일림산차 15g

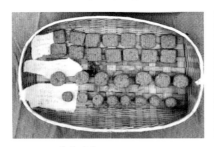
차밭밑차 8g, 10g, 20g

차밭밑차 15g

말리기 상태: 4월 19일

4. 보성 뇌원차 되살리기 : 3차

🍃 3차 찻잎 따기

4월 28일 09:00-11:30

- 곡우(4.19)와 입하(5.5) 사이 우후하전(雨後夏前) 절기 차로 1창 2기, 1창 3기까지 차 따기
- 웅치지역 찻잎
- 차밭밑 양산항가 차밭

🌿 3차 찻잎 시들리기·찻잎 가려내기

시들리기: 11:30-14:00 | 가려내기: 13:00-14:00

- 득량면 차밭밑 야생차 군락지 찻잎: 630g, 990g
- 웅치지역 찻잎: 770g
- 보성군 차 따기 2인: 웅치

차밭밑 찻잎

딴 찻잎

차밭밑 찻잎 가려내기

웅치지역 찻잎 가려내기

🌿 3차 찻잎 씻기·찻잎 찌기

14:20 -

- 찻잎 씻기: 대야와 바구니
- 찌는 과정 중간마다 찻잎 상태 확인
- 1차 확인, 2차 확인(찻잎 찢어진 상태)
- 찻잎의 상태와 장작불의 상태에 따라 찌는 정도 확인

바구니에서 찻잎 씻기

씻은 찻잎 시루에 넣기

찻잎 중간 뒤집기 과정

찌기 마친 찻잎

🌿 3차 찻잎 식히기

14:30-14:45

- 찻잎은 최대한 얇게 펼쳐 뜨거운 찻잎을 빨리 식힘
- 식히는 온도의 정도는 손으로 만졌을 때 따뜻한 기운이 느껴지지 않을 정도
- 찻잎의 상태와 무게, 차를 만드는 날 날씨에 따라 상황은 변화하기 때문에 식히는 온도와 시간보다는 찻잎을 고루 펼치고 식혀지는 정도가 중요
- 찻잎의 수분은 최대한 제거하는 것이 중요
- 식히는 도구로 선풍기나 부채 사용

채반 삼베 위에서 찻잎 식히기   찻잎 겹치지 않게 널어 식히기

🍃 3차 찻잎 찧기

14:45-

- 차밭밑 찻잎 (3-1로트): 2시 45분 시작
- 차밭밑 찻잎 (3-2로트): 3시 16분 시작
- 웅치지역 찻잎 (3-3로트): 3시 56분 시작
- 잘 쪄져서 잘 찧어짐

3차 뇌원차 성형하기

16:00-

- 1, 2차 10g, 15g, 20g 성형을 통하여 최종적으로 15g 결정
- 차밭밑 고차수 찻잎과 웅치지역 찻잎으로 뇌원차 차 만들기
- 찧은 찻잎 무게: 차밭밑   찻잎(3-1) :   712g
- 찧은 찻잎 무게: 차밭밑   찻잎(3-2) : 1120g
- 찧은 찻잎 무게: 웅치지역 찻잎(3-3) :   770g

🍃 3차 뇌원차 성형 완성

- 차밭밑 고차수 찻잎(3-1): 15g(630g)
- 차밭밑 고차수 찻잎(3-2): 15g(990g)
- 웅치지역　　　찻잎(3-3): 15g(770g)

차밭밑차(3-1) 성형: 15g

차밭밑차(3-2) 성형: 15g

웅치지역 첫(3-3) 성형: 15g

3차 뇌원차 만들기를 마치고

🍃 3차 차 말리기

29일 현재

- 차밭밑 고차수 찻잎(3-1): 15g(630g)
- 차밭밑 고차수 찻잎(3-2): 15g(990g)
- 웅치지역　　　찻잎(3-3): 15g(770g)

차밭밑차(3-1) 말리기: 15g

차밭밑차(3-2) 말리기: 15g

웅치지역 차(3-3) 말리기: 15g

제3차 차 말리기

🌿 3차 끓는 물 담그기[과탕(過湯)] : 1차분

- 말린 차를 끓는 물에 통과시키고 빨리 말리는 과탕(過湯)은 뇌원차의 품질을 높이기 위한 마지막 과정
- 성형한 뒤 건조된 뇌원차를 끓는 물에 2~3초 담그고 고열 송풍으로 빨리 말리는 과정 3회 실시, 수축, 팽창으로 물성 강화(양생과정)
- 마지막으로 말린 뒤 10~15초 1회 실시를 하여 불순물과 해로운 미생물 제거(소독 과정)

과탕 할 차를 작은 바구니에 담기

집게를 이용 끓는 물에 차 담그기

끓는 물에 차 담그는 중

집게로 빨리 꺼내기

🌿 3차 차 말리기[공냉(空冷)] : 1차분

- 끓는 물에 통과시킨 차를 부채질하거나 송풍기로 급히 말림
- 과탕(過湯)을 통해 차의 표면에 광택이 남

과탕을 한 탕색과 뇌원차

공랭 과정을 마친 뇌원차

5. 보성 뇌원차 포장하기 : 1, 2, 3차

- 1차 차밭밑   차(1-2) 20개(20g투입) NO. 1 ~ NO. 20
- 2차 일림산   차(2-1) 20개(15g투입) NO.21 ~ NO. 40
- 2차 차밭밑   차(2-2) 20개(15g투입) NO.41 ~ NO. 60
- 3차 차밭밑   차(3-2) 20개(15g투입) NO.61 ~ NO. 80
- 3차 웅치지역 차(3-3) 20개(15g투입) NO.81 ~ NO.100

포장지

- 속 지와 겉 지로 이중 포장
- 보성 '삼베랑' 이찬식 대표가 삼 또는 대마라고 불리는 삼베를 만드는 원료로 만든 삼지

속 포장지

속 포장지: 7 × 7cm

속 포장지로 동서남북 방향으로 접기

속 포장을 마친 뇌원차

겉 포장지

속 포장한 뇌원차와 겉 포장지

겉 포장지에 속 포장한 뇌원차 올리기

동서남북 방향으로 접기

겉 포장을 마친 뇌원차 뒷면

이중 포장 마감 전각 마무리

〈겉 포장지〉

이중 포장을 마친 뇌원차 윗면

이중 포장 마감 전각 마무리

뇌원차 1-20번 (1-2 lot)
차밭밑 찻잎(4월 10일 차 만들기)

뇌원차 21-40번(2-1 lot)
일림산 찻잎(4월 18일 차 만들기)

<완성된 뇌원차>

뇌원차 41-60번(2-2 lot)
차밭밑 찻잎(4월 18일 차 만들기)

뇌원차 61-80번(3-2 lot)
차밭밑 찻잎(4월 28일 차 만들기)

뇌원차 81-100번(3-3 lot)
웅치 지역 찻잎(4월 28일 차 만들기)

뇌원차 1-100번

6. 보성 뇌원차 저장하기 : 1, 2, 3차

보성 뇌원차는 보성의 이정운 작가에게 의뢰하여 고려 시대 순청자(純靑磁)로 제작한 뇌원차 전용 보관함에 보관했다. 바닥엔 삼지를 이중으로 깔았다. 삼지[麻紙]는 통기성(通氣性)이 가장 좋고 뇌원차의 습기를 잘 흡수하여 고슬고슬하게 잘 보관할 수 있다. 항균 능력도 뛰어나 해로운 세균으로부터 뇌원차를 지키는 역할을 한다.

이정운 작가의 뇌원차 보관함은 꼭지에 차꽃을 달아 차꽃을 보는 즐거움과 청초함을 느끼게 한다. 순청자의 깨끗하고 순수한 이미지와 잘 어울린다. 황제와 왕실에서 썼고, 귀하디귀해 한 때 대차의

뇌원차 보관 용기와 다기들

1,600배나 달했던 뇌원차의 위상에 잘 맞는 뇌원차 보관 그릇이라 할 수 있다.

7. 보성 뇌원차 마시기

전 연구원들이 모여 포장 작업을 하면서 보성 뇌원차의 시음 기회도 가졌다. 고려 시대야 뇌원차를 맷돌로 갈아 탕수에 푸는 점다법(點茶法)을 썼을 테지만 현대에 맞게 간편함을 위해 끓여 우려내는 탕포법(湯泡法)을 썼다.

아래와 같은 물 식힘 그릇의 보랏빛 다탕(茶湯)을 보고 먼저 환호성이 나왔다. 잔에 따라보니 출렁이는 물빛이 영롱하다. 그 다음은 맛볼 차례. 기대를 안고 혀가 느끼는 맛도 좋다. 약한 한약을 먹는 듯한 약간 쌉싸래한 맛있는 맛이다. 옛 선조들도 약간 달면서도 한약 같은

뇌원차의 다탕

좌측 < 청자에 담긴 탕색 >, 우측 <백자에 담긴 탕색>

풍미의 약간 쌉쌀한 맛을 보면서 건강해지는 느낌이 좋았을 것 같다. 당연한 이야기겠지만 다탕의 깊이가 깊을수록 색은 훨씬 짙어졌다. 한 주전자에 2각을 넣으면 다탕의 빛이 아주 짙었고, 1각 정도이면 맑고 깨끗했다.

탕색(湯色)은 다탕의 농도 이외에도 그릇의 색에 큰 영향을 받았다. 붉은빛을 띠는 물식힘 그릇에서 색이 보랏빛으로 가장 좋았다. 아래와같은 청자 찻잔에서는 밤색 빛을 더 띠어 실제 탕약(湯藥) 같은 느낌이 들었다. 가장 빛이 안 좋은 그릇은 백자였다. 백자 잔에 탕색이 가장 잘 드러나 멋있을 것 같았는데 반대였다. 홍차처럼 붉은빛을 띠긴 하나 맑지 못하여 색감(色感)이 제일 떨어졌다.

뇌원차의 차 약으로 색이 잘 드러나는 것은 역시 고려 시대 유행했던 청잣빛이었다. 그리고 보랏빛으로 빛이 맑고 붉은빛으로 영롱한 것은 물식힘 그릇과 같은 붉은빛이 도는 도자기였다.

아무쪼록 고려 뇌원차 되살리기가 머리가 혼잡한 현대인의 번뇌(煩惱)에 싸인 뇌(腦)를 원래(原來) 맑은 뇌로 되돌리는 차로, 뇌원차(腦原茶)가 우리 가까이 함께하기를 기원한다.

5장

보성 뇌원차 만들어 보기

조석현, 조기정, 이주현, 박금옥

1. 뇌원차 만들기 길라잡이

고려의 대표적인 명차(名茶)인 뇌원차를 만드는 방법은 어디에도 없다. 조정에서 다소(茶所)를 직영하여 별공(別貢)했던 뇌원차는 송나라 북원공차와 비슷하다. 사료가 미비한 현재로서는 북원공차의 용원승설 등 용봉단차의 차 만드는 방법을 상당 부분 참고할 수밖에 없다.

그리고 우리나라 고유의 전승 문화 등을 참고하여 다시 되살리는 노력을 하고자 한다. 모양은 둥근 단차보다는 사각 모양의 떡차로 보았다. 뇌원차를 세는 단위인 각(角)이 이미 사각(四角)의 형상을 암시하고 있다. 고려 가야사에서 출토된 사각의 작은 떡차(2.36cm×2.36cm×1.18cm)는 고려 고유의 차인 뇌원차 같은 떡차로 추정된다. 금과 같이 귀하게 거래된 뇌원차 1각은 우리 돈차의 크기 등을 고려하여 1돈쭝(1전)은 3.75g으로 잡았다.

우리나라에서 널리 애용했던 전통음식 떡은 돌절구로 찧어 질시루로 찐다. 이 방법을 떡차인 뇌원차를 만들 때 썼으리라는 것이 가장 현실적인 추론이다. 콩은 맷돌로 갈거나 볶지만 어린 생나물 같은 찻잎은 덖거나 쪘을 것이다.

채택한 햇볕 말리기와 온돌 말리기 역시 온돌이 발달한 우리 문화의 특성상 당연한 귀결이다. 맑은 아침 햇살이 빛나는[조선(朝鮮)]

동방의 나라에서 햇볕에 뇌원차를 말리고, 온돌방에서 메주를 띄우고 술을 빚었던 선조가 온돌을 이용했을 것이다.

이번에 시제품은 최대한 선조들이 해왔을 것이라고 추정되는 방법과 기구 등을 사용했다. 3차에 걸침 8로트의 실험으로 표준이나 기준을 설정하기에는 무리가 따른다. 그러나 뇌원차를 아끼고 다시 되살리고자 처음 뇌원차를 만들어 보고자 하는 사람에게는 서툰 길라잡이라도 필요하다.

우선 뇌원차 만들어 보기에서 실제 이루어졌던 것을 토대로 기록을 남기고자 한다. 설명의 편의와 이해를 돕고자 사진 자료를 최대한 수록한다. 그리고 뇌원차 만들기 제시에는 현대의 기구 기계 등을 활용할 수 있는 예를 들어 본다.

뇌원차를 만들고자 한 사람은 여기서 제시한 대로 하는 것이 아니다. 그 원리나 기준을 익혀 스스로 자신의 표준을 만들어야 한다. 자신이 준비한 실제 기계 기구 용기 환경 조건에 따라 가장 적합한 기준과 표준은 잡아야 한다.

전통 방식은 작업자의 경험과 숙련에 따라 품질이 좌우되고 생산성은 오를 수 없다. 진정한 뇌원차 되살리기는 옛것의 재현만은 아니다. 뇌원차 마시기가 일상다반사(日常茶飯事)로 우리 곁에 머물기를 바란다. 현대적인 설비와 표준화, 규모화로 위생, 품질 수준을 높이고 경쟁력까지 확보한다면 상품화까지도 할 수 있을 것이다.

2. 1회 표준 제조 물량 실정

○ 소규모 수작업 방식 기준으로 시제품 생산을 통해 표준 작업
   량을 정한다. 1일 1로트 생산을 원칙(표준 공정별 작업 시간
   준수와 정밀한 품질관리 목적)으로 한다.

○ 1회 제조 물량인 1로트 물량 기준은 시루가 찔 수 있는 물량을
   기준으로 삼는다. 설비를 현대화하거나 상업화, 규모화할 때는
   찌는 시설의 용량에 따라 표준 물량을 늘릴 수 있다. 이 경우 다
   른 모든 공정 규모가 확대되어야 한다. 시간, 방법, 설비, 작업
   등으로 조정되고 그에 따른 최적의 표준도 확립되어야 한다.

○ 1회 제조 물량 : 딴 찻잎 750g

○ 기타 주요 공정 표준 물량 표

구분	표준 채엽량①	표준 찐 차 투입량②	표준 성형량③
1 lot 물량	750g	850g	800g(16g, 49각)
〈비율〉	〈1.00〉	〈1.13〉	〈1.07〉(1.00)

구분	표준 건조량④	표준 포장량⑤
1 lot 물량	200g (4g, 49각)	포장 45각(9각 × 5곽)
〈비율〉	(0.25)	

※ ③ 표준 성형량 산정 : 시제품 생산으로 계산한 표준 성형량은 1 lot 기준 825g(① 표준 채엽량 750g의 1.1
배)이나 800g으로 3% 정도의 여유를 주었다. 800g은 16g씩 50각(角) 분량이나 각각 16g이 조금 넘는 양을
넣어야 하고 손실(損失)분도 있어서 숙련자 기준 2%(16g)의 성형로스를 인정하여 표준 성형량은 49각으
로 하였다.
⑤ 표준 포장량 산정 : 1 lot 기준 49각을 포장할 수 있으나 규격 상태 등 품실 검사를 통해 롱시 않은 것을 4
개까지 포장에서 제외, 8% 정도 여유로 품질을 높였다.

3. 시제품 물량 흐름

시제품 제조 총량

구분	채엽량	성형량	건조량	포장량
시제품 총량	6,010g	6,635g (15g/각)	(3.746g/각)	(100각)

시제품 제조 lot 현황

차수	딴 날	lot no(산지, 딴 양)		
1	20. 4. 10	1-1(차밭밑 710g)	1-2(차밭밑 790g)	1-3(차밭밑 350g)
2	20. 4. 18	2-1(일림산 740g)	2-2(차밭밑 1,030g)	
3	20. 4. 28	3-1(차밭밑 630g)	3-2(차밭밑 990g)	3-3(웅치 770g)

시제품 수불, 수율 현황표

구분	딴 양	씻은 차	찧은 차	성형 차	포장 no	중량 (※건조 수율) 〈전체 수율〉
1-1	710g			740g(20g,37각) 〈1.04〉		
1-2	790g			280g(20g,14각) 420g(15g,28각) 210g(10g,21각) 계 : 910g 〈1.15〉	1~20	4.765g →15g 투입 환산 3.574g
1-3	350g			420g(15g,28개) 〈1.20〉		
1차 계	1,850g			2,070g 〈1.12〉	1차	3.574g (※0.2383) 〈0.2666〉
2-1	740g	1,010g (1.36)	830g (0.82) 〈1.12〉	705g(15g,47각) 80g(10g,8각) 계 : 785g(0.95) 〈1.06〉	21-40	3.745g (※0.2497) 〈0.2649〉

2-2	1,030g	1,230g (1.19)	1,170g (0.95) 〈1.14〉	140g(20g,7각, 원형) 780g(10g,8각) 140g(10g,14각) 64g(8g,8각, 원형) 계:1,124g(0.96) 〈1.09〉	41- 60	3.790g (※0.2527) 〈0.2757〉
2차 계	1,770g	2,240g (1.27)	2,000g (0.89) 〈1.13〉	1,909g(0.96) 〈1.08〉	2차	3.770g (※0.2512) 〈0.2709〉
3-1	630g		712g 〈1.13〉	705g(15g,47각) (0.99) 〈1.12〉		
3-2	990g		1,120g 〈1.13〉	1,065g(15g,71각) (0.95) 〈1.08〉	61- 80	3.830g (※0.2553) 〈0.2857〉
3-3	770g		910g 〈1.18〉	885g(15g,59각) (0.97) 〈1.15〉	81- 100	3.955g (※0.2633) 〈0.3026〉
3차 계	2,390g		2,742g 〈1.14〉	2,656g(0.97) 〈1.11〉	3차	3.895g (※0.2593) 〈0.2882〉
합계	6,010g			6,635g 〈1.10〉	총평 균	3.746g (※0.249) 〈0.2757〉

4. 시기, 산지별 찻잎 기준

○ 차밭밑[茶田] 야생 찻잎은 동해가 없고 청명, 곡우 사이에 따서 가장 빠름

○ 우전(雨前)차는 차밭밑과 일림산까지 가능, 웅치(웅치면 대산리 392-4, 백노밭골)는 춥고 그늘져서 우전차 생산이 어려움

○ 야생차는 차 따기 어렵고 양이 적으나 차밭밑[茶田(득량면 송곡리 산85,258-1(고차수 지역))]의 경우 필요한 양을 딸 수 있었음

구 분	잎 따기 날짜	절기	딴 잎 양
차밭밑	2020. 4. 10	4. 4 (청명)	6로트 (4,500g)
일림산	2020. 4. 18	4. 19(곡우)	1로트 (740g)
웅 치	2020. 4. 28	5. 5 (입하)	1로트 (770g)

○ 시기별 차이 : 차밭밑차의 경우

성형차 수율은 차 따는 시기별로 인과 관계를 찾을 수 없음. 시제품 특성으로 표준화 공정을 바로 채택할 수 없어 공정 차이 때문으로 보임

(1차 1.12 > 2차 1.09 < 3차 1.10)

※ 성형차 수율 = 쪄 찧은 뒤 박아낸 뇌원차 무게(g) / 투입한 생잎 무게(g)

○ 오히려 같은 차밭밑 산지 내에서 4월 11일 3개 로트가 성형차 수율에 큰 차이를 발생
(1.1로트 1.04, 1-2로트 1.15, 1-3로트 1.20)

○ 차밭밑차는 1차 같은 날(2020.4.11.) 로트 별로 성형차 수율 차이가 큰 것은 찻잎 차이보다는 차를 씻고 난 뒤 물빼기를 비롯한 표준화되지 못한 공정 차이로 보임

○ '생잎 1kg을 찔 때 걸리는 시간(분)'인 '증차(蒸茶)지수'는 차 따는 시기가 늦을수록 올라감(1차 15.11 < 2차 18.77 < 3차 22.76)

○ 차를 찔 때 생잎 상태가 중요함 (산정된 증차지수는 질시루 경우이며, 현대식 찜기 사용 등 찌는 조건이 달라지면 증차지수는 달라짐)

※ 증차 지수 = 증차 시간(분) / 생잎 무게(kg)

차밭밑차 찻잎 따는 시기 로트 별 수율 및 증차 지수표

차 따는 날	2020.4.10				4.18	2020.4.28			4월
로트	1-1	1-2	1-3	평균	2-2	3-1	3-2	평균	총평균
성형차 수율	1.04	1.15	1.20	1.12	1.09	1.12	1.08	1.10	1.10
증차지수	8.45	13.08	23.8	15.11	18.77	23.02	22.49	22.76	18.88

○ 산지별 차이
산지별 성형차 수율과 증차 지수는 반비례함

산 지	일림산	차밭밑	차밭밑	웅치
2차(20.4.18)	2-1로트	2-2로트		
3차(20.4.28)			3-2로트	3-3로트
성형차 수율	1.06	1.09	1.08	1.15
중 차 지 수	22.30	18.77	22.49	19.48

○ 산지별 성형차 수율 : 일림산 < 차밭밑 < 웅치

　　　　　(찻잎이 여린 산지의 차가 성형차 수율이

　　　　　높음)

○ 산지별 중차 지수 : 일림산 > 차밭밑 > 웅치

　　　- 2차 시기 : 일림산 > 차밭밑

　　　- 3차 시기 : 차밭밑 > 웅치

　　　　　(찻잎이 여린 산지의 차가 중차지수가 낮음)

5. 뇌원차 만들기 제시

1) 찻잎 따기

○ 찻잎 따기는 뇌원차 제조와 품질을 결정짓는 중요한 첫 기본 요소다. 먼저 시기별로 차 싹이 나온 상태 날씨 등을 미리 점검하고 찻잎 따는 날을 정한다. 비 오는 날이나 황사 비바람 등 악천후를 피하고 날씨가 맑은 날이 좋다.

○ 뇌원차를 만들 때 시제품 생산의 예와 같이 찻잎을 야생 자생차에서 딸 때는 정성과 시간이 많이 든다. 차 따는 시간은 길어질수록 시간의 지남에 따라 딴 찻잎의 자연적인 시들리기 정도도 차이가 벌어질 수밖에 없다. 따라서 적정 인력을 투입하여 차 따는 시간이 길어지지 않도록 한다.

○ 바람직하게 1~2시간에 끝날 수 있도록 상태에 따라 미리 차 따기 인원을 준비한다. 오전 8시에 시작하면 9시나 10시까지 마칠 수 있다.

○ 차 따는 인원은 차를 따본 경험자를 위주로 준비하되 가장 차를 잘 따는 사람(리더)이 지휘 및 지도를 담당한다. 리더는 찻잎 따기 이전에 찻잎을 딸 사람들에게 찻잎 따는 요령, 찻잎 따는 기준 등을 교육하고 시범을 보인다. 특히 처음 차를 따는

인부 등을 동원할 때는 반드시 리더가 찻잎을 점검하여 지도
할 필요가 있다.

○ 찻잎 따기는 뇌원차 만들기의 첫걸음이다. 찻잎 따기가 잘 되
면 찻잎 고르기 시간이 단축되고, 찻잎 찌기나 찻잎 찧기가 좋
아지고 좋은 품질의 뇌원차를 만들어 낼 수 있다. 부드러운 움
이나 새로 난 찻잎만을 딴다. 쇤 잎, 자색 잎이나 두꺼운 흰 잎,
딱딱한 잎은 따지 않는다.

○ 송의 북원공차의 여러 저서에서는 하나같이 자아, 백합, 도엽,
오체는 따지 말라고 한다. 자아(紫芽)는 쓴맛이 나는 자줏빛
싹이다. 백합(白合)은 여린 차 싹을 안고 자란 두 잎 어린잎으
로 쓰고 떫다. 도엽(盜葉)은 새순을 싸고 있다가 목형질화(木
形質化)된 줄기의 밑동에 달라붙은 흰 잎으로 맛이 엷고 쓰다.
오체(烏蒂, 찻잎 체 꼭지)는 늦게 난 미발육 싹을 보호하는 두
장의 잎으로 쓰고 떫고 누렇다. 오체는 부드럽지 않아 잘 쪄지
지 않는다. 찻잎을 찔 때 오체가 익을 정도면 차 싹은 너무 익
게 된다. 먼저 따지 않고 따진 것은 골라냄이 좋다.

○ 1창, 1창 1기만 허용한다. 손끝으로 손 따기를 하되 개별적으
로 '1잎 따기'를 하여 줄기가 따지지 않도록 한다. 곧 1창 1기는
한 번에 따지 않고 1창 따기, 1기 따기로 2번 따서 1창 1기를
한 번에 따 2줄기가 붙어 들어가지 않게 원천적으로 막는다.
딴 찻잎은 산지별로 무게를 재고 사진을 찍고 기록을 남긴다.

2) 시들리기[위조(萎凋)]

차수(일자)	2차(20.4.18)			3차(20.4.28)		
시들리기	시작	끝	시간	시작	끝	시간
일림산	13:00	14:45	1:45			
차밭밑	13:30	16:00	2:30	12:30	14:10	1:40
웅치		`		12:30	15:20	2:50

○ 2차 2020년 4월 18일 자 위의 시들리기 사진을 보면, 우측 일
림산 차는 차밭밑차보다 30분 일찍 시들리기를 시작하여 위
조가 조금 더 진행되었다. 일림산 차는 첫물차임에도 잎이 두
껍고 잎맥이 굵고 찻잎도 크다. 시들리는 시간 차이(30분)에
비해 시들리기가 더디게 진행된 이유는 찻잎 수종 차이로 보
인다.

○ 일림산 차는 성형차 수율은 낮고 잎도 차밭밑차보다 여리지
않고 세서 증차(蒸茶)지수도 높다.

○ 야생에서 오랫동안 자란 차밭밑 자생차는 1차 차를 딴 뒤 다시 올라온 여린 잎을 2차로 땄어도 움이 작고
부드러워 최상의 찻잎임을 보여준다.

○ 위의 그림처럼 3차시기(2020. 4. 28.) 차밭밑과 웅치의 시들리기 찻잎을 보면 웅치 차가 찻잎이 작고 여림을 알 수 있다. 추워서 곡우가 지난 다음 이제 막 움이 나온 웅치의 첫물차다.

○ 차밭밑차는 1차(2020. 4. 10.) 2차(2020. 4. 18.)에 이어 벌써 3차 차 따기로 많이 자랐다.

○ 시들리기 시간이 같았는데도 위 그림처럼 왼쪽 웅치 차가 시들리기가 많이 된 이유는 1. 여리고 부드러운 움으로 시들리기가 진행되기 쉬웠고 2. (차밭밑차가 넓은 대바구니에 담겨 그대로 운반되었으나) 웅치 차는 좁은 양파망에 넣고 손으로 흔들면서 운반하면서 부딪치면서 상처로 인해 시들리기가 가속화되었기 때문이다. 이처럼 시들리기는 차를 딴 뒤 찻잎 담는 용기와 운반과정까지도 포함해 함께 관리할 필요가 있다.

○ 뇌원차의 표준 품질을 유지하기 위해서는 여러 요인을 관리해야 한다. 시들리기의 경우 시들리는 찻잎의 두께 등 조건과 시

간을 일정하게 할 필요가 있다. 시제품을 만들 때 하루에 2~3회의 로트를 동시에 생산하다 보니 성형 시간 등으로 인해 시들리는 시간이 1시간 정도(2차는 45분, 3차는 1시간 10분) 차이가 생길 수밖에 없었다.

○ 2차의 차밭밑차와 3차의 웅치 차는 상대적으로 여려서 같은 시간에도 시들리기가 잘 된다. 짧게 시들려야 하는데 오히려 나중에 성형되어 시들리는 시간이 길어졌다. 따라서 산화가 많이 진행되어 찻물 색도 붉은색을 많이 띨 것이다.

○ 뇌원차의 품질을 높이기 위해서는 시들리는 조건과 시간을 특정하고 이후의 성형 진행 등 다른 공정에 의해 이 공정이 희생되지 않아야 한다.

○ 다른 모든 공정의 정확한 관리를 위해서도 1일에 1로트만 생산할 필요가 있다.

○ 시들리는 시간은 2시간을 기준 시간으로 하여 찻잎의 여린 정도 등 상태에 따라 30분 이내에 가감하는 것을 권한다.

3) 찻잎 가려내기

○ 뇌원차를 제조할 때 찻잎에 섞여 있는 위해요소(危害要素)가 되는 이물질이 들어가서는 안 된다. 찻잎 가려내기는 선행관리(CP)로 물리적 위해요소(P)를 제거하는 공정이다.

○ 특히 뇌원차는 궁중에서 임금께서 쓰는 어용차(御用茶)였으므로 이런 위해요소를 제거하고 관리에 철저했을 것이다. 현대에도 이물질 제거 및 혼입 방지 등 위해요소를 관리는 매우 중요하다.

○ 딴 생잎 중에서도 품질을 저해하는 찻잎은 적극적으로 가려내 뇌원차의 품질을 높인다. 나중에 찌고 찧는데 지장을 가져오는 잎이라면 이 공정에서 제거하는 것이 좋다. 나뭇가지 나뭇잎 기타 찻잎이 아닌 이물은 물론 차 줄기, 보라색 잎, 흰 잎, 쉰 잎, 딱딱한 잎 등은 모두 가려낸다.

○ 찻잎을 고를 때는 스테인리스스틸 소재의 선별 작업대 위에 성기어 작업대가 보일 정도로 얇게 깔아 하나하나 꼼꼼히 이물을 제거하고 찻잎을 선별하여야 한다.

○ 한번 보이지 않는 이물은 같은 사람이 두 번 보아도 보이지 않는 경우가 많다. 따라서 반드시 1차 선별한 찻잎은 선별 작업자를 바꿔서 2차로 정밀 선별함이 좋다.

○ 이물 관리는 찻잎에 숨어있는 이물을 찾아내 제거하고, 공정 작업 중에 사람이나 다른 것에 의해 자기도 모르게 이물이 혼입되지 않도록 해야 한다.

○ 작업자로부터 가장 흔하게 혼입되는 이물은 연질 이물의 하나인 머리카락이다. 따라서 모든 작업자는 머리카락을 완전히 덮은 위생모를 항상 써야 한다.

○ 나뭇잎이나 지푸라기 등 연질 이물뿐 아니라 철 플라스틱 유리 등 경질 이물은 특히 이 공정에서 완전히 제거되어야 한다. 경질 이물 중 철과 스테인리스스틸은 이 공정이 중요관리점(CCP-P1)이 될 수 있으며, 포장 후 금속검출기를 통과시킬 때에는 최종적으로 관리될 수 있다(CCP-P2) 기타 물리적 위해요소의 이물 들은 선행관리(CP)로 관리한다. (CP-P)

4) 찻잎 씻기

○ 찻잎 가려내기와 더불어 이 찻잎 씻기는 위해(危害)한 요소를 제거(除去)하거나 저감(低減)시키는 중요한 공정이다.

○ 뇌원차는 찻잎을 찌는 살균 공정이 있다. 따라서 병원성 세균과 일반 세균 바이러스 곰팡이 등 생물학적 위해요소(B)는 찌는 공정에서 대부분 제거된다. 이 찻잎 씻기는 찻잎 찌기 이전에 1차 적으로 생물학적 위해요소를 저감(低減)시키는 사전 공정 역할을 한다. 뇌원차는 발효 등을 통해 유해균이 억제되므로 안전성은 높은 편이다.

○ 이 찻잎 씻기는 찻잎에 있는 먼지나 이물 등 물리적 위해요소(P) 혹시 있을 수 있는 농약 등 화학적 위해요소(C) 등을 모두 제거, 저감 시키거나 관리할 수 있는 주요한 선행관리 공정(CP-B, C, P)이다.

○ 찻잎을 씻는 물은 지하수[냉수(15℃ 이하)] 또는 수돗물을 사용한다. 지하수일 경우에는 마시는 물 수질검사에 합격한 깨끗하고 안전한 물이어야 한다.

○ 수조(水槽)는 미리 깨끗하고 씻고 열탕 소독을 거치면 좋다. 수조는 아래 그림과 같이 1차 세척조, 2차 세척조, 3차 헹굼조로 3개를 준비한다.

○ 물의 양은 생잎 표준 1 lot 투입량 0.75kg의 50배 기준으로 40L를 담으면 충분할 것이다. 아래와 같이 상단 지름 60cm(하단 45cm, 평균 50cm) 높이 20cm인 스테인리스스틸 대야에 가득 담으면 40L가량으로 1로트의 찻잎 750g을 씻는 물의 양으로 삼는다.

| 수조1(세척조1) | 수조2(세척조2) | 수조3(헹굼조) |

○ 위 수조에 냉수를 먼저 넣고 찻잎은 다음과 같은 스테인리스스틸 망(網) 바구니에 담아 수조에 같이 투입한다.

○ 물 호스를 호수에 넣어 물을 계속 흘려 물이 넘쳐 흘러나게 한다.

○ 손으로 천천히 뒤집어 주고 이물질이 발견되면 집어낸다. 부

유물은 물을 흘려 자연스럽게
외부로 배출된다.

3단 프레임 스텐망 바구니

○ 해당 수조에서 차 씻기가 끝나
면 스텐망 바구니를 건져낸 뒤
수조 3단 프레임 스텐망 바구
니 바닥에 가라앉는 흙, 모래
등 침전물은 버린다. 위의 스텐망 바구니는 스텐 수조에 놓았
을 때 스텐 바닥에서 조금 떨어져 있어 스텐 바닥에 있는 침전
물이 분리되어 다시 찻잎 에 묻는 일이 없다.

○ 위의 스텐망 바구니가 없을 때는 수조2, 수조3으로 옮길 때마
다 손으로 건지면서 찻잎을 상처 내어 풋내 등이 날 수 있다.

○ 작업자는 위생모, 위생복을 착용하고 반드시 맨손 작업이 아
닌 위생장갑을 끼고 작업해야 한다. 이 공정은 물을 쓰는 작업
이어서 위생 장화, 위생 앞 치마 등도 필요하다.

○ 앞의 그림처럼 스텐망 바구니 높이(22cm)는 수조 높이(20cm)
보다 높아야 한다. 그래야 물 흘리기로 수조에 물이 넘쳐도 부
유물과 먼지는 씻겨 흘러나가나 찻잎은 빠져나가지 않아 좋다.

○ 표준적인 공정 작업을 위해서는 용기 크기가 특정하여 같아야
물의 양 등을 로트 별로 계량하지도 않고도 쉽게 같은 양으로
할 수 있다. 이 찻잎 씻기 공정은 물은 40L, 찻잎은 750g으로
고정한다.

○ 세척조1에서는 1분마다 5초 정도 3회 뒤집어 준다. [1차 뒤집기(5초) - 1분(이물 제거) - 2차 뒤집기(5초) - 1분(이물 제거) - 3차 뒤집기 - 1분(이물 제거)] 세척조2에서는 세척조1과 같이 2회 뒤집어 준다. 헹굼조에서는 뒤집기 없이 깨끗한 물을 흘려주면서 1분 정도 헹군다.

○ 찻잎 씻기는 수조와 스텐망 바구니 등을 준비한 상태에서 본 공정은 6분 정도에 끝나고 수조에 물을 담는 시간까지 해도 10분 정도면 된다.

○ 세척이 끝난 차는 필요할 경우 무게를 재어 차 씻기로 인한 무게(수율) 증가를 참고할 수 있다.

5) 찻잎 물기 빼기

○ 별도의 물기 빼기 용구가 없을 때는 헹굼조에서 건져 낸 스텐망 바구니 안의 세척된 찻잎을 같은 높이로 고르게 찻잎을 펼쳐 깨끗하게 청소한 스텐 작업대 위에 놓는다.

○ 그러나 일정하고 빠른 물 빠짐을 위해 아래 스텐 씨팬망(대,

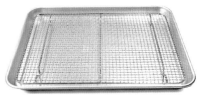

62㎝×42㎝×2㎝)을 전용으로 갖추면 좋다.

○ 위 그림과 같이 쟁반 위에 놓고 쓴다. 스텐망 바구니가 밑면적이 125㎠인데 비해 위의 스텐 씨팬망은 260㎠로 2배의 면적이라 찻잎을 너는 두께는 1/2로 축소된다. 겹치지 않고 고루 깔아서 빼면 물빼기가 빨라진다. 빠른 물빼기는 품질을 좋게 하고 공정 단축을 통해 생산성에 이바지한다.

○ 물 빼는 시간은 대형 송풍기 등 강제통풍을 시켜 5분 정도를 기준으로 한다. 5분 뒤 물 빠지는 상태를 확인하여 끝나는 시간을 조정할 수 있다.

○ 자연통풍의 실외 그늘이나 실내에서는 10분 이상 늘어날 수 있다. 제시된 물 빼는 시간을 지키기보다는 흔들어도 물기가 흐르지 않을 정도로 찻잎에 묻은 표면수(表面水)를 모두 제거한다.

○ 이 물기 빼기 공정은 적당한 물기로 찻잎을 찌거나 찔을 때 작업을 쉽게 한다. 뇌원차 제조공정의 최적 수분 유지와 좋은 품질을 위해 중요한 공정이다.

○ 뒤 공정인 찻잎 찌기와 찻잎 찔기 등의 경험을 피드백해서 물기 빼는 공정을 최적화시킬 수 있다.

○ 물기를 빼는 현장의 작업 환경을 일정하게 한다. (실외 작업장은 날씨 변화나 바람 등을 조정이 어려워 특정한 조건의 같은 실내 작업장 환경으로 한다.)

○ 특히 스텐 씨팬망처럼 물기 빼기 전용 용구를 갖추어 용기 전체에 고루 펼치면 항상 일정한 두께와 조건이 유지된다. 강제 송풍에도 송풍기 바람의 세기, 방향, 각도를 일정하게 한다.

○ 강제 송풍 기준 시간을 5분으로 하더라도 타이머는 3분으로 세팅한다. 타이머는 별도 구매할 필요가 없다. 핸드폰에 앱을 내려 받아쓰면 된다. 3분 후 타이머의 알람이 울리면 찻잎 물기 상태를 확인하고 추가 시간을 소극적으로 추정해 다시 세팅하여 물기 빼기를 마친다.

○ 물기 빼기가 자연탈수라 해서 방치(放置)해서는 안 된다. 몇 분 후에 보자는 식은 십중팔구 시간을 놓친다. 반드시 끝나는 시간을 세팅해 알람이 울리는 타이머 사용을 권한다.

6) 찻잎 찌기

○ 먼저 가마솥에 물을 넣고 팔팔 끓여 증기를 발생시킨 다음 삼베 보자기로 싼 찻잎을 아래 그림과 같이 질시루에 넣고 차를 찐다.

○ 찻잎을 싼 삼베 보자기는 질시루 밑에 깔고 시루 입구 밖에까지 나와야 하므로 가로, 세로 1m 정도가 필요하다.

질시루	찜기

• 질시루 입구 지름 : 40.5cm • 질시루 바닥 둘레 지름 : 27cm • 질시루 높이 : 27cm • 가마솥 입둘레 지름 : 36cm	• 찜 냄비 입구 둘레 지름 : 36cm • 찜 냄비 바닥 둘레 지름 : 36cm • 찜 냄비 높이 : 9.4cm • 찜솥 높이 : 9.3cm

○ 시제품을 만들면서 전통 방식 그대로 무쇠솥에 장작불을 때고 질시루를 썼다. 시루는 청동기 때부터 시루떡을 찔 때 많이 썼다. 여러 재료 중 흡수성이 좋은 질시루가 가장 일반화되었다. 고려 때 시루에 찐 전통적인 백설기가 뿌리내렸고, 어린 쑥을 쌀가루와 섞어 쩌 경단을 만든 청예병(靑艾餅)을 만들어 으뜸 음식으로 쳤다. 이런 예를 보더라도 어린 차 싹으로 뇌원차를 찔 때 자연스레 이 질시루를 썼을 것이다.

○ 현대식으로 소규모 수작업 방식으로 할 때는 위 오른쪽 같은 찜 냄비를 사용할 수도 있으나, 질시루의 자체 습기로 마르지 않고 가장자리가 설익지 않고 지나친 물기는 자체흡수하는 토(土)의 특성 등은 살리기는 어렵다.

○ 찜기는 장작불 무쇠솥과 질시루를 대신하여 편리함을 더하고

있다. 장작불은 가스레인지나 인덕션으로 바뀌었다. 상생의 불[木生火]인 나무의 불[木火]과 전기의 불[土火]과 차이가 있겠지만 선택의 문제다.

○ 찜기 뚜껑은 내열 강화 유리로 되어 찻잎이 쪄지면서 변해가는 다황(茶黃)의 빛이 볼 수 있다. 뚜껑을 열지 않고 실시간으로 보면서 시간을 조절할 수 있어 초보자에겐 큰 장점이다.

○ 이 경우도 삼베 보자기는 가로, 세로 0.8m 정도가 필요하다. 찻잎이 스텐 면에 직접 접촉하지 않고 삼베로 싸여 있어 좋고 넣을 때나 꺼낼 때 편리하다. 특히 꺼낼 때 한꺼번에 꺼내어 천천히 꺼내어 찻잎을 찌는 시간이 지연되는 것을 막을 수 있다.

○ 위의 찜 냄비는 높이는 10cm로 질시루 깊이의 절반에도 못 미처 깊이가 얕다. 평균 지름은 36cm로 평균 지름 34cm인 질시루보다 크다. 찜 냄비 밑면적은 1,017㎠로 시루 밑면적 572㎠보다 거의 1.8배나 나온다. 질시루보다 두께가 절반 정도까지 낮게 펼쳐지므로 고루 찌기에 유리하다.

○ 찜 냄비보다 좀 더 간편한 형태로는 왼쪽과 같은 스팀 조리기도 있다. 총 높이는 물통까지 포함 43cm이고 가로 세로는 31cm,

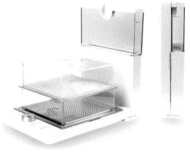

스팀 조리기

두께는 9.7cm이다.

○ 전기를 이용하여 순간 가열식이어서 30초 만에 강력한 스팀을
분사한다.

○ 투명용기에 찜 상태 확인을 할 수 있어 뒤집기가 거의 필요
없다.

○ 쉽고 빠르고 자동타이머 설정으로 찜 조건이 정립되어 만들어
진 찜 시간을 설정하면 일정하게 찻잎을 찌기 좋다.

○ 밑면적은 961㎠로 원형의 찜 냄비와 비슷하다. 1, 2층 찜 공간
을 다 이용할 경우 찻잎의 두께도 1/2로 낮아져 고루 펼쳐 찌
면 중간에 뒤집을 필요가 없고 찌는 시간도 단축된다.

○ 전통 방식 그대로 가마솥, 시루와 현대식 장비와 설비를 사용
한 부분을 비교 검토하여 품질을 해치지 않는다면 현대화할
수 있다.

○ 찌는 공정은 뇌원차 제조의 핵심이다. 가장 중요한 차의 화학
적 변화를 초래하기 때문이다. 전통적으로 장작불[木, 火] 가
마솥[金]에 물을 끓여 증기[水]로 질시루[土]에서는 차[차]를 찌
는 일은 고루 오행(五行)의 상극과 상생 작용으로 조화를 이룸
을 알 수 있다.

○ 현대화된 차를 찌는 방법은 가스나 전기를 이용한 불[土, 火]로
시루도 스텐[金]으로 바뀜을 알 수 있다. 이러한 차이가 품질
과 맛에 어떤 영향이 있을지는 궁금하다.

○ 모든 공정에서 마찬가지이지만 찻잎이나 차와 직접 닿는 모든 것(장비, 설비, 기구, 삼베, 삼지, 비닐, 손 등)은 오염되지 않고 생물학적, 화학적, 물리적(B, C, P) 위해요소로부터 안전해야 한다.

○ 이 공정의 경우 시루나 찜 냄비, 솥, 삼베, 대 주걱, 대 집게 등이 해당한다. 대 주걱은 뭉쳐져서 잘 쪄지지 않을 때 사용하고, 제거해야 할 것은 대 집게로 들어낸다.

○ 다음은 찌는 시간과 방법의 문제인데 시제품 생산을 하면서 8 로트를 찐 부분을 실제 데이터를 근거로 찌는 시간과 뒤집기 등 표준을 정하고자 한다.

① 증차(蒸茶)지수를 차를 찌는 소요시간(분)/ 투입 생잎 무게(kg)로 정했으므로 표준지수를 정하면 해당 지수는 생잎 1kg 증차에 든 시간(분)을 나타낸다.

② 1차는 증차시간 부족으로 보고 버리고 2차의 지수 평균 20.54와 3차 지수 평균 21.66 표준지수 등을 고려해 표준 증차지수는 *20(분/kg)으로 산정한다.

(* 위와 같은 증차지수 20은 장작불 질시루 기준이고 찜 장비를 바꾸면 표준 증차지수는 해당 설비 능력에 따라 실제 시행하면서 산정 바꾸어야 한다.)

따라서 표준 로트 생잎 0.75kg의 표준 증차시간은 15분(20× 0.75kg)이 된다. 그러나 설익은 것보다 충분히 익어야 하므로 표준 시간도 1분을 더해 16분을 잡고 한계 기준은 16±1분(15

분~17분)으로 하면 좋다.

표준 증차 시간(분) 산정표

차-회	산지	생잎 (g)	찐 시간 (분)	n	증차 지수 (분/kg)	지수 평균 (a)	표준 편차 (σ)	편차율 (σ/a×100)
1-1	차밭밑	710	6.00		8.45			
1-2	차밭밑	790	10.33	3	13.08	15.11	7.78	51.5
1-3	차밭밑	350	8.33	3	23.80			
2-1	일림산	740	16.50	4	22.30	20.54	2.50	12.2
2-2	차밭밑	1,030	19.33	4	18.77			
3-1	차밭밑	630	14.50	3	23.02			
3-2	차밭밑	990	18.17	3	22.49	21.66	1.91	8.8
3-3	웅치	770	15.00	2	19.48			
합계	평균		13.52			18.85	5.39	28.6
계(2, 3차)	평균		16.70			20.89	2.08	10.0

n : 뒤집기 횟수

○ 이때 실무적으로는 타이머 알람 시간을 최소 한계 기준인 15분에 세팅해서 알람이 울리게 한다. (뒤집기가 없으면)

○ 그러나 중간 뒤집기가 있으면 차수별로 찌는 시간을 마치고 뒤집기 하는 시간을 계속 세팅하면 된다. 뒤집기 회수는 3차로 하되, 증차 간격(분)은 5-5-4-1(5-10-14-15)로 한다. 이 경우 타이머 1, 2, 3, 4차 세팅은 5분, 5분, 4분, 1분이다.

○ 긴 대나무 차 주걱(차 주걱 이외에 다른 용도로 쓰지 않는, 전용 주걱)을 이용하여 중간 뒤집기를 하여 고루 차가 쪄지도록

한다. 덜 쪄지면 푸른 기가 있으니 노르스름하게 고루 색이 변해야 잘 쪄진 것이다.

○ 현대식 찜기를 이용해 가스레인지나 인덕션 등을 사용할 경우 조건이 달라져서 적정 증차시간은 달라질 수 있다. 이 경우는 15분을 고집하지 않고 5분, 10분 등 시간을 당겨 다음 그림과 같이 쪄진 상태와 진행 정도를 확인하면서 최적의 다황(茶黃)을 얻도록 하여야 한다.

잘 쪄진 찻잎 다황(茶黃)과 그에 따라 잘 찧어진 찻잎(황금빛)

○ 특히 스팀 냄비의 경우 전통 시루보다 밑면적이 2배 가까이 늘어나고, 스팀 마스터의 경우 1, 2층까지 찌는 면적을 치면 4배 가까이 늘어난다. 따라서 찜기에 까는 찻잎 두께는 전통 시루보다 1/2, 1/4로 얇아져 좋다.

○ 깊은 시루에 차가 뭉쳐 뒤집기를 했던 공정은 생략해도 고루 쪄질 것이다.

○ 증기를 발생시키기 위해서는 물이 끓어야 하므로 1기압에서 열탕수 온도는 100℃다. 증기 온도는 열탕수 온도보다 더 올라가서 일단 찻잎에 있는 미생물들은 살균에 이른다. 살균은 고압 멸균은 아니므로 내열성 곰팡이 포자는 멸균되지 않는 한계는 지니고 있다. 그러므로 이 찌는 공정이 있어도 뇌원차 만들기의 마지막 공정인 완전한 건조와 저장은 곰팡이로부터 자유롭기 위한 매우 필요한 공정이 된다.

7) 찻잎 식히기

○ 찐 찻잎은 삼베로 싸 꺼낸다. 작업대 위에 바로 놓으면 작업대 접촉 부분은 통풍이 어렵다.

○ 그래서 약간 높이가 있는 스텐 씨팬망 위에 삼베를 펼쳐 찻잎을 뭉치지 않게 고르게 널어 식힌다.

○ 식히는 시간은 실내 자연통풍의 경우 15분을 기준으로 10분에서 20분을, 강제통풍은 5분에서 10분을 잡는다. 식히는 조건과 찐 찻잎 상태에 따라 식히는 시간은 달라진다. 송풍기를 틀어 강제 통풍시키면 바람의 세기에 따라 식히는 시간이 단축된다.

○ 자연통풍은 바람의 세기가 매번 달라지므로 기준과 표준설정이 어렵다. 또 빨리 식으면 품질이 좋고 생산성이 높으므로 강

제통풍 방식을 공정 표준으로 삼는다.

○ 조건에 따라 달라지는 시간보다는 상온(25℃)까지 식히는 것을 기준으로 삼는 것이 좋다.

○ 오른쪽 그림과 같은 비접촉식 적외선 온도계를 사용한다. 3분 단위로 3회를 온도를 재서 연결해 보면 추세선을 얻을 수 있다. 이로써 9분이 지날 때 몇 분이 되어야 목표 온도인 25℃까지 떨어질 수 있을지 알 수 있다.

○ 이때 남은 시간을 타이머로 세팅하여 알람을 울리게 한다. 알람이 울리면 온도를 재서 확인하고 찻잎 식히기를 끝낼 수 있다. 이러한 찻잎 식히기 조건으로 찻잎의 온도(품온)를 재서 찻잎 식히는 시간을 특정할 수 있다.

○ 강제통풍의 공랭식(空冷式)이 아니더라도 냉각수(5℃ 이하)나 냉수(15℃ 이하)를 쓰는 수냉식(水冷式)이 더 빨리 냉각시킬 수 있다. 하지만 다시 물빼기 공정이 추가되어 번거로워 채택하지 않는다.

8) 찻잎 찧기

○ 돌절구에서 절구질해서 찻잎을 찧는다. 전통 방식을 되살리는

데 가장 힘이 많이 드는 공정이다.

○ 찻잎을 찧는 정도가 뇌원차의 색, 향, 미, 표면 거칠기 등을 결정하므로 최대한 곱게 고르게 찧어야 한다.

○ 어린 찻잎이고 선행 공정의 선별 과정과 이물 제거로 잎맥, 잎자루, 줄기 등이 거의 없다. 그러나 찧는 도중에 잘 찌어지지 않는 거친 것은 차 집게로 골라 집어낸다.

○ 돌절구는 표면이 매끈하지 못하고 울퉁불퉁해서 이물질이 끼기 쉽다. 사용 전후 즉시 깨끗하게 씻어내야 한다.

○ 세척되지 않는 이물은 오염되고 세균의 온상이 되기 쉽다. 따라서 돌절구와 절굿대는 물 세척과 함께 100℃의 열탕수(熱湯水)에 담그거나 충분히 끼얹어져 열탕 소독을 해야 한다.

○ 전통 방식 중에서 차 찧기 작업 도구는 작업상 힘든 점이나 위생 관리 관점에서 볼 때 가장 먼저 바꾸거나 개선해야 할 부분이다.

○ 찧은 정도도 모든 것을 인력에 의하므로 찧은 사람에 따라 달라질 수 있어 표준화도 어렵다.

○ 돌절구와 절굿대를 대신할 수 있는 기계로는 민서기, 민찌기 등으로 불리는 식품분쇄기를 들 수 있다. 주로 마늘 생강 같은 양념과 채소의 습식 분쇄용으로 쓴다. 베어링 축, 스크루와 식품 접촉부와 덮개 등 모두 스텐으로 제작되어야 한다.

돌절구	식품분쇄기

820mm

380mm 700mm

○ 모터는 2hp 이상이 좋고 분쇄시간은 순간적이다.

○ 분해 청소가 필수적이고 내부에는 잔류물이 남지 않도록 기계 작동 전후 물 세척이 가능한 부위는 소독을 겸해 열탕수로 소독 씻으면 좋다.

9) 차 성형하기

○ 고형차를 만들 때 틀이 없으면 표준화될 수가 없다. 모양이나 크기 무게 등도 제각각이면 상품 가치가 현저히 떨어질 수밖에 없다.

○ 고려 때 뇌원차도 일정한 틀을 사용했을 것이다. 그러나 기록이 없어 그 틀의 원형은 찾을 수 없다. 단지 현재까지 내려온 다식판을 볼 때 암틀과 수틀을 사용하여 박아내는 방식을 찾

을 수 있다.

○ 유사한 송나라 북원공차에서는 무늬가 새겨진 누르는 수틀을 모(模)라 했고, 암틀은 권(圈)이라 했다. 무늬가 없는 것은 대나무로 만든 죽권(竹圈)을 쓰고, 정밀한 무늬를 새길 경우는 은이나 동을 써 은권(銀圈)이나 동권(銅圈)을 썼다.

○ 아래는 조기정 교수가 뇌원차 틀을 고안하여 전통가구장인 목원 최광문 국가무형문화재 소목장(小木匠)이 만들어 시제품 생산할 때 사용하였다. 수틀(배나무), 암틀(배나무), 받침대 (소나무), 노름판(아까시나무)으로 구성된 목권(木圈)이다.

○ 재질이 무늬를 새겨 넣기도 적합지 않고 찻잎도 절구 찧어 거칠어 무늬를 새기기는 어렵다.

○ 일정한 양을 무게를 재 넣고 고르게 힘을 줄 수 있게 되어있다. 압착에는 힘이 필요하므로 지렛대 원리를 이용하여 적은 힘으로 누를 수 있게 설계되어 있다.

○ 사각(四角)의 7개 구멍[口]이 있어 동시에 뇌원차 7개를 생산할 수 있다. 표준 1로트 생잎 물량을 750g으로 잡아 생산할 때 7번 찍어내 49개를 생산해 9개들이 5곽 45개를 포장할 수

있다.

○ 구(口)의 규격은 가로 4㎝, 세로 4㎝, 두께 0.65㎝이다. 틀을 사용할 경우 압착이 잘 되어 성형 이후 수축률은 높지 않아 건조된 뇌원차는 가로, 세로 3.3㎝ 두께는 0.45㎝(모서리 0.5mm) 정도 된다.

○ 1구에 충전할 찐 찻잎의 표준 물량은 16g이다. 건조 후 평균 수율은 0.25(1/4)로 4g 정도 나온다. 뇌원차 1각의 기준 무게는 1전(錢, 돈)과 같은 무게인 3.75g인데 안전도 7% 정도 부여했다.

○ 시제품을 생산하여 건조한 결과 직육면체인 뇌원차의 끝 면이 만나는 8개 모서리의 두께가 두껍고 중앙 부분으로 오목한 형상이 나왔다.

○ 이는 면 중앙은 4방의 수축이 이루어지는데 모서리는 2방만 수축이 이루어져 구조상 수축률의 차이가 발생한 것으로 보인다.

○ 또 틀의 구에 찐 차를 넣을 때 모서리보다 누르기 쉬운 중앙 부분이 더 눌러져 가속화된 면도 있을 것이다.

○ 따라서 이러한 현상을 이해하고 구에 충전할 때 중앙 부분을 더 높게 하고 모서리를 낮게 하는 둥그렇게 라운딩(⌒)시켜 충전시킬 필요가 있다. 찍어낸 뒤에도 각이 진 모서리는 손으로 만져 라운딩시켜 건조 후 모서리각이 직각이 아닌 예각(⌒)이 되는 것을 방지할 필요가 있다.

○ 물론 건조방식과도 관련이 있을 수 있는데 전통 방식 뇌원차 시제품을 만들 때는 낮에는 햇볕 아래 말리는 양건(陽乾)과 저녁에는 온돌방에 말리는 방법(간접 화건)을 주로 썼다.

○ 실제 송나라 북원공차처럼 용봉(龍鳳) 등 뇌원차에 정밀한 문양을 새기고자 하면 절구에 찧어서는 입자가 거칠어 안 되고 맷돌이나 그라인더로 곱게 갈고 나온 차즙은 구에 넣고 성형해 볼 수 있다. 무늬가 있는 틀은 적어도 은, 동을 썼듯이 정밀한 무늬를 새기고 무늬가 닿지 않는 재질이어야 한다. 이 부분은 먼저 별도의 연구와 mock-up 등 모형(模型) 제작 시제품 생산 등이 필요하다.

10) 차 건조하기

○ 성형이 완료된 차는 채반에 넣어 말렸다. 시제품 생산 시는 포장이 늦어(2020.5.29.) 차수별로 1달(20.4.28 3차)에서 1달 20일(20.4.10 1차)의 기간이 소요되었으나 실제는 1주 이내 완전히 마른다.

○ 아래 건조 사진을 보면 1일 차부터 가장자리부터 어두운색으로 변해감을 볼 수 있고 건조 2일 차만 되어도 색상으로 보는 외관상 건조는 완료된 것으로 보인다.

| 막 찍어낼 때 | 건조 시작 | 건조 1일 차 |

| 건조 2일 차 | 건조 4일 차 | 건조 6일 차 |

○ 그런데 4일 차부터는 겉과 속의 건조에 따른 수축률 차이 등으로 가운데가 패이고 모서리 부분이 예각이 지는 현상이 나타난다. 또 계속되는 햇볕 말림으로 4일 차 6일 차 사진을 보면 색이 퇴색(退色)하고 바래는 현상이 가속화되어 드러난다. 건조 시간이 지나치게 길지 않았나 생각이 든다.

○ 태양초 고추를 최고로 치듯 햇볕 말림은 태양의 기(氣)를 듬뿍 받을 수는 있지만 지나친 햇볕 말림으로 과다한 표면의 우글거림, 뒤틀림, 빛바램으로 외관상 품질 저하가 일어났다.

○ 그늘 말림[음건(陰乾)]을 하거나 기계적인 열풍건조 등을 했을

때 갈색화되는 빛바램 현상은 줄어 들을 것으로 예측한다. 그러나 기계적인 영풍 건조는 통풍이 좋지 않아 품질에 좋지 않을 수 있다.

○ 자연통풍이나 볕 말리기, 그늘 말리기 등은 날씨의 영향과 함께 통제할 수 없거나 관리하기 어려워 표준적인 건조 조건을 형성할 수 없다. 비가 오거나 습도가 높은 등 날씨 변화에 대응하는 방법은 온돌에 불을 때서 일부 간접 화건(火乾)으로 대처할 수 있을 뿐이다. 실제 시제품 생산을 할 때도 그렇게 했다.

○ 전통 재현의 의미가 아닌 상업 생산이나 표준적인 품질 유지를 위해서는 인공적인 건조기 등을 이용할 수밖에 없다. 건조 방법이나 건조 시간 등에 따라 뇌원차의 외관과 색택(色澤) 질감 맛 등은 달라질 것이다.

○ 오른쪽과 같은 식품건조기를 이용하면 햇빛에 바래지 않고 갈색이 줄고 검푸른 빛을 띤다.

○ 플라스틱 소재가 아니라 위생적인 SUS304 스텐이다. 열풍, 온풍의 강제통풍 건조방식이다.

○ 설정 온도 : 35℃~80℃(5℃ 단위 조정)

○ 설정 시간 : 30분 ~ 24시간

○ 채반 크기 : 33cm × 30.5cm (6개)

○ 재질(본체, 트레이) : SUS304

○ 트레이가 6개이므로 1로트 뇌원차 49개의 경우 1 트레이에 띄엄띄엄 9개(3 × 3)씩만 놓아도 된다. 겹쳐 놓으면 안 되고 간격도 사방이 일정하면 좋다. 진열 방식과 양을 같이 하고 설정 온도에 따른 시간 조정을 통해 최적의 건조 조건을 찾는다.

○ 건조의 최적 온도와 시간 설정 등은 반복하여 확인 기록하면서 설정할 수 있다. 4시간 단위로 상태를 확인하고 같은 빛과 환경으로 사진을 찍어 둔다.

○ 시간이 좀 더 걸려도 저온 온풍 열방식을 선택하는 것이 좋다고 생각한다. 3 과탕 후 고온(70℃)에서 급히 말려 표면 수분이 다 제거되면 가장 낮은 온도인 35℃로 설정한다.

○ 2일(24시간) 이내에 거의 건조가 완료된다. 바로 4 과탕을 하고 1일로 총 3일이면 충분히 건조된다. 마지막 건조 상태를 확인하고 필요할 경우 추가적인 건조 시간을 설정하면 된다. 건조가 완료되면 쿨 다운(FAN) 상태로 빠르게 식힌 다음 포장한다.

○ 식품 건조기의 운전 조건이나 트레이 안에 뇌원차 진열하는 방식 등 같은 조건에서 반복하여 표준을 설정한다.

○ 최종적인 건조라고 생각될 때 상태를 객관화, 표준화시켜 나타내는 지표는 수분 함량이다. 이 수분 함량은 수분 측정기로 측정할 수 있다.

○ 통상적으로 수분이 10% 이내에서 5% 범위이면 충분히 건조했다고 할 수 있다. 오감을 통한 좋은 외관과 상태의 하한과 상한 등 3 반복 실험으로 뇌원차 품질 건조 조건으로 함수율 한계 기준(예, 6%~9%, 시험 제조 평균 함수율은 7%)을 설정할 수 있다.

11) 끓는 물 담그기[과탕(過湯)]

○ 송나라『북원별록』에는 차 말리기[과황(過黃)]와 끓는 물 담그기[과탕(過湯), 끓는물 통과하기]에 대해 설명하고 있다. "불에 쬐어 말리기와 끓는 물 통과하기 과정을 3번 반복한다. 그 후 하룻밤을 묵히고 연배(煙焙)에 넣어 다시 말린다. 연배에 넣어서 두께에 따라 6~15일간 말린다. 차가 충분히 마르면 단차 표면에 윤기를 더하기 위해 끓는 물에 통과[과탕(過湯)]시킨 후 밀실에서 급히 부채질해 말리면 차는 자연스러운 광택이 난다."

○ 과탕 시간은 기록이 없다. 하지만 '지날 과(過)'의 용어를 쓴 점을 미루어 보면 지나가는 짧은 시간이 아닐까 한다.

○ 우리 고려의 뇌원차는 이렇다 할 기록 자체가 없어 송의 방법[삼일과탕(三一過湯)법]을 그대로 원용하기로 한다.

○ 이번 시제품을 생산할 때는 성형을 한 뒤 삼과탕(三過湯)은 없

과탕 이전   과탕 진행 중   과탕 후 건조

이 바로 주간은 햇볕, 야간은 온돌 건조방식[주양야온(**晝陽夜 溫**)식] 건조 방법을 택했다.

○ 과탕은 포장을 5일 앞둔 2020년 5월 24일(일) 실시했다. 끓는 물을 투명용기에 담고 과탕용 뇌원차가 담긴 작은 대바구니를 대나무 차 집게로 집어 2초가량 넣었다 뺐다. 과탕 한 차는 자연통풍이 잘 되는 평상에서 햇볕 아래 널었다.

○ 왼편 그림과 같이 과탕 전보다 과탕을 한 직후는 푸른빛을 띠었으나 곧 원래 색으로 돌아갔다.

○ 2일이 지나고 3일째에 확인했을 때는 완전히 과탕 전 상태로 돌아갔다. 과탕을 한 물의 탕색은 위의 그림과 같이 엷은 주황빛을 띠었다. 맛은 느낄 수 없었다.

○ 사진으로 볼 때도 과정 전보다 과탕 후 빨리 말렸을 때 윤택한 빛이 나는 것을 알 수 있다.

○ 포장 전 과탕은 15초 이상을 90도 이상의 열탕수에 담갔을 때는 미생물 살균 효과를 기대할 수 있다. 하지만 실험에서는

2~3초에 불과했기 때문에 표면에 빛을 내게 하는 품질 향상 효과만 있었다.

| 대형 스텐 솥
재질 : SUS304(스텐 27종) | 3단 프레임 스텐망 바구니 |

○ 과탕 전에 식품건조기에 넣고 막 성형한 뇌원차의 표면이 단단해질 때까지 고온(70℃)으로 급히 말린다. 미리 과탕을 할 장비와 물을 끓여 놓는다.

○ 과탕을 제대로 하기 위해서는 위과 같은 대형 솥을 준비한다. 이 솥은 또 뇌원차에 직접 닿는 모든 기구와 소모품 등의 열탕 소독용으로도 쓴다.

○ 최대 입 지름 : 60cm

○ 뚜껑 포함 총 높이 : 33cm

○ 용량 : 75L

○ 찻잎 씻기에 사용했던 왼편 스텐망 바구니에 과탕 할 뇌원차

를 담는다. 밑지름이 40cm가량 나와 1로트의 성형한 뇌원차 49개를 한꺼번에 넣을 수 있다(7개×7줄).

○ 대형 솥에 물이 끓으면 뚜껑을 열고 뇌원차가 담긴 스텐망 바구니를 솥의 열탕수(95℃~100℃)에 2초 담갔다가 뺀다(관리 한계 기준은 2~3초로 한다).

○ 이때 뜨거우므로 반드시 면장갑 등을 끼고 두 사람이 양쪽에서 손잡이를 마주 잡고 동시에 넣는다. 물에 잠기자마자 함께 "하나, 둘, 셋"을 세고(평균 소요시간은 2.5초 정도다) 동시에 둘이 함께 꺼낸다.

○ 1 과탕이 끝나면 빨리 과탕 전과 같이 식품건조기에 넣고 고온(70℃)에서 급히 말린다. 이 과정을 3회 반복한다[삼과탕(三過湯)].

○ 이제 뇌원차 내부까지 충분한 건조가 이루어졌을 때 다시 마지막으로 끓는 물을 한번 통과시키기[일과탕(一過湯)]를 한다. 시간은 10초를 기준점으로 하여 타이머 알람을 설정한다. 알람 소리와 함께 꺼낸다(관리 한계 기준은 10초에서 15초로 한다).

○ 과탕(過湯)을 하면 표면이 매끈하게 자연스럽게 광택이 난다. 품질을 높이는 데 좋다. 또 세척 살균 효과도 있다. 찔 때 살균되었지만 찧기, 성형, 건조 등 작업에서 오염된 위해요소를 감소시킬 수 있다.

○ 그러나 성형 직후 삼탕은 살균 목적보다는 뇌원차 몸체에 건조한 열기로 heat-shock을 가하고, 열수(熱水)로 또 열 충격을 거듭 주어 단단한 물성을 갖게 하는 점이 크다고 본다.

○ 이 과탕의 불 쬐기로 뇌원차 내부의 수분이 증발하였다가 끓는 물 통과로 수분이 다시 흡수되는 등 팽창(+)과 수축(-)을 반복한다. 이 삼세번 반복된 음(-), 양(+) 운동으로 이제 막 성형된 뇌원차의 물성을 강화한다고 본다. 주로 표면에서 많이 일어나 마치 내부를 보호하는 단단한 껍질을 입히는 것과 같다.

○ 그리고 마지막 완전 건조 후 4번째의 일과탕(一過湯)은 10초로 하여(한계 기준은 10~15초) 뇌원차 내부 일부까지 열탕수가 스미도록 한다. 이 과탕의 뇌원차는 완전히 말라 굳어진 것으로 물성 변화를 기대하는 것보다 세척 살균 목적이 있다.

○ 그리고 마지막 일과탕 이전과 같이 뇌원차 내부까지 완전하게 말리고 포장 준비를 한다.

○ 식품건조기를 사용할 경우 과탕을 포함한 공정이 3일 이내에 완료되어 내 포장을 할 수 있다. 전통 방식은 과다한 건조 시간과 건조 조건 표준화를 할 수 없어 생산성과 품질에 좋지 않을 수 있다.

○ 4탕의 표면 건조가 완료된 뇌원차는 통풍이 잘되는 깨끗한 실내에서 통기성과 살균력이 좋은 삼지[麻紙] 등으로 덮어 보관하다 내 포장을 한다. 식품건조기를 사용할 경우는 최저온도

(35℃, 온풍)로 맞춰 1일 정도 건조하여 완전하게 말려 내 포장을 한다. 이 역시 내 포장할 때까지 삼지로 잘 덮어 먼지나 이물질이 혼입되지 않게 한다.

12) 내포장 하기

○ 내포장으로 뇌원차 하나하나를 포장한다. 먼저 한지로 속포장을 하고 〈보성 뇌원차(寶城腦原茶)〉 상표를 전각(篆刻)으로 새긴 도장을 찍은 삼지로 겉 포장을 한 다음 다동(茶童) 그림의 도장으로 붙여 마무리했다.

○ 전각은 4대 명석(名石)중에서도 가장 손꼽히는 푸젠성 푸저우 북부 산지에서 출토되는 수산석(壽山石)으로 목우 스님이 했다.

○ 포장 종이는 삼지[마지(麻紙)]가 최고다. 삼베의 고향 보성의 이찬식 대표가 만드는 삼지를 포장지로 썼다. 시제품 생산을 할 때 속지는 일반 한지를 썼으나 표준설정을 할 때는 뇌원차의 속살에 닿는 속포장지도 꼭 삼지를 쓰는 것이 좋다.

○ 삼지를 만드는 삼은 뇌원차를 포장하는 최고의 종이다. 대마(大麻)라고 삼은 자체 항균, 항독, 방충성이 있어 농약을 쓰지 않고도 벌레 없이 자란다. 삼은 인체에 해로운 세균을 억제하는 자연 항균력이 최고로 좋은 소재다.

○ 속지와 겉지 삼지 포장지는 가로, 세로 7.5cm로 각각 50개 정도 자른다.

○ 백지인 속지의 삼지는 뇌원차의 속살을 싸고, 겉옷인 삼지는 마름모꼴로 펼쳐 〈보성 뇌원차(寶城腦原茶)〉 상표 도장을 찍는다.

○ 포장 접착을 하고 제조번호(SN)를 넘버링으로 찍어 마무리하고 제조대장에 기록한다.

○ 뇌원차 제조번호 체계는 다음 예시와 같은 체계를 만들어 쓴다. BN01-200410-CSH01-01-01〈보성 뇌원차(BN), 산지-제조연월일-생산자, 로트-포장단위-제조번호(SN))〉

6. 뇌원차 만들기 정리 표

○ 뇌원차 만들기에 전통적인 방법을 재현하는 방식을 표준화시켜 보면 다음과 같이 정리된다.

NO	공정	가공방법 및 관리기준	사용시설 설비, 도구
1-1	찻잎 따기	• 시기 : 우전~곡우~하전, 첫물차, 오전 • 따는 양 : 0.75kg (무게 재기) • 손톱으로 줄기 없이 '한 잎' 따기(1창, 1창1기) • 자아, 백합, 도엽, 오체는 버리고 여린 움과 잎만 땀 • 산지별로 찻잎을 구분하고 섞이지 않도록 함 (향후 모든 공정)	바구니, 채엽주머니, 두건 등
1-2	지하수 취수	• 냉수(15도 이하) • 음용수 수질검사 합격한 깨끗한 물 또는 수돗물	물탱크, 수도설비
1-3	포장재 보관	• 밀폐된 창고 실온(1도~35도) 보관 • 포장재는 반드시 밀봉하여 오염, 위해요소 침입 방지	자재 창고
2	찻잎 시들리기	• 시기 및 기간 : 찻잎 채취 후 1:30 ~ 2:30 • 바람이 잘 통하는 상온(15℃~25℃) 그늘에서 말림 • 1cm 두께로 널어 수분 증발로 발효를 쉽게 함	그늘이나 개문의 실내, 평상이나 채반, 개인위생 장비(위생복, 위생모, 위생 마스크, 위생 장갑)
3	찻잎 가려내기 (CP-P)	• 횟수 : 사람을 바꿔서 1, 2회 실시 • 선별대가 보일 정도로 얇게 펼쳐 하나하나 가려내기 • 이물질(돌, 나뭇잎, 곤충 등)과 잘못 딴 찻잎 골라내기	선별 작업대, 개인위생 장비
4	찻잎 씻기 (CP-B,C,P)	• 횟수 : 3회(1차 세척, 2차 세척, 3차 행굼) • 시간 : 6분~10분 • 세척수의 온도 : 냉수(15℃ 이하) • 먼저 용기를 열탕수로 씻으면서 열탕 소독 • 스텐조에 물 가득 채우기, 스텐망에 담은 차를 넣기 • 1 세척조 : 3차 뒤집기(5초), 3차 이물 제거(1분) • 2 세척조 : 2차 반복 후 • 3 행굼조 이물 제거(1분) • 흐르는 물로 부유물 흘려보내기, 침전물 버리기 • 3차 행굼수로 1분간 담가 행궈내기	스텐조 3개, 스텐망 바구니, 타이머, 저울, 개인위생 장비

5	찻잎 물기 빼기	• 강제통풍 자연탈수 : 5분~6분 (실제 시간 보다 털어서 물이 떨어지지 않을 정도로 표면수 제거 기준) • 스텐 씨팬망 선풍기 강제통풍, 타이머 활용, 상태 점검	스텐 작업대, 스텐 씨팬망,쟁반, 송풍기, 타이머, 개인 위생 장비
6	찻잎 찌기 (CCP-B1)	• 1회(lot) 찌는 양 : 850g(무게 재기) • 찌는 시간 : 15분 ~ 17분 (찻잎 상태에 따라 가감) • 3회 뒤집기[15분 : 5분(1회)-5분(2회)-4분(3회)-1분] • 장작불 가마솥에 물을 끓여 증기를 발생시키고 대발로 막은 시루를 얹고 삼베로 싼 찻잎 넣고 찌기 • 찻잎 상태를 확인하며 대나무 주걱으로 1, 2, 3차 뒤집어 고루 찌고 3차에서는 꺼낼 시간을 예측 • 장작불을 처음 강하게 한 뒤 뒤집을 때 화기를 줄였다 다시 강하게 함 • 우전차 등 여린 찻잎일수록 찌는 시간 단축 • 푸른 기가 없이 고르게 노란 다황(茶黃)으로 완숙시킴. • 잘 쪄지지 않는 찻잎과 줄기는 집게로 집어 버림 ※ 찜기나 스팀 조리기를 쓸 때 뒤집기 필요 없고, 중차 시간은 장비에 따라 다황(茶黃) 빛을 보면서 결정	가마솥, 장작, 질 시루(또는 찜기, 스팀 조리기) 대 발, 삼베, 대나무 차 집게, 대나무 주걱, 개인위생 장비
7	찻잎 식히기	• 강제통풍 : 5분 ~ 10분(빨리 식히면 품질이 좋다) • 꺼낸 찻잎은 스텐 씨팬망 위에 삼베를 펼쳐놓고 송풍기로 25℃까지 식힘	작업대, 삼베, 스텐 씨팬망, 선풍기, 비접촉식 자외선 온도계, 개인위생 장비
8	찻잎 찧기	• 시간 : 10분 ~ 15분(1로트 10분 기준, 상태를 보면서 가감하여 완전하게 찧음) • 돌절구에 나무 절굿대로 최대한 고르게 힘을 주어 찧음 • 줄기, 덜 쪄진 찻잎, 찧어지지 않는 것은 들어낸다. • 돌절구, 절굿대 열탕 세척 소독 필수 ※ 스텐 식품분쇄기를 쓰면 순간적으로 찧음, 상태 균일함 • 분해 세척, 열탕 살균 필수	돌절구, 절굿대,(또는 스텐 식품분쇄기, 개인위생 장비
9	차 박아내기	• 뇌원차 틀 새 기구 구상 및 주문 제작품 이용 • 암틀, 수틀(배나무), 받침대(소나무), 노름판(아까시나무)로 고르게 힘을 줄 수 있도록 설계됨 • 뇌원차 정사각형 7口(4cm × 4cm × 0.65cm) • 씻고 말린 뇌원차 암수틀 열탕 소독 시행 • 찧은 차 800g을 16g씩 나눠 7번 찍어 49각 생산 • 틀에 위생비닐을 깔고 계량한 쩐 차를 암틀에 넣기 • 수틀로 덮고 위생비닐을 깔고 지렛대로 고르게 누름 • 수틀을 들어 올려 성형한 차를 꺼내기 • 모양을 다듬고 각(角)을 없애고 라운딩하기	뇌원차 틀, 토시, 개인위생 장비, 깨 끗한 비닐
10	1차 말리기	• 표면을 완전히 마르게 한다. • 주간, 햇볕 말리기 4시간(야간, 오독 말리기 8시간) ※ 식품 건조기 1차 열풍 건조(70도 1시간)	채반, 식품건조기

11	1차 끓는 물 담그기	• 2 ~ 3초 끓는 물(90℃~ 100℃)에 담그기 • 차를 담은 스텐망 바구니를 끓는 솥에 넣다 빼기	솥, 대바구니와 집게(또는손잡이 스텐망 바구니), 개인위생 장비
12	2차 말리기	※ 2차 열풍 건조(70도 0.5시간)로 물기를 말린다.	10과 같음
13	2차 끓는 물 담그기	• 2차로 끓는 물에 2~3초 담근다.	11과 같음
14	3차 말리기	※ 3차 열풍 건조(70도 0.5시간)로 물기를 말린다.	10과 같음
15	3차 끓는 물 담그기	• 3차로 끓는 물에 2~3초 담근다.	11과 같음
16	4차 말리기	※ 차 열풍 건조(70도 0.5시간)로 물기를 말린다. • 볕 말리기 1시간 뒤 실내 자연통풍 그늘 말리기(4~5일) ※ 식품 건조기 온풍 말리기 (35도, 2일)	10과 같음
17	4차 끓는 물 담그기	• 10 ~ 15초 끓는 물에 담근다. • 외부 세균 살균 소독(CCP-B2)	11과 같음
18	5차 말리기	※ 완전히 마를 때까지 5차 열풍건조(70도 0.5시간) • 삼지를 덮어 자연통풍, 실내 그늘 말리기(2~3일) ※식품건조기 온풍의 경우는 (35도, 1일)	10과 같음 돗자리나 대나무 자리, 삼지
19	내 포장하기	• 1로트 49각 중 상태가 나쁜 순으로 4각을 빼고 45각을 포장 • 뇌원차 크기: 3.3cm × 3.3cm × 0.45cm(0.5cm) • 무게 : 4.0g ~ 3.9g [제품 표시 3.75g(1각)] • 포장할 삼지는 7.5cm × 7.5cm로 자르고 겉지 중앙에 마름모꼴로 보성 뇌원차(寶城 腦原茶) 상표를 날인 • 항균성과 통기성이 좋은 마르고 깨끗한 삼지(麻紙)로 속 포장을 하고 상표를 도장을 찍은 삼지로 겉 포장 • 제조번호 기록.	삼지, 도장, 자, 칼, 넘버링, 개인 위생 장비

6장
보성 뇌원차 키워가기

조석현, 박금옥

1. 보성 뇌원차가 나아갈 길

보성 뇌원차는 이제 막 발걸음을 떼었다. 그동안 뇌원차는 기록에만 있었다. 소비 기록은 있으나 생산 기록이 없다. 고려 시대 궁중에서 황제나 임금이 마시고 공신들에게 부의품으로 하사하고 거란, 금에 공물로 갔다. 그러나 어디서 어떻게 누가 생산했는지도 모르고 있었다. 어떤 모습일까? 어떤 크기일까?

그런데 다소의 연구와 지명 연구 새로운 고증과 현장을 연구하면서 원산지가 드러났다. 뇌원차(腦原茶)가 전남 지방의 지역명에서 왔다는 지명설(地名說)을 구체화하였다. 그곳은 어디인가? 지금도 차산업이 가장 발달한 보성 지역이다.

지금 '약찌미 뻔덕지'라 부르는 곳, 보성 웅치의 약산(藥山)마을이 시초다. 그곳이 신라 때 가을전(加乙田) 차향(茶鄉)을 차 마을이었다. 고려 초기엔 마을 앞 비사리밭들(갈대밭들)의 가을평(加乙坪) 다소(茶所)로 발전하였다. '가을(加乙)' '갈(乫)'은 '갈대' '갈'를 소리로 나타내는 한자였다. 뜻으로는 갈대 '노(蘆)'다. 갈대밭[노원(蘆原)] 위에 펼쳐진 뻔덕지 평원(平原)은 신라 경덕왕 이후 한자의 뜻으로 고쳐 부르니 '노원(蘆原)'이다. 이 노원이 고려 초기의 뇌원(腦原)차의 이름의 원형이 되었다.

보성이 뇌원차의 원산지로 밝혀지면서 뇌원차의 연구와 개발이 활발히 진행되고 있다. 우리나라 차 역사에서 가장 활발했던 고려의 차이며, 궁중의 차로서 가장 명품인 뇌원차를 찾게 되었다. 보성이 근대의 차산업이 발달한 것이 결코 우연이 아니다. 신라 때 가을전 차향(약산), 고려 초기의 가을평 다소(비사리밭등), 포곡 다소(봇재) 등 오랜 역사와 문화를 가지고 있다. 특히 보성은 뇌원차의 원산지로서 역사 문화적인 자부심은 크다.

　보성이 뇌원차의 산실(產室)이라는 의미는 적지 않다. 그러나 지금 우리 후손들이 차문화·역사를 오늘에 되살려 나가는 일은 더욱더 중요하다. 우리 선조, 보성 다소민(茶所民)들의 애환과 고통이 헛되지 않게 하는 길이기도 하다.

　보성 뇌원차가 앞으로 어떻게 발전시켜 나갈 것인가? 하는 문제는 오로지 지금 여기 관련된 사람들에게 있다. 다행히 지금은 보성이 민관과 산학연이 잘 협력하여 나가고 있다. 보성 뇌원차의 역사를 되살려 보성 뇌원차가 나아 가야 할 길을 함께 모색해 보고자 한다.

2. 고려 뇌원차 이어가기

고려 뇌원차를 오늘에 이어가는 일은 쉽지 않다. 너무 까다로운 제법(製法)에 고려 때 다소민(茶所民)들도 힘든 노역에 도망을 칠 정도이니 오늘은 어떠할까? 가장 비슷한 송나라 북원공차도 사라진 이유가 우리나라와 비슷하다. 관(官)의 지원이 없다면 민(民)에서 상업성을 상실한 옛것을 상품화할 수 없다. 시스템을 만들고 계속된 지원할 태세를 갖춰놓지 않는다면 한번 복원하고 박물관에 전시할 수는 있으나 계속 이어가기 어렵다.

그러나 고려 뇌원차의 원산지 보성에서는 매년 고려 뇌원차를 만들어나갔으면 한다. 보성의 천년 문화유산으로 생산하는 보성 뇌원차 〈고려(高麗)〉 등급이다. 해마다 보성 야생산지와 찻잎에 따라 고려 뇌원차를 만들고 연구·개발하고 역사 문화로서 이어 나가길 바란다.

고려 뇌원차의 역사 문화를 이어가는 일은 사명이 있는 보성군에서 다정(茶政)의 하나로 삼고 지속적인 사업 추진을 해야 한다. 차산업이 발달한 보성군에서 차 역사 문화의 가치를 높여 상승효과를 기대함은 매우 좋은 전략이다. 차산업이 영속 발전하려면 차 역사 차문화가 뒷받침되어야 한다. 보성의 차산업이 보성의 차문화를 융성하게 할 것이다.

특히 재배차가 아닌 101곳에 이르는 보성의 야생 차밭을 활용하여 해마다 산지별로 돌아가면서 뇌원차를 만들어 보면 좋겠다. 야생 차밭의 아까운 찻잎도 활용할 수 있으며, 생산성이 없어 활용되지 않는 야생차로 좋은 뇌원차를 만드는 뜻깊은 일이다. 야생차 연구와 뇌원차의 생산 연구 등을 함께 할 수 있다.

이 사업은 보성군이 전적으로 주관한다. 생산자 연구원들에게 뇌원차 만들기를 위탁하여 생산된 뇌원차는 보성군에 납품된다. 최대 생산량은 200각 정도로 하고 100각은 보성군에서 홍보 등 요긴하게 쓴다. 100각은 보관대를 만들어 해마다 산지명과 간단한 역사 이야기와 함께 보관해 가면 보성의 차문화와 차 역사를 알리는 명물(名物)이 될 것이다.

〈보성 뇌원차〉를 상표명으로 하여 상표 등록이 어렵다면 보성 뇌원차의 로고를 잘 만들어 표장으로 함께 상표 등록을 할 수 있다. 또 〈보성 뇌원차〉로 지리적 표시제를 검토해 볼 수 있다. 2002년 등록된 〈보성 녹차〉는 우리나라는 지리적 표시제 1호로 지리적 표시의 상징이다. 이어 보성 삼베(45호) 보성 웅치 올벼 쌀(71호)이 등록되었다. 곡성 토란 108호 이어 109호로 〈보성 뇌원차〉의 지리적 표시제로 등록되었으면 한다. 그러나 당장은 지속적인 생산 실적이 없어 지리적 표시제 등록이 어려울 수 있다.

지리적 표시제와 상표 등록 여부와 별도로 상품화할 보성 뇌원차 〈황제〉 등급과 〈임금〉 등급은 〈보성 뇌원차〉 보성군수 인증 제도 시행을 권한다. 보성군에서는 〈보성 뇌원차〉를 상표를 개발하여 보성군수의 품질 인증을 받아서 〈보성 뇌원차〉를 사용하게 한다. 품질 인증에는 제조 공정 표준화와 공정 관리 기준 등을 설정하고 제조 포장 규격 등을 준수하게 한다. 보성군수 품질 인증을 통해 〈보성 뇌원차〉의 품질을 유지하고 보성의 문화유산으로 키운다.

고려 시대 뇌원차를 그대로 재현해 상품화하기 어렵고, 상업성이 없음은 거의 명백하다. 그리고 특히 소비자에게 고려 시대처럼 뇌원차를 갈아 가루차로 점다(點茶)해 마시라고 하면 보급하기 어렵다. 점다(點茶)법으로 마시는 일은 보성 뇌원차 〈고려〉 등급에서 재현 필요 등 특수한 경우만 실시한다.

우전(雨前)에 야생 차밭을 선정해 첫물차로 따서 만든 보성 뇌원차 〈고려〉 등급은 재배차를 이용한 보성 뇌원차가 산업화, 상품화되지 않는다고 해도 보성군에서는 당연히 정책적으로 매년 역사를 이어가야 한다. 상업성을 위주로 하기보다는 전통을 이어가는 목적이다.

만드는 방법도 전통 방식을 기준으로 한다. 이번 시제품 만들 때와 같이 장작불 무쇠솥 질시루를 이용해 찌고, 돌절구에 절굿대로 찧고, 햇볕에 온돌에 말리는 전통 방법을 그대로 쓴다. 전통 방식 표준화 연구는 매년 실제 만들면서 같이 시행한다. 포장도 삼지 포장을 하고 전통 항아리 속에 저장하고, 전시용은 오동나무 포장 곽을 만들어 보관한다.

이러한 보성 뇌원차는 단지 보성만의 차 역사와 차문화일 수는 없다. 우리 향토의 토산차(土産茶), 궁중의 고려차(高麗茶)로서 우리나라 전체에서 차지하는 의미가 크다. 나아가서 세계적인 문화유산 자산이다. 보성 뇌원차를 재배하기 위한 농법이나 다소의 차 농사 등은 세계중요농업유산에도 등재되어 세계적인 문화유산으로 관리되기를 기원한다.

3. 보성 뇌원차 산업화

보성 뇌원차 발전 방향을 3개 등급으로 나누어 보았다. 역사 문화용 〈고려〉 등급과 산업화 상업화를 해서 다 같이 누릴 수 있는 〈황제〉 등급과 〈임금〉 등급으로 생산하는 방안을 구상한다.

보성 뇌원차 키워가기

상표명	보성 뇌원차		
상품 등급 이름	고려(高麗)	황제(皇帝)	임금
등급	특상급	최상급	특급
찻잎 따는 시기	청명, 우전	우전	곡우, 입하
따는 찻잎	1창, 1창1기	1창, 1창1기	1창1기, 1창2기
포장 기본 색상	자주색	황금색	적색
산지	보성군 야생 차밭	보성군 유기재배 차밭	
용도	역사, 문화 보존, 홍보용, 선물	산업화, 상품화(일반 판매)	
생산 주체	보성군 (위탁생산)	보성군 차 농민	
생산 방식	전통 방식, 수작업	현대화 방식, 기계 병용	
연구개발 주체	보성군	보성군 차 농민, 보성군 협조	
연구개발 주체	역사, 문화, 표준화, 홍보, 포장, 디자인, 마케팅, 관광 연계	표준화, 생산성, 품질, 상품화, 포장, 디자인, 고객 니즈, 마케팅	
마케팅 주체	보성군	보성군 차 농민, 보성군 홍보 지원	
소비 주체	보성군	소비자	
마시는 법	점다법(點茶法)	탕포법(湯泡法)	
지원	군 자체 시행 또는 위탁 생산자 전체 지원	홍보·마케팅·연구·개발 지원, 상표품질규격 관리 및 상표실시권 부여	

옛 찬란한 문화유산이라도 오늘날에 각광(脚光)을 받으려면 기본적인 경쟁력을 갖추지 않으면 안 된다. 번서롭시 않고 입맛에 맞아

야 하고 무엇보다도 '가격대비 차를 마시는 사람들의 만족도'인 '가심비(價心比)'가 좋아야 할 것이다. 또 경쟁력과 품질 좋은 생산 방식으로 생산의 경제성과 홍보 마케팅·유통 전략 등이 잘 어우러지지 않으면 안 된다.

보성 뇌원차가 산업화하기 위해서는 민관(民官)의 혼연일체가 필요하다. 먼저 연구개발 결과에 따라 차 농민이 해당 시설에 일부 시설을 보완해 생산할 수 있어야 한다. 뇌원차를 만들어 보겠다는 농민들은 보성군의 주재 아래 함께 머리를 맞대어야 한다.

표준적인 생산 방식과 효율적인 생산 방식 등 양산(量産) 연구개발(研究開發, R&D)이 따라야 한다. 열의가 있는 생산자를 선정하여 양산을 위한 연구개발에는 개발 장비 지원 등을 할 필요가 있다. 체계적이고 반복적인 실험 연구를 통해 보성 뇌원차의 생산 방식과 품질 관리 등「보성 뇌원차 양산 제조법」의 상세 설명서를 만든다.

보성군은 품질 규격 등을 관리 지도한다. 특히 공정 관리 기준을 설정하여 그 공정을 준수하도록 하고 합격한 차만 〈보성 뇌원차 군수 인증제〉에 따라 인증한다. 인증 농가들에는 홍보 마케팅 지원 및 생산 지원 등을 한다.

보성은 〈보성 녹차〉로 잘 알려져 있다. 한때 녹차 중흥기의 산물이기도 하다. 잎차 유행의 큰 흐름 속에 녹차가 있지만 녹차는 오래 보관이 힘들고 맛의 차이가 심해 널리 보급되기는 힘들다. 그러나 잎 차 중에서도 전 세계적으로 가장 널리 마시는 것은 발효차인 홍차다. 발효차가 다시 주목을 받고 잎차뿐 아니라 덩이차 쪽으로도 소비자의 선택이 넓어지고 있다. 보성군도 이제 녹차 일변도에서 벗어나 차의 종류를 다양화할 필요가 있다.

최근의 보이차 붐은 후발효차인 덩이차의 시대가 오고 있음을 보여준다. 우리나라도 덩이차인 고도리 차가 역사적으로 가장 오랫동안 애용되었다.

보성 뇌원차는 청태전과 고도리 차 이전의 떡차로 고려 때에 있었던 온 우리의 가장 전통적인 차다. 현대화된 장비로 잘 제조하고 마실 때는 탕포법(湯泡法)을 쓴다면 다시 사랑받을 수 있다고 생각된다.

보성 뇌원차를 만들 때는 HACCP에 따르는 청정 작업장에서 위생 설비를 갖추고 위생적으로 위해요소(危害要所)를 관리하는 것은 기본이다. 늘 같은 품질을 유지할 수 있어야 품질 관리가 된다고 할 수 있다. 따라서 표준적인 기계 기구 공정 등을 통해 표준 작업을 하고 산지에 따른 찻잎의 특성 등을 고려하는 기술 축적이 필수적이다.

특히 보성 뇌원차를 산업화하기 위해서는 마케팅이 가장 큰 요건으로 본다. 소비자가 보성 뇌원차를 찾을 수 있도록 차의 빛과 맛을 연구하고 고품질을 유지해야 한다. 전시회나 행사 등을 통해 적극적으로 알리고 〈보성 뇌원차〉를 보성의 특산차로 키워나가야 한다.

차별화 포인트를 잡는다. 황제나 임금이 마시던 차를 시절이 좋아

지금 당인들이 마실 수 있다는 문화적 자긍심을 갖도록 한다.

　〈황제〉급과 〈임금〉급의 차별화는 우전과 곡우, 1창 1기와 1창 2기로 하고 오동나무 보관 곽에 〈황제〉는 황포(黃布)를 〈임금〉은 홍포(紅布)로 한다. 천연섬유에 천연 전통 염색을 권한다. 포장 단위는 9개 9각 포장을 기본으로 하고 보급용으로 4각 포장과 견본용 1, 2각 포장을 생각해 볼 수 있다.

4. 보성 뇌원차와 놀기

신라 때 가을전 차향(茶鄕)이었던 약산(藥山) 마을엔 가을전 차향촌(茶鄕村)을 세워 역사 문화 자원으로 삼을 수 있다. 가을평 다소의 전신이며, 우리나라 향(鄕)의 특수 행정 조직에 이미 다소와 같은 기능을 한, 차 만드는 마을, 차향이 있음을 알린다. 차향촌 건설 후보지는 웅치면 용반리 646-2로 1,000㎡ 정도 활용할 수 있다.

가을평 다소의 지휘소는 대은마을 앞 웅치면 용반리 172-3 〈비서리밭등〉으로 추정된다. 이곳은 이미 축사가 가깝고 길 건너 기와집 펜션이 있는 대은마을 쪽이 후보지 요건으로는 낫다.

단순히 차를 마시고 즐기는 것을 넘어 매력적인 관광 체험으로 보성 뇌원차 역사를 활용할 수 있다. 약산 마을은 삼국 시대 차마을로 재현할 수 있으며, 대은마을 쪽엔 고려 시대 뇌원차 다소 마을을 꾸며 볼 수 있다. 이 '차마실 돌기'는 동네 마실 돌 듯 체험할 수 있는 〈그린 관광〉의 하나다. 차마실 코스는 봇재에 온 관광객이 역사 투어로 '포곡 다소촌'을 거쳐 '가을평 다소촌'과 '가을전 차향촌'으로 한 바퀴 도는 코스다.

뇌원차 체험과 연계된 봇재 양동 근처에 꾸며진 〈포곡 다소촌〉에서는 요즈음 잎차 같은 대차(大茶)를 재배하고 만드는 체험을 한다. 현대의 봇재 차밭 이전에 천여 년 전에 이미 보복 나소도 차밭이 있었고, 차를 만들어 조정에 공납한 역사적인 장소임을 알린다. 〈포곡 다소 찻집〉을 열어도 좋다. 보성의 옛 차로 뇌원차, 대차와 현재의 보성차를 같이 전시, 시음하고 판매도 한다.

웅치로 넘어와서 뇌원차의 원산지 가을평 다소 촌으로 간다. 뇌원차에 대한 사진과 설명 자료들이 잘 전시되어 있다. 재현한 보성 뇌원차의 모습도 보인다. 고려 시대의 차 만들기 재현 사진을 보면서 포토존에서는 고려 시대 체험 복장을 하고 사진을 찍으며 고려 시대 다소민이 되어 본다. 뇌원차 제조 공정 중 재미를 느낄 수 있는 끓는 물 담그기[과탕(過湯)] 공정이나 탕포(湯泡) 공정으로 차 빛 감상 및 시음 등을 할 수 있게 한다.

장소 등이 여의치 않을 때는 약산의 가을전 차향마을과 비서리밭 등의 가을평 다소마을 중 하나를 개발하여 통합해 운영할 수도 있다. 천여 년이 훨씬 넘은 차 역사 문화의 현장을 현재로 끌고 와서 오늘의 문화로 만든다. 보고 만지고 체험하면서 보성차 역사의 유구함과 우수성을 몸소 체험케 한다. 관광과 연계하고 현재의 차산업과 차문화를 더 풍성하게 할 것이다.

5. 보성 뇌원차 키워가기

문헌 속에서 그것도 이용 기록만 있었던 고려 시대의 가장 유명한 뇌원차의 모습을 알아가고 접근해 나가는 것은 놀라운 일이다. 필자도 뇌원차의 원산지가 보성이었을 것이라고는 미처 생각하지 못했다.

다소(茶所)의 위치조차 제대로 연구되지 않아 하나하나 그 위치와 특성을 파악하던 중 웅치 용반의 가을평 다소의 지점에 〈비사리밭들〉의 지명을 보고 직감하며 크게 흥분하였다. 〈비사리밭들〉과 연결된 〈비서리밭등〉이 바로 신라의 가을전 차향인 약산 마을에 이은 고려 뇌원차의 원산지 〈가을평 다소〉였다.

이렇게 찾아진 보성 뇌원차를 어떻게 키워갈 것인가는 문화 자산의 발굴에 이어 또 다른 새로운 장이다. 이제는 연구원 누구 혼자나 몇몇이 이루어질 것은 아니다. 관계된 사람들이 모두 뜻을 함께하고 힘을 모아야 빛을 발할 수 있다.

필자는 역사 문화적 용도로 보성 뇌원차의 〈고려〉 등급을 계속 만들어 이어가자 제안했다. 이는 보존 차원에서 이어가는 것으로 후손들이 선조들을 위해 할 수 있는 최소한이라 생각된다. 못난 후손에서 벗어나는 정도다.

좀 더 바람직하게는 보성 뇌원차가 산업화에 성공하기를 바란다.

많이 알려지고 우리 가까이 생활화되어 다시 문화로 자리 잡는다면 이제는 자랑스러운 후손이다.

보성 뇌원차를 만들기 위한 보성 차농민, 다소민(茶所民)들의 고통과 노고를 잊어서는 안 된다. 그들에게 조금이라도 보답하는 길은 그들이 애써 만들었던 뇌원차를 그 원산지인 고향 보성에서 다시 만들어 온 국민이 사랑하고 세계에서 알아주는 일이다.

마침 보성 전통차 농업은 그 역사성, 생태적 가치, 수려한 경관, 차의 우수성 등 보전 가치를 충분히 인정받아 국가중요농업유산으로 인정받았다. 이번에 보성 뇌원차와 보성의 다소 등 역사성을 새롭게 연구하여 알리고 보성 뇌원차를 복원하면서 전통차 보전 가치의 필요성이 커졌다. 따라서 세계중요농업유산의 등재도 순조로운 순풍을 탈 것으로 기대된다.

보성 뇌원차를 현재 누릴 수 있는 차문화로 키워가는 일은 모두가 하나 된 마음으로 힘을 합하는 일이다. 차를 만들고 마시고 사랑하는 사람들의 마음속에 차 한 잔으로 사랑을 키워나가는 일이다.

고려 황제 공차 보성 뇌원차

2020년 8월 20일 초판 1쇄 인쇄
2020년 8월 20일 초판 1쇄 발행

지은이 조석현, 조기정, 이주현, 박금옥

펴낸이 권혁재

편 집 이정아

인 쇄 성광인쇄
펴낸곳 학연문화사
등 록 1988년 2월 26일 제2-501호
주 소 서울시 금천구 가산디지털1로 168 우림라이온스밸리 B동 712호

전 화 02-2026-0541
팩 스 02-2026-0547
E-mail hak7891@chol.com

책값은 뒷표지에 있습니다.
잘못된 책은 바꾸어 드립니다.

ISBN 978-89-5508-415-3 (93910)

이 도서의 국립중앙도서관 출판예정도서목록(CIP)은 서지정보유통지원시스템 홈페이지(http://seoji.nl.go.kr)와 국가자료 공동목록시스템(http://www.nl.go.kr/kolisnet)에서 이용하실 수 있습니다. (CIP제어번호: CIP2020033555)